IMPACTOS DO NOVO CPC NO PROCESSO DO TRABALHO

Rúbia Zanotelli de Alvarenga
COORDENADORA

IMPACTOS DO NOVO CPC NO PROCESSO DO TRABALHO

LTr

LTr EDITORA LTDA.
© Todos os direitos reservados

Rua Jaguaribe, 571
CEP 01224-003
São Paulo, SP – Brasil
Fone (11) 2167-1101
www.ltr.com.br
Abril, 2017

Produção Gráfica e Editoração Eletrônica: LINOTEC
Projeto de Capa: FABIO GIGLIO
Impressão: PAYM GRÁFICA E EDITORA LTDA.

Versão impressa: LTr 5693.8 — ISBN: 978-85-361-9119-5
Versão digital: LTr 9079.6 — ISBN: 978-85-361-9123-2

Dados Internacionais de Catalogação na Publicação (CIP)
(Câmara Brasileira do Livro, SP, Brasil)

Impactos do Novo CPC no processo do trabalho / Rúbia Zanotelli de Alvarenga. – São Paulo : LTr, 2017.

Bibliografia

1. Direito processual do trabalho - Brasil 2. Processo civil - Legislação - Brasil I. Alvarenga, Rúbia Zanotelli de.

16-09134   CDU-347.9:331(81)(094.4)

Índice para catálogo sistemático:
1. Brasil : Código de processo civil e processo do trabalho : Direito   347.9:331(81)(094.4)

Colaboradores

Ari Pedro Lorenzetti: Juiz do Trabalho da 18ª Região (GO). Especialista em Direito e Processo do Trabalho e em Direito Civil, pela Universidade Federal de Goiás. Autor de diversos artigos, além das seguintes obras coletivas publicadas pela LTr Editora: 1) A prescrição e a decadência no direito do trabalho. 2) A responsabilidade pelos créditos trabalhistas. 3) As nulidades no direito do trabalho.

Ben-Hur Silveira Claus: Juiz do Trabalho da 4ª Região (RS). Mestre em Direito pela Unisinos. Professor da Escola Judicial do TRT da 4ª Região. Professor da Fundação Escola da Magistratura do Rio Grande do Sul – Femargs. Membro da Comissão Nacional de Efetividade da Execução Trabalhista, Conselho Superior da Justiça do Trabalho (CSJT).

Bento Herculano Duarte: Doutor e mestre em Direito das Relações Sociais pela PUC-SP. Professor da UFRN. Desembargador Federal do Trabalho. Membro do IBDP – Instituto Brasileiro de Direito Processual e titular da cadeira n. 13 da Academia Brasileira de Direito do Trabalho.

Cláudio Jannotti da Rocha: Doutorando em Direito e Processo do Trabalho pela Pontifícia Universidade Católica de Minas Gerais. Mestre em Direito e Processo do Trabalho pela Pontifícia Universidade Católica de Minas Gerais. Professor na Universidade Vila Velha (graduação) e na PUC-Minas (especialização). Autor de livros e artigos. Pesquisador. Advogado.

Fábio Túlio Barroso: Pós-doutor em Direito pela Universidad de Granada, Espanha. Doutor em Direito pela Universidad de Deusto, Bilbao, Espanha. Especialização em Direito do Trabalho pela Universidade Católica de Pernambuco – UNICAP. Presidente Honorário da Academia Pernambucana de Direito do Trabalho – APDT. Membro do Instituto dos Advogados de Pernambuco – IAP (Presidente da Comissão de Direito do Trabalho). Membro do Instituto dos Advogados do Brasil – IAB. Professor da UNICAP (Graduação e Pós-graduação em Direito). Professor da Faculdade de Direito do Recife – FDR, da Universidade Federal de Pernambuco – UFPE (Graduação e Pós-graduação em Direito). Professor da graduação em Direito da Sociedade Pernambucana de Ensino Superior-FACIPE. Líder do Grupo de Pesquisa cadastrado no CNPQ: Efetividade das normas trabalhistas na pós-modernidade. Advogado.

Júlio César Bebber: Juiz do Trabalho. Doutor em Direito do Trabalho.

Luiz Eduardo Gunther: Professor do Centro Universitário Curitiba – UNICURITIBA. Desembargador do Trabalho no TRT 9. Doutor pela UFPR e Pós-doutorando pela PUC-PR. Integrante da Academia Nacional de Direito do Trabalho, da Academia Paranaense do Direito do Trabalho, do Conselho Editorial do Instituto Memória, do Instituto Histórico e Geográfico do Paraná, do Centro de Letras do Paraná e da Associação Latino Americana de Juízes do Trabalho. Coordenador do Grupo de Pesquisa que edita a Revista Eletrônica do TRT9.

Maria do Perpetuo Socorro Wanderley de Castro: Desembargadora Federal do Trabalho, TRT 21. Mestre em Direito, Processo e Cidadania, na UNICAP, Recife/PE.

Mauro Schiavi: Juiz Titular da 19ª Vara do Trabalho de São Paulo. Doutor e mestre em Direito pela PUC-SP. Professor nos Cursos de Especialização do Mackenzie-SP e da PUC-SP.

Milton Vasques Thibau de Almeida: Doutor em Direito Constitucional pela UFMG. Professor do Curso de Mestrado em Direito da Universidade de Itaúna, na linha de pesquisa "Constitucionalismo Social: Políticas Públicas e Privadas de Proteção Social Nacional, Comunitária e Internacional". Professor Associado de Direito do Trabalho e Previdência Social da Faculdade de Direito da UFMG. Desembargador do Trabalho do TRT da 3ª Região.

Rosemary de Oliveira Pires: Desembargadora do TRT-3ª Região. Doutora e mestre em Direito pela UFMG. Professora de Direito Material e Processual na Faculdade de Direito Milton Campos.

Saulo Cerqueira de Aguiar Soares: Advogado e Médico do Trabalho, com especializações em ambas as áreas. Mestrando em Direito do Trabalho na PUC-Minas. Professor e pesquisador certificado pela CAPES.

Vitor Salino de Moura Eça: Pós-doutor em Direito Processual Comparado pela Universidad Castilla-La Mancha, na Espanha. Professor Adjunto IV da PUC-Minas (CAPES 6), lecionando nos cursos de mestrado e doutorado em Direito. Professor visitante em diversas universidades nacionais e estrangeiras. Professor conferencista na Escola Nacional de Magistratura do Trabalho – ENAMAT e na Escola Superior de Advocacia da Ordem dos Advogados do Brasil. Pesquisador junto ao Centro Europeo y Latinoamericano para el Diálogo Social – España. Membro efetivo, dentre outras, das seguintes sociedades: Academia Brasileira de Direito do Trabalho – ABDT; Asociación Iberoamericana de Derecho del Trabajo y de la Seguridad Social – AIDTSS; Asociación de Laboralistas – AAL; Associação Latino-Americana de Juízes do Trabalho – ALJT; Equipo Federal del Trabajo – EFT; Escuela Judicial de América Latina – EJAL; Instituto Brasileiro de Direito Social Júnior – IBDSCJ; Instituto Latino-Americano de Derecho del Trabajo y de la Seguridad Social – ILTRAS; Instituto Paraguayo de Derecho del Trabajo y Seguridad; e da Societé Internationale de Droit du Travail et de la Sécurité Sociale.

Yuri de Jesus Cantarino: Graduado em Direito pela Universidade Vila Velha (UVV).

Sumário

Prefácio 9

Capítulo 1. As Restrições à Penhora e os Créditos Trabalhistas 11
Ari Pedro Lorenzetti

Capítulo 2. O CPC 2015 e o Direito Processual do Trabalho: Reflexões Acerca da Aplicação do NCPC ao Processo do Trabalho 25
Ben-Hur Silveira Claus

Capítulo 3. O Princípio Constitucional do Duplo Grau de Jurisdição e a Supressão de Instância Permitida por Lei: Avanço do Art. 1.013 do NCPC Frente ao Art. 515 do CPC de 73 35
Bento Herculano Duarte

Capítulo 4. Da Procedimentalização do Incidente da Desconsideração da Personalidade Jurídica Prevista no Código de Processo Civil de 2015 no Processo do Trabalho 43
Cláudio Jannotti da Rocha e Yuri de Jesus Cantarino

Capítulo 5. Da Não Aplicação do Incidente de Desconsideração da Pessoa Jurídica na Execução Trabalhista 53
Fábio Túlio Barroso

Capítulo 6. Incidente de Resolução de Demandas Repetitivas e o Processo do Trabalho 67
Júlio César Bebber

Capítulo 7. A Fundamentação das Decisões Judiciais Trabalhistas e o CPC de 2015 77
Luiz Eduardo Gunther

Capítulo 8. O CPC 2015 e o Depósito Recursal Trabalhista 91
Maria do Perpetuo Socorro Wanderley de Castro

Capítulo 9. Aspectos Relevantes da Teoria Geral da Prova no Processo do Trabalho à Luz do Novo CPC 99
Mauro Schiavi

Capítulo 10. A Reclamação Constitucional no Código de Processo Civil e as Perspectivas de sua Aplicação Subsidiária no Processo do Trabalho 113
Milton Vasques Thibau de Almeida

Capítulo 11. A Intervenção de Terceiros no CPC de 2015: A Medida de sua Compatibilidade com o Processo do Trabalho 123
Rosemary de Oliveira Pires

Capítulo 12. A Prova Pericial no Novo CPC e suas Repercussões no Processo do Trabalho 135
Saulo Cerqueira de Aguiar Soares

Capítulo 13. Cooperação Judiciária Internacional 147
Vitor Salino de Moura Eça

Prefácio

Os judiciosos argumentos científicos da admiravelmente produtiva Profa. Dra. Rúbia Zanotelli de Alvarenga são bem conhecidos pelo público especializado em direito material e processual do trabalho, notadamente em prol da afirmação dos direitos humanos sociais, em seus mais variados matizes.

A sua personalidade afável facilita o necessário diálogo com pesquisadores de todas as partes do país, resultando em obras essenciais para a compreensão do conceito contemporâneo do direito do trabalho constitucionalizado, tornando-o algo operacionalmente simples e agradável ao leitor. Nada obstante, o seu objeto de investigação clama por aplicação vigorosa do direito e, assim, passa a perquirir também o direito que se concretiza por meio do processo, e colhe a chance de examinar criteriosamente a recepção do novo Código de Processo Civil no mundo do trabalho, brindando-nos com esta obra intitulada *Impactos do Novo CPC no Processo do Trabalho*.

Nela estão reunidos respeitados autores de Direito Processual do Trabalho que atuam como juízes e advogados, mas todos somando a estas atividades de inegável conteúdo prático, as suas experiências docentes, qualificando esta obra que a *LTr* acaba de editar.

Temos alinhados magníficos trabalhos de Ari Pedro Lorenzetti, Ben-Hur Silveira Claus, Bento Herculano Duarte, Cláudio Jannotti da Rocha, Fábio Túlio Barroso, Júlio César Bebber, Luiz Eduardo Gunther, Maria do Perpetuo Socorro Wanderley de Castro, Mauro Schiavi, Milton Vasques Thibau de Almeida, Rosemary de Oliveira Pires, Saulo Cerqueira de Aguiar Soares e Yuri de Jesus Cantarino, rol a que uno o meu nome por generosidade de nossa Coordenadora, a Professora Rúbia Zanotelli de Alvarenga.

O *Novo CPC* avança em reconhecer valores constitucionais-processuais de garantia dos cidadãos, e isso humaniza o direito processual, permitindo que ele possa se amoldar às necessidades das pessoas. Sendo assim, também se aproxima dos ideais do Direito Processual do Trabalho, do qual recebeu marcantes influências, atualizando alguns de seus institutos, cujos principais efeitos estão aqui estudados.

Trabalhamos pelo entendimento entre capital e trabalho no campo do direito aplicado, porquanto bem sabemos do desafio que é a transformação do discurso em prática, de modo a que o direito proclamado redunde em execuções judiciais efetivamente cumpridas e garantidoras do direito material imanente.

Trata-se, portanto, de leitura recomendada a todos que queiram saber o que há de mais moderno em Direito Processual do Trabalho.

Bom proveito!

Prof. Dr. Vitor Salino de Moura Eça

Pós-doutor em Direito Processual Comparado pela Universidad Castilla-La Mancha, na Espanha. Mestre em Direito do Trabalho pela PUC-Minas. Especialista em Direito Empresarial e do Trabalho. Professor Adjunto IV da PUC-Minas (CAPES 6), lecionando nos cursos de mestrado e doutorado em Direito. Professor visitante em diversas universidades nacionais e estrangeiras. Membro da Academia Brasileira de Direito do Trabalho e de outras prestigiadas instituições. Juiz do Trabalho em Minas Gerais.

Capítulo 1

As Restrições à Penhora e os Créditos Trabalhistas

Ari Pedro Lorenzetti[*]

O respeito à dignidade de quem usurpou os direitos trabalhistas alheios não pode prevalecer sobre a dignidade de quem foi vítima de tal prática.

1. INTRODUÇÃO

Tradicionalmente, o legislador tratou de preservar a dignidade do devedor em caso de execução judicial. Assim, à exceção do Decreto n. 737, de 25.11.1850, que, a princípio, regulava apenas o processo comercial, os diplomas processuais que se seguiram sempre estabeleceram restrições à penhora relativamente a determinados bens, especialmente aqueles revestidos de caráter alimentar. E se o Regulamento n. 737 não continha norma semelhante, era porque, em sua origem, destinava-se a disciplinar apenas processo comercial, embora, após a Proclamação da República, com algumas ressalvas, sua aplicação tenha sido estendida ao processo civil em geral (Decreto n. 763, de 19.9.1890).

O Código de Processo Civil de 1939 (Decreto-lei n. 1.608, de 18.9.1939), apesar de prever que a penhora poderia incidir sobre quaisquer bens do executado, na ordem que estabelecia (art. 930), declarava "absolutamente impenhoráveis", entre outros bens:

> *"II – as provisões de comida e combustíveis[1] necessários à manutenção do executado e de sua família durante um mês;*
>
> *(...)*
>
> *IV – uma vaca de leite e outros animais domésticos, à escolha do devedor, necessários à sua alimentação ou a suas atividades, em número que o juiz fixará de acordo com as circunstâncias;*
>
> *(...)*
>
> *VII – os vencimentos dos magistrados, professores e funcionários públicos, o soldo e fardamento dos militares, os salários a soldados, em geral, salvo para pagamento de alimentos à mulher ou aos filhos, quando o executado houver sido condenado a essa prestação;*
>
> *VIII – as pensões, tenças e montepios percebidos dos cofres públicos, de estabelecimento de previdência, ou provenientes da liberalidade de terceiro, e destinados ao sustento do executado ou da família" (art. 942).*

Na mesma linha, o Código de Processo Civil de 1973 (Lei n. 5.869, de 11.1.1973), em sua redação original, previa serem "absolutamente impenhoráveis", dentre outros bens:

> *"II – as provisões de alimento e de combustível necessárias à manutenção do executado e de sua família durante 1 (um) mês;*
>
> *(...)*
>
> *IV – os vencimentos dos magistrados, dos professores e dos funcionários públicos, o soldo e os salários, salvo para o pagamento de prestação alimentícia;*
>
> *VII – as pensões, as tenças ou os montepios percebidos dos cofres públicos ou de institutos de previdência, bem como os provenientes de liberalidade de terceiro, quando destinados ao sustento do devedor e de sua família" (art. 649).*

(*) Juiz do Trabalho da 18ª Região (GO). Especialista em Direito e Processo do Trabalho e em Direito Civil, pela Universidade Federal de Goiás. Autor de diversos artigos, além das seguintes obras coletivas publicadas pela LTr Editora: 1) A prescrição e a decadência no direito do trabalho. 2) A responsabilidade pelos créditos trabalhistas. 3) As nulidades no direito do trabalho.

1. A referência a "combustíveis", embora mantida pelo Código Civil de 1973, só faz sentido nos países em que aqueles são usados na calefação, estando presente, por exemplo, no Código de Processo Civil italiano (art. 514, item 3). Essa, porém, não é a nossa realidade, tanto assim que foi suprimida pela Lei n. 11.381, de 6.12.2006, sem despertar reações.

O projeto de reforma processual que foi convertido na Lei n. 11.382/2006, conforme o texto aprovado pelo Congresso Nacional, previa que a impenhorabilidade absoluta dos salários, contida no art. 649 do CPC de 1973, deveria ser limitada a 20 salários mínimos líquidos, ou seja, "após efetuados os descontos de imposto de renda retidos na fonte, contribuição previdenciária oficial e outros descontos compulsórios" (art. 649, § 3º). Além disso, mesmo sobre a importância que excedesse o limite remuneratório mencionado, a penhora ficaria limitada a 40%. Em outras palavras, o devedor teria preservado exclusivamente para si até vinte salários mínimos líquidos (vale dizer, depois de abatido o valor da contribuição previdenciária oficial e demais descontos compulsórios), mais 60% de tudo o que sobejasse o limite mencionado (20 salários mínimos líquidos). Em suma, a penhora só poderia incidir sobre os valores salariais que excedessem a 20 salários mínimos e, ainda assim, seria limitada a 40% desse montante.

Todavia, o dispositivo em questão foi vetado pelo Presidente da República, ao fundamento de que:

> "O Projeto de Lei quebra o dogma da impenhorabilidade absoluta de todas as verbas de natureza alimentar, ao mesmo tempo em que corrige discriminação contra os trabalhadores não empregados ao instituir a impenhorabilidade dos ganhos de autônomos e de profissionais liberais. Na sistemática do Projeto de Lei, a impenhorabilidade é absoluta apenas até vinte salários mínimos líquidos. Acima desse valor, quarenta por cento poderá (sic) ser penhorado.
>
> A proposta parece razoável porque é difícil defender que um rendimento líquido de vinte vezes o salário mínimo vigente no país seja considerado como integralmente de natureza alimentar. Contudo, pode ser contraposto que a tradição jurídica brasileira é no sentido da impenhorabilidade, absoluta e ilimitada, de remuneração. Dentro desse quadro, entendeu-se pela conveniência de opor veto ao dispositivo para que a questão volte a ser debatida pela comunidade jurídica e pela sociedade em geral".

Na prática, porém, o veto já havia sido acertado entre o Senado Federal (que não concordava com o texto aprovado pela Câmara dos Deputados) e a Presidência da República, a fim de que não fosse preciso submeter a matéria a nova apreciação, pela Casa de origem. Desse modo, o Senado aprovou o projeto com a redação dada pela Câmara, porém com o compromisso da Presidência da República de vetar o dispositivo, como, de fato, ocorreu.

E a fragilidade das razões do veto deixa evidenciado que a decisão era fundada em critérios meramente políticos, não havendo fundamento lógico ou jurídico sustentável para a blindagem das parcelas remuneratórias em termos absolutos, como previa o Código de Processo Civil à época. Não é demais ressaltar que um dos princípios da Justiça é exatamente o equilíbrio, representado pela balança de pratos. Todavia, não há argumento capaz de explicar a razão pela qual o salário do devedor deva ser mais importante daquele que é negado ao credor, tendo ambos a mesma natureza. E a injustiça da solução se torna ainda mais gritante quando implica a negativa de créditos de natureza salarial.

A propósito, conforme registra, acertadamente, Manoel Antonio Teixeira Filho, referindo-se aos fundamentos invocados pela Presidência da República para vetar o dispositivo sob comento:

> "É inadmissível que um devedor, recebendo salário mensal equivalente, digamos, a duzentos salários mínimos, não possa ter parte ínfima desse salário penhorada, uma só vez, para o pagamento equivalente, por exemplo, a dois salários mínimos"[2].

Por sua vez, o Código de Processo Civil de 2015 em quase nada altera o panorama anterior, uma vez que, se, por um lado, autorizou a penhora em relação à parte dos rendimentos do trabalho que excedesse o montante de cinquenta salários mínimos mensais (art. 833, IV, c/c § 2º) e, em caso de depósitos em caderneta de poupança, o que ultrapassasse o montante de 40 salários mínimos (art. 833, X), por outro lado, ampliou o rol de parcelas excluídas da penhora, que atualmente abrange:

> "(...) os vencimentos, subsídios, soldos, salários, remunerações, proventos de aposentadoria, pensões, pecúlios e montepios; as quantias recebidas por liberalidade de terceiro e destinadas ao sustento do devedor e sua família, os ganhos de trabalhador autônomo e os honorários de profissional liberal, ressalvado o § 2º" (CPC/2015, art. 833, IV).

Com relação às restrições à penhora de valores depositados em cadernetas de poupança, no entanto,

---

2. TEIXEIRA FILHO, Manoel Antonio. *Comentários ao novo Código de Processo Civil sob a perspectiva do processo do trabalho*: (Lei n. 13.105, de 16 de março de 2015). São Paulo: LTr, 2015, p. 923.

entendemos que não devem ser aplicadas em relação aos créditos trabalhistas, dado o caráter alimentar destes. Afinal, não faz sentido conferir regalias a quem não cumpre as obrigações trabalhistas, em detrimento do credor. Afinal, basta confrontar, de forma isenta, as condições dos sujeitos que disputam a tutela legal, no caso, para concluir que o crédito trabalhista inadimplido deve ter preferência sobre a segurança futura do devedor ou responsável.

Caso, porém, prevaleça o entendimento de que a norma em questão se aplica ao processo do trabalho, impõe-se atribuir-lhe uma interpretação restritiva, de modo que a exclusão da penhora não alcance eventuais depósitos em outras contas ou aplicações financeiras, que não sejam propriamente contas poupança. Destarte, a restrição à penhora, em relação aos valores depositados em contas bancárias que não sejam contas poupança, em sentido estrito, não podem jamais ser alcançados pela exceção prevista no art. 833, X do CPC, que só se refere aos depósitos em contas poupança, sem se referir a outras aplicações financeiras. Assim, por se tratar de uma exceção à regra geral, segundo a qual todo o patrimônio do executado responde pelos seus débitos, a interpretação da exceção referida deve ser restritiva, não abrangendo outros depósitos bancários, sejam eles remunerados ou não.

De todo modo, como registrado acima, mesmo em relação aos valores inferiores a quarenta salários mínimos, ainda que depositados em conta poupança, segundo entendemos, não merecem ser excluídos da constrição, quando se trata de conferir efetividade aos créditos trabalhistas, uma vez que não faz sentido relegar a um segundo plano créditos de natureza alimentar já vencidos, para tutelar eventual necessidade futura de quem se beneficiou do trabalho alheio, mas se nega a remunerá-lo. Em suma, não se pode privar o trabalhador do que tem direito para obrigá-lo a fazer caridade forçada.

Em outras palavras, não faz sentido impor ao empregado o sacrifício de seu direito fundamental à sobrevivência digna, a fim de propiciar estabilidade econômica ao empregador, ainda mais sendo este uma empresa. E mais injustificável ainda se apresenta tal exigência nos casos em que o pleito de verbas trabalhistas é deduzido em juízo após o término do contrato, como normalmente ocorre. Em tal situação, mesmo tendo perdido o emprego, continuaria o trabalhador tendo que privar-se de suas necessidades básicas para atender à continuidade da atividade empresarial, o que não faz o menor sentido. Afinal, não é lógico nem razoável que o trabalhador tenha que abrir mão de seu crédito para financiar quem se apropriou de seu esforço, sem a devida contraprestação. Além disso, embora evidente, nunca é demais lembrar que quem deve cumprir a função social é a empresa, e não o trabalhador, às custas do sacrifício de seus direitos laborais. Destarte, invocar a função social da empresa para protelar ou até mesmo negar a satisfação dos créditos trabalhistas importa uma completa inversão de valores. Todavia, não é raro que isso ocorra, em nome de uma suposta preservação da atividade empresarial. Em vez disso, convém sublinhar que não cabe ao trabalhador sacrificar seus direitos para preservar a continuidade da empresa, por ser desta o encargo da função social, e não do trabalhador, que já é vítima do inadimplemento patronal. Por outro lado, é bem provável que o empregador que não cumpriu suas obrigações em relação ao credor trabalhista, continuará adotando o mesmo procedimento em relação aos demais, de modo que conferir-lhe mais garantias significa permitir que continue fraudando os direitos trabalhistas.

Desse modo, ao se aplicar o comando do art. 833, inciso X, do Código de Processo Civil, em relação ao crédito trabalhista, o que se estará legitimando é a sonegação de direitos laborais, e com um agravante, qual seja, o trabalhador desempregado continuaria a financiar a viabilidade da empresa, que, provavelmente, seguirá com a mesma prática de subtrair direitos de seus colaboradores. Afora isso, a situação beira ao cinismo, quando se sabe que, normalmente, o trabalhador só se anima a buscar a tutela de seus direitos em juízo quando perde o emprego. Logo, a aplicação do art. 833, X, ao processo do trabalho significaria atribuir ao trabalhador desempregado o ônus de manter em funcionamento a empresa que se apropriou de sua força de trabalho e o descartou, sendo que nem sempre passa por reais dificuldades financeiras.

Ora, a despeito da importância da atividade empresarial para a economia como um todo e para a própria manutenção da empregabilidade, não faz sentido algum pretender que os ônus da função social da empresa sejam suportados pelos trabalhadores, principalmente quando já desempregados, sendo nesta condição que normalmente acorrem à Justiça do Trabalho para reivindicar seus direitos.

Não é demais salientar, por outro lado, que os limites impostos pelo legislador, quanto à responsabilidade dos sócios, só devem ser analisados sob o enfoque do direito processual civil nas relações jurídicas em que as partes possam pactuar condições contratuais em situação de relativa igualdade, o que, nem de longe, corresponde ao que ocorre nas relações laborais, em que os trabalhadores simplesmente aderem ao que lhes é proposto, não tendo, invariavelmente, o menor poder de barganha para discutir as cláusulas do contrato ou exigir garantias do efetivo cumprimento pela parte mais forte. Como bem observou o Des. José Carlos Rizk, do TRT 17ª Região (Espírito Santo), "um trabalhador ávido por entrar no mercado de trabalho assina até 'folha de alface', se esta for uma condição sutilmente imposta pela empresa" (TRT 17ª Região, ED-RO 4.255/98, Ac. 9.550/99).

Não podemos ignorar, portanto, que, nas relações de trabalho, diversamente do que ocorre nos negócios civis em geral, a manifestação de vontade é ditada menos pela atratividade da proposta de emprego do que pela necessidade que tem o trabalhador de prover o sustento próprio e dos que dele dependem. E por se tratar de necessidade fundamental, por ser uma condição de sobrevivência, não tem o obreiro poderes para discutir as cláusulas contratuais ou de exigir garantias do cumprimento do contrato pela outra parte, situação que se agrava em tempos de crise.

Diante disso, não se poderia simplesmente transpor para o vínculo trabalhista regras criadas pelo legislador para disciplinar as relações civis e comerciais em geral, em que se presume que os contratantes estejam em condições de relativa paridade, podendo, assim, exigir garantias recíprocas, de modo a precaver-se contra eventual inadimplemento das obrigações pactuadas.

Nesse contexto, considerando que o trabalhador, como regra, não participa da gestão da empresa, nem tem poderes para interferir em seus destinos, não tem voz ativa para opinar e, muito menos, para impedir que certos negócios sejam realizados pelo empregador, por qual fundamento deveria responder pelo insucesso da empresa? Em verdade, na maioria dos casos, o obreiro não tem sequer conhecimento dos contratos firmados pelo empregador, só sendo chamado para participar quando é para pagar a conta dos prejuízos, nem sempre reais, uma vez que até quanto a isso não faltam situações de fraude, para sonegar verbas trabalhistas.

Definitivamente, não vemos espaço para a aplicação literal e automática das normas do processo civil acerca das restrições à constrição patrimonial da empresa e respectivos sócios sem considerar as particularidades da relação contratual trabalhista. A não ser assim, além de ser punido com a perda do emprego, no geral, sem dar causa a tal fato, o trabalhador ainda seria penalizado com a negativa das verbas trabalhistas a que tem direito, muitas vezes em nome de uma suposta sustentabilidade empresarial, ou até, cinicamente, da função social da empresa.

Nessa passagem, é bom que se registre que não é apenas o trabalhador que padece as consequências da má gestão empresarial, espraiando-se seus efeitos também sobre as demais empresas, que também sofrem com a concorrência desleal. Assim, a interpretação que garante os direitos trabalhistas não é apenas uma ferramenta de proteção aos empregados, mas, de igual modo, trata-se de um instrumento que confere maior segurança, econômica e jurídica, às demais empresas que atuam no mercado, pois quem sonega direitos trabalhistas promove inequívoca concorrência desleal, prejudicando a sociedade como um todo: aos próprios empregados, que são vítimas imediatas da fraude; às empresas concorrentes, por terem estas que arcar com ônus que a empresa sonegadora despreza; aos empregados das demais empresas, por correrem o risco de perder o emprego, em razão das dificuldades da empregadora que cumpre a lei; e, por fim, a toda coletividade, uma vez que a sonegação de direitos trabalhistas priva, ainda, o Estado dos recursos que poderiam ser aplicados em melhorias sociais ou no estímulo à atividade produtiva.

Em suma, sob o aparente argumento de defesa da atividade empresarial, quando esta não cumpre sua função social, quando o empregador não paga corretamente as verbas trabalhistas, na verdade, o que se estará estimulando não é a preservação da empresa, mas o simples incremento do patrimônio particular de alguns poucos empresários inescrupulosos, em detrimento de toda a coletividade, aqui incluída, naturalmente, a classe empresarial.

2. DAS HIPÓTESES DE IMPENHORABILIDADE PREVISTAS NO CPC DE 2015

Diversamente do que ocorria em tempos remotos, os atos destinados à satisfação do crédito reconhecido em título judicial não mais incidem sobre a pessoa do executado (*manus iniectio*). Em vez disso, o legislador passou a definir, e restringir, os bens sobre os quais pode a execução incidir. A CLT, no entanto, ao referir-se aos bens passíveis de penhora, limita-se a mencionar que a nomeação de bens, pelo exequente, deverá observar a ordem preferencial estabelecida no Código de Processo Civil (CLT, 882).

Não se encontra, pois, na CLT, previsão que restrinja ou exclua a penhora relativamente a determinados bens. Isso, entretanto, não impediu que a doutrina e jurisprudência importassem as regras do Código de Processo Civil também no que tange a esse tema, e não é preciso muito esforço, como veremos adiante, para constatar que a absorção indiscriminada de tais regras tem gerado uma gritante distorção do princípio da proteção aos créditos trabalhistas.

Vejamos, pois, o alcance das limitações à penhora, quando aplicadas à execução trabalhista, nos casos previstos na lei processual civil:

2.1. Os bens inalienáveis e os declarados, por ato voluntário, não sujeitos à execução

A hipótese de impenhorabilidade de que ora tratamos fica ao exclusivo alvedrio das partes, que, voluntariamente, restringem o acesso do credor aos bens encobertos pelo manto da citada cláusula. Tal restrição, entretanto, não pode ser admitida nas relações trabalhistas, dada a hipossuficiência do trabalhador, assim como nos parece inaplicável, por exemplo, nas relações de consumo, pela mesma razão.

Não fosse assim, fácil seria ao empregador fugir de suas responsabilidades, bastando que fizesse um registro no qual constasse que todo o seu patrimônio estaria abrangido por tal restrição. Desse modo, haveria uma blindagem do patrimônio social, tornando-o inalcançável pela execução trabalhista, sendo suficiente que o devedor fizesse um registro público pelo qual a totalidade de seus bens fosse incluída na exceção mencionada no art. 833, inciso I, do CPC.

De todo modo, mesmo nas relações civis, diversamente do que sustenta Manoel Antonio Teixeira Filho[3], segundo pensamos, a cláusula não tem efeito se não contar com a adesão do cocontratante, pois, do contrário, este acabaria sofrendo um prejuízo quanto às garantias de solvência com as quais contava quando celebrou o negócio jurídico com o beneficiário da restrição.

Além disso, conforme já exposto, não nos parece que tal exclusão seja compatível com as normas de proteção ao crédito trabalhista. Afinal, já o dissemos, o trabalhador não tem condições de se proteger contra a blindagem patrimonial do empregador, e o pacto laboral é um exemplo típico de contrato de adesão, não se podendo admitir, assim, que os bens do empregador sejam subtraídos do rol de garantias da satisfação dos créditos trabalhistas, fora dos estreitos limites legais, pois, do contrário, a suposta proteção aos direitos laborais não passaria de uma promessa ilusória.

Afinal, não se pode comparar a aceitação de uma proposta de emprego, pelo trabalhador, com a anuência de um credor comum à concessão de crédito à outra parte, na celebração de um contrato qualquer. O trabalhador não exige garantias porque não tem poder de barganha para fazê-lo, e não por mera negligência. Logo, não pode ser tratado como o credor que, mesmo podendo cercar-se de garantias do cumprimento das obrigações pela parte contrária, por comodismo ou qualquer outro motivo, deixa de fazê-lo.

2.2. Os móveis, os pertences e as utilidades domésticas que guarnecem a residência do executado, salvo os de elevado valor ou os que ultrapassem as necessidades comuns correspondentes a um médio padrão de vida

As hipóteses previstas no dispositivo legal acima (CPC/2015, art. 833, II) conferem ao julgador uma margem considerável de valoração, acerca do que pode, ou não, ser objeto de constrição judicial, para fins de pagamento de dívidas. Além disso, evita que o executado preserve todo o conforto e até as regalias domésticas, enquanto os credores amargam os efeitos da inadimplência.

Como exceções que são, as hipóteses de vedação à penhora devem ser interpretadas de modo restritivo, só alcançando os bens realmente indispensáveis à preservação de um padrão de vida médio ao devedor, ainda mais na execução de créditos trabalhistas, dada a natureza alimentar destes. Assim, não faria sentido permitir que o devedor continuasse usufruindo de uma série de regalias, ainda que em sua própria casa, às custas da privação de bens indispensáveis à vida digna do credor.

Pertinente registrar que, no caso, o legislador confere ao Juiz relativa amplitude de poderes para definir quais os bens ou utilidades domésticas de propriedade do devedor estariam sujeitas, ou não, à constrição judicial para pagamento de dívidas.

A hipótese, sem dúvidas, reveste-se de especial importância em relação ao empregado doméstico, pois, normalmente não tem ele conhecimento de outros bens do empregador além daqueles que estão em sua própria residência e dos veículos da família, mas estes, não raro, são objetos de alienação fiduciária em garantia, de modo que o trabalhador doméstico tem na norma em questão, importante aliado na busca de efetividade de seus direitos.

Todavia, o dispositivo não se limita a autorizar a penhora de bens para pagamento de créditos relativos ao trabalho doméstico, podendo também ser invocado para a satisfação de outros créditos, inclusive os de natureza civil. Logo, com muito maior razão, também pode ser aplicado em relação aos credores trabalhistas em geral. O único problema com que se depara o julgador, no particular, é quanto ao valor de mercado de tais bens, uma vez que a facilidade de aquisição de bens

---

3. *Idem, ibidem*, p. 922.

novos, com pagamento parcelado, faz com que diminua o interesse na aquisição de objetos de uso doméstico já usados, em alienação judicial. Como quer que seja, isso não constitui óbice à penhora, embora seus frutos sejam escassos.

2.3. Os vestuários, bem como os pertences de uso pessoal do executado, salvo se de elevado valor

Nessa parte, ao mesmo tempo que o legislador quis preservar as vestimentas e os demais pertences de uso pessoal do executado, tratou de coibir as situações em que o devedor vive com luxo e ostentação, enquanto o credor é compelido a viver na penúria, diante da insatisfação de seu direito. Com isso não se quer dizer que o executado deva ser colocado em condição subumana, mas também não faz sentido que viva em condições nababescas enquanto o credor é submetido a privações de bens essenciais à sua sobrevivência digna.

Destarte, se a exceção à impenhorabilidade dos bens em questão é aplicável em favor do credor civil, com muito maior razão deve ser admitida a constrição judicial, na exceção mencionada, para fins de satisfação dos créditos trabalhistas.

2.4. Os vencimentos, subsídios, soldos, salários, remunerações, proventos de aposentadoria, pensões, pecúlios e montepios, bem como as quantias recebidas por liberalidade de terceiro e destinadas ao sustento do devedor e sua família, os ganhos de trabalhador autônomo e os honorários de profissional liberal, ressalvado o § 2º do art. 833 do CPC/2015

A norma em questão, a exemplo do que ocorria nos diplomas processuais anteriores, restringe a penhora sobre os rendimentos do trabalho do devedor, ou responsável, destinados ao sustento próprio ou familiar, sejam aqueles provenientes do trabalho do devedor ou decorrentes de outros benefícios destinados a prover os meios para a subsistência do executado.

Mais uma vez, assim, nos deparamos com uma previsão legal que visa a promover a proteção do devedor, a fim de que as dívidas que contraiu não o lancem em situação de penúria. Neste caso, o legislador de 2015 ampliou o rol de parcelas abrangidas pela proteção contra a penhora. Todavia, isso não autoriza a interpretação de que as parcelas descritas acima, devam ser excluídas do rol de bens penhoráveis sem uma análise particular de cada caso.

Com efeito, em se tratando de créditos trabalhistas, os quais se revestem, por natureza, de caráter alimentar, não faria sentido colocá-los em hierarquia inferior a iguais créditos do executado. Afinal, não há razão lógica ou jurídica que justifique a tutela, em caráter absoluto, dos ganhos do executado, em detrimento dos direitos de igual natureza do credor trabalhista. Assim, do mesmo modo que o legislador teve o intuito de proteger o executado, restringindo a penhora de seus salários e de outras verbas destinadas à sua mantença, não é lógico, muito menos razoável, que se aplique a norma em questão apenas em favor de uma das partes, e o que é pior, em benefício do destinatário da prestação laboral que deixou de ser remunerada.

Em suma, não seria justo nem jurídico aplicar o dispositivo legal em análise em favor de apenas uma das partes, negando igual proteção à outra, de modo a tutelar, injustificadamente, apenas o sujeito que se beneficiou da prestação laboral, em detrimento do trabalhador. Não se pode olvidar que o dispositivo legal em comento trata de créditos civis em geral, de modo que a proteção conferida ao devedor, no caso, refere-se aos negócios jurídicos em que as partes se encontram em situação de igualdade. Diante disso, cabe a cada contratante resguardar-se contra eventual descumprimento das obrigações pactuadas, exigindo garantias da parte contrária. Essa, porém, não é a situação do credor trabalhista, que, por ser a parte mais fraca na relação jurídica, não tem poderes bastantes para exigir garantias reais ou fidejussórias do empregador. Diante disso, não é razoável tutelar a situação daquele que se beneficiou da força de trabalho alheia e relegar à própria sorte quem empregou a sua energia pessoal, na confiança de que receberia a contraprestação pactuada.

Além disso, há que se considerar que o próprio legislador civil relativizou a impenhorabilidade, quando se trata de satisfazer débitos caracterizados como prestação alimentícia, independentemente de sua origem, bem como em relação aos rendimentos do devedor que excedem a 50 salários mínimos. Diante disso, embora os créditos trabalhistas não se enquadrem propriamente no conceito de prestação alimentícia, em sentido estrito, não há dúvidas de que pertencem ao gênero das verbas alimentares. Logo, a aplicação das normas comuns ao processo do trabalho há que considerar as particularidades dos créditos laborais, diretamente relacionados à sobrevivência do trabalhador e de sua família.

Pertinente registrar, nesse passo, que o próprio Código de Processo Civil excepciona a vedação à penhora de salários e quejandos, quando a constrição visa à satisfação de prestação alimentícia, independentemente de sua origem, bem assim quando os salários excederem a cinquenta salários mínimos mensais.

Ora, tal ressalva do legislador sinaliza, de modo inequívoco, que a restrição prevista no art. 833, inciso IV, do CPC, deve ser analisada em confronto com o crédito que se pretende satisfazer. Logo, em matéria trabalhista, resta evidente que a vedação à penhora das verbas mencionadas deve ser relativizada, consoante a própria disposição legal, que autoriza a penhora sobre salários para fins de pagamento de "prestação alimentícia, independentemente de sua origem", de modo que, nessa expressão, inserem-se inequivocamente os créditos trabalhistas. Além disso, não há como sustentar que o salário do devedor ou responsável deva merecer maior proteção do que o salário e outras verbas laborais devidas ao trabalhador. E não é preciso muito esforço para compreender a razão de ser da ressalva. Ora, por qual motivo haveria o legislador de conferir proteção apenas a quem se apropriou dos direitos trabalhistas alheios e não a quem foi vítima de tal prática? Qual seria a justificativa para preservar integralmente os salários do beneficiário da prestação laboral, negando-os ao próprio trabalhador? Desse modo, em se tratando de execução de verbas trabalhistas, não se pode admitir que sejam preservados intactos os salários do beneficiário da prestação laboral, em detrimento do prestador.

Em síntese, por uma questão de proporcionalidade, impõe-se reconhecer que o devedor trabalhista só pode ter preservados seus salários na mesma medida que seus credores de verbas de igual natureza. Logo, se o credor trabalhista está desempregado, não faz sentido preservar mais do que 50% do salário do devedor ou responsável. Se, por exemplo, o devedor ou responsável trabalhista tem uma renda de R$ 2.000,00 mensais e o credor de apenas R$ 1.000,00, por uma questão de equidade, impõe-se equilibrar a equação (de modo que caiba a cada um deles o valor equivalente a 50% da soma dos rendimentos de ambos), de modo que se coloquem em situação de igualdade de condições, a fim de que tanto o devedor quanto o credor possam prover sua subsistência em condições de paridade. De outro modo, isto é, tutelando tão somente uma das partes, haveria inequívoca violação do direito ao tratamento igualitário.

É certo que haverá quem argumente que a solução acima sugerida representaria um excesso de rigor em relação ao executado. Todavia, se considerarmos que a Constituição Federal estabelece que o salário mínimo deve ser capaz de atender às "necessidades vitais básicas (do trabalhador) e às de sua família com moradia, alimentação, educação, saúde, lazer, vestuário, higiene, transporte e previdência social, com reajustes periódicos, que lhe preservem o poder aquisitivo" (CF, art. 7º, IV), impõe-se reconhecer que, juridicamente, se garantido ao executado o valor equivalente a um salário mínimo mensal, não haveria ofensa à sua dignidade. Na prática, porém, o que se vê é que tal regra vale apenas para o trabalhador, e se for aplicada ao empregador que sonegou direitos trabalhistas, não faltará quem a qualifique como odiosa violência.

Todavia, a observância do mesmo tratamento não pode ser considerada uma heresia, blasfêmia ou atentado à dignidade da pessoa humana. Além disso, não se pode ignorar que, não raro, a melhor condição de vida do devedor ou responsável pelo inadimplemento dos créditos laborais decorre exatamente do fato de haver sonegado os direitos dos trabalhadores que lhe prestaram serviços. Afora isso, conforme já dissemos anteriormente, a aplicação das disposições do Código de Processo Civil, no processo do trabalho, há de considerar as particularidades deste, tendo em conta a natureza dos direitos que são objeto da relação jurídica material que lhe serve de base.

E, conforme já referido, diversamente do que ocorre nas relações civis em geral, em que as partes, pelo menos em tese, têm condições de exigir garantias do cumprimento do acordado, ou precaver-se contra possíveis danos resultantes do inadimplemento contratual, nos vínculos laborais, o trabalhador simplesmente adere às cláusulas contratuais propostas pelo empregador. Diante disso, não pode o empregado ser tratado como simples credor de verbas negociais comuns.

Pertinente registrar, por outro lado, que, mesmo nas relações civis, não faltam críticas aos excessos do legislador, por exemplo, em relação à impenhorabilidade absoluta do bem de família. Ao tempo da vigência do Código anterior, o Congresso Nacional chegou, inclusive, a aprovar norma limitando a proteção do bem de família em até 1.000 salários mínimos. Todavia, tal previsão, que constaria do parágrafo único do art. 650 do Código de Processo Civil de 1973, acabou sendo vetada pela Presidência da República, não sem ser alvo de críticas da doutrina.

2.5. Os livros, as máquinas, as ferramentas, os utensílios, os instrumentos ou outros bens móveis necessários ou úteis ao exercício da profissão do executado

Em primeiro lugar, pertinente o registro de que o dispositivo em questão só é invocável nos casos em que o executado seja pessoa física, uma vez que a restrição dirige-se às ferramentas de trabalho e demais bens vinculados ao exercício da "profissão" do executado. E só o ser humano pode exercer uma profissão. Quando o executado estiver organizado sob a forma de pessoa jurídica, ainda que se trate de sociedade unipessoal, sujeita-se às regras próprias do regime jurídico adotado. Diante disso, a norma legal em comento não se aplica aos empregadores que se estruturam sob a forma de pessoa jurídica, independentemente do número de sócios.

Tratando-se, porém, de pessoa física, a restrição à penhora, nos termos do dispositivo legal em comento, estende-se não apenas aos bens indispensáveis, alcançando inclusive os que não possam ser assim qualificados, desde que se apresentem como necessários ou meramente úteis ao exercício profissional.

Convém ressaltar, ainda, que a restrição à penhora, no caso, só poderá ser invocada quando os bens referidos (qualquer que seja a sua natureza), se revelarem necessários ou úteis ao exercício da profissão efetivamente desempenhada pelo executado, e não em relação a qualquer outra profissão, como parecia sugerir a redação do art. 649, V, do CPC anterior. Além disso, ativando-se o executado em mais de uma profissão, só terá direito à proteção relativamente à atividade de que se originou o débito. A despeito de eventuais posicionamentos da jurisprudência civil acerca da matéria, mais benéficos ao executado, há que se considerar que, em se tratando de direitos trabalhistas, não se pode desconsiderar o caráter alimentar do crédito, de modo que a interpretação deve levar em conta, primordialmente, a natureza do direito do credor, diretamente vinculado à sua subsistência. E maior atenção ainda merece tal particularidade quando se está diante de um credor desempregado.

Diante disso, não apenas no caso em questão, mas em todas as situações mencionadas no Código de Processo Civil, as limitações à penhora devem ser vistas como exceções, inclusive por serem assim tratadas pelo legislador, motivo pelo qual devem receber interpretação restritiva. Além disso, quando transpostas para as relações trabalhistas, devem receber a devida adequação, de modo que as vedações à penhora fiquem restritas aos bens que, suprimidos, causem efetivo obstáculo ao exercício, pelo executado, de sua profissão, e não apenas acarretem dificuldades adicionais. Afinal, se o próprio estabelecimento empresarial pode ser objeto de penhora, não há razão para obstar a constrição de algumas ferramentas ou instrumentos empregados na atividade empresarial, pelo simples fato de trazer algum transtorno ao executado. E tal conclusão torna-se ainda mais impositiva em se tratando de execução de créditos trabalhistas, em razão de seu caráter alimentar.

2.6. O seguro de vida

Naturalmente que a vedação à penhora, no caso, não incide sobre eventual prêmio recebido pelos beneficiários, em razão de morte ou acidente pessoal do segurado, uma vez que o objeto da restrição é o próprio seguro contratado, quando ainda não se tenha verificado o evento gerador do direito ao recebimento da garantia pactuada. E isso é facilmente explicável, uma vez que, se não sobrevier a condição que torna devido o pagamento do prêmio pela seguradora, os beneficiários indicados pelo contratante têm apenas uma expectativa de eventual direito.

Todavia, sobrevindo o sinistro, o direito ao prêmio contratado passa a integrar o patrimônio dos beneficiários indicados na apólice, sendo, assim, passível de penhora.

2.7. Os materiais necessários para as obras em andamento

O dispositivo em questão deve ser interpretado conforme o seu real significado, pois não faria sentido obstar a constrição sobre materiais que poderiam ser aplicados em determinada obra se isto não estiver ocorrendo ou em vias de ocorrer. Assim, em princípio, a restrição deve limitar-se ao material que está no canteiro da obra, a fim de não obstar o seu prosseguimento. Todavia, mesmo estando a obra em execução, nada impede que sejam constritos os maquinários que estão sendo utilizados, se estes pertencerem ao executado, uma vez que disso não tratou o legislador, exceto se tais bens se enquadrarem na previsão do inciso V do art. 833 do CPC (máquinas, ferramentas ou instrumentos necessários ou úteis ao exercício da profissão do executado).

Demais, conforme já referido, não havendo inequívoca demonstração de que os materiais seriam aplicados na obra, por exemplo, por estarem guardados em local diverso, impõe-se afastar a vedação à penhora.

Por fim, a lei também afasta o óbice quando a constrição incidir sobre a própria obra. Desse modo, pertencendo a obra ao próprio executado, desaparece a vedação legal à penhora, no caso.

2.8. A pequena propriedade rural, assim definida em lei, desde que trabalhada pela família

A vedação à penhora, no caso, decorre da própria norma constitucional, de modo que deveria ser observada mesmo que o Código de Processo Civil fosse silente a respeito. Consoante o art. 5º, XXVI, da Constituição Federal vigente, "a pequena propriedade rural, assim definida em lei, desde que trabalhada pela família, não será objeto de penhora para pagamento de débitos decorrentes de sua atividade produtiva". Por sua vez, a Lei n. 8.629/93 estabeleceu os critérios para se definir a pequena propriedade rural conceituando-a como o prédio rústico de área contínua, qualquer que seja a sua localização, que se destine ou possa ser destinada à exploração agrícola, pecuária, extrativa vegetal, florestal ou agroindustrial com área compreendida entre um e quatro módulos fiscais.

Diante dos requisitos exigidos pela própria Constituição, assim como pelo disposto no art. 833, VIII, do Código de Processo Civil, tem-se que a restrição à penhora da pequena propriedade rural limita-se aos casos em que ela é explorada pelo proprietário e seus familiares. Diante disso, caso haja contratação de serviços de terceiros, em relação aos créditos destes, não incide a restrição à penhora, dado que não atende a condição exigida tanto pela Constituição Federal quanto pelo Código de Processo Civil, qual seja, que o cultivo da terra seja realizado pela família do respectivo proprietário. Não preenchido tal requisito, não pode o proprietário ser agraciado com o favor legal.

2.9. Os recursos públicos recebidos por instituições privadas para aplicação compulsória em educação, saúde ou assistência social

Considerando que os recursos públicos repassados às instituições mencionadas se destinam a fins específicos, de interesse social, as importâncias recebidas não integram, propriamente, o patrimônio das entidades beneficiadas, sendo estas simples intermediárias, na consecução dos fins propostos.

Desse modo, ainda que a lei fosse silente a respeito, impor-se-ia o reconhecimento de que os valores em questão não poderiam ser objeto de penhora para pagamento de dívidas das entidades referidas, uma vez que lhe foram repassadas para fim específico, não se destinando a integrar o patrimônio das instituições que os receberam, que não passam de intermediárias na aplicação dos recursos públicos, a fim de alcançar os fins especificados.

2.10. A quantia depositada em caderneta de poupança, até o limite de 40 (quarenta) salários mínimos

Conforme já referido anteriormente, a norma em questão pode até ser compreensível nas relações civis e comerciais, em que cabe à parte que concede crédito a outrem decidir se é conveniente, ou não, exigir garantias do cocontratante. Todavia, essa realidade nem de longe espelha a situação vivida nos contratos de trabalho. Nestes, salvo raríssimas exceções, o empregado não tem poderes de barganha para exigir do empregador garantias de que receberá os salários e demais verbas contratuais e/ou rescisórias na data avençada ou prevista em lei.

Considerando as particularidades da relação de emprego, não faz o menor sentido simplesmente importar normas que foram gestadas para regular situações diversas, como se fossem de aplicação geral e irrestrita.

Diversamente do que ocorre nas relações jurídicas em geral, em que os cocontratantes presumem-se em situação de igualdade, na relação de emprego, o trabalhador é compelido, seja pela necessidade de prover a sua subsistência, seja em razão do próprio regramento contido na legislação trabalhista, a confiar, sem garantia alguma, que irá receber o que por direito lhe cabe, a tempo e modo.

Diante disso, não faz sentido conferir ao trabalhador o mesmo tratamento reservado àquele credor que, mesmo tendo condições de se precaver contra o inadimplemento, ainda assim, por razões que não vêm ao caso, deixou de exigir garantias do cumprimento do contrato pela outra parte. Essa, porém, conforme referido, não é a situação do trabalhador que precisa do emprego e, em razão disso, não tem outra opção a não ser confiar na probidade do empregador.

Na esmagadora maioria dos casos, o empregado é posto na condição inevitável de credor desprovido de garantias reais ou fidejussórias. A seu favor resta apenas a aparente proteção legal. E dissemos "aparente" porque, para materializar-se, a tutela legal depende da honestidade do empregador ou de um processo, em geral demorado, enquanto o devedor tem todo o tempo para arquitetar estratégias, visando a proteger seu patrimônio contra a futura execução, podendo, inclusive, desviar os valores que deveriam ter sido pagos ao empregado para contas bancárias em nome de terceiros, o que não é incomum. E o que pode fazer o trabalhador diante de uma situação como essa? Nada, a não ser esperar que a Justiça reconheça a fraude.

Nesse contexto, tendo em conta que, na prática, as cláusulas do contrato de trabalho são ditadas pelo empregador ou decorrem das disposições legais, cabendo ao obreiro apenas aderir, ou não, aos termos propostos, não pode o empregado ser tratado como um credor comum. Afinal, a concessão de prazo para que o empregador cumpra as obrigações trabalhistas e a inexistência de garantias reais ou fidejussórias do adimplemento não decorrem de mera liberalidade ou incúria do credor, mas de sua condição de hipossuficiente. Logo, não se poderia tratá-lo com o mesmo rigor reservado aos credores que, mesmo podendo exigir garantias, deixaram de se precaver. Chega a ser uma covardia privar o trabalhador do recebimento de seus direitos, de natureza alimentar, para preservar a poupança do empregador. Destarte, as disposições do art. 833, inciso X, no que tange à restrição da penhora sobre os valores depositados na conta poupança do empregador, definitivamente, não são compatíveis com o processo do trabalho.

Não bastassem as razões acima expostas, é sabido que, não raro, o empregador utiliza mais de uma conta poupança para fugir à penhora, seja em nome próprio ou de familiares seus, sem a menor dificuldade operacional, uma vez que as contas podem ser movimentadas mediante uso de cartão e senha, independentemente de quem figure como titular. Ou seja, ainda que a conta esteja em nome de terceiro, desde que esteja de posse do cartão e saiba a senha, o empregador poderá movimentá-la livremente, sem ser importunado.

Tal situação, além disso, descaracteriza a própria natureza da conta poupança, que não é utilizada para fazer uma reserva patrimonial a fim de atender eventual necessidade futura, sendo, em vez disso, uma simples conta-corrente, como qualquer outra. A propósito, convém observar que, conforme o entendimento do Superior Tribunal de Justiça, a restrição à penhora não se limita aos depósitos em caderneta de poupança, mas também vale para qualquer outra modalidade de aplicação financeira.

Ainda na vigência do Código de Processo Civil anterior, o Tribunal Regional da 18ª Região, já vinha decidindo que o fato de a conta poupança ser utilizada como se fosse uma conta-corrente comum retirava-lhe a proteção contra a penhora:

EMENTA: "CONTA POUPANÇA. DESVIRTUAMENTO DA FINALIDADE. INAPLICABILIDADE DO ART. 649, X, DO CPC. Demonstrado o desvio de finalidade da conta poupança, que não vinha sendo utilizada com o intuito de poupar, mas sim de manter movimentação financeira compatível com a de uma simples conta-corrente, com depósitos, compras eletrônicas e retiradas mensais repetidas e recorrentes, não se aplica ao caso a impenhorabilidade prevista no art. 649, X, do CPC" (TRT 18ª Região, AP 108100-72.2009.5.18.0013. Ac. 3ª Turma, Rel. Des. Elvecio Moura dos Santos. DEJT 15.8.2011, p. 62).

De todo modo, conforme exposto acima, não nos parece que a norma em questão seja compatível com o processo do trabalho, uma vez que não cabe ao trabalhador financiar a estabilidade econômica futura do empregador. Assim, quando menos, em relação aos direitos trabalhistas, há que se restringir a proteção do devedor, no máximo, a 50% dos valores depositados em conta poupança.

Convém relembrar, por outro lado, que o Código de Processo Civil, excepciona a impenhorabilidade do bem de família, em relação às dívidas decorrentes da aquisição ou manutenção do bem (art. 833, § 1º). Diante disso, pelas mesmas razões, não se poderia resguardar uma poupança formada ou mantida às custas da subtração de direitos trabalhistas. Em ambos os casos, tutelar o devedor inadimplente, em detrimento do credor, significaria transferir para este os ônus da estabilidade financeira do executado, o que se traduz numa imposição de pena à vítima da fraude, em vez de punir o responsável por ela.

E nunca é demais reiterar que, com raríssimas exceções, o pacto laboral não segue o mesmo padrão dos contratos em geral, em que se presume a igualdade de condições dos pactuantes. Nas relações laborais, em regra, o trabalhador se submete às condições impostas pela parte contrária, a fim de obter/preservar o emprego, não tendo poderes sequer para exigir o cumprimento das obrigações legais. Não bastasse isso, os créditos trabalhistas revestem-se de caráter alimentar, de modo que não podem ser simplesmente confundidos os direitos resultantes das relações cíveis em geral, em que se presume, como regra, a igualdade de condições entre os contratantes.

Destarte, por se tratar de um crédito especial, de natureza alimentar, os direitos trabalhistas não podem, simplesmente, ser tratados como se fossem decorrentes de qualquer outra relação de direito privado, devendo, em vez disso, ser analisados sob a ótica de seu caráter especial, como direito fundamental do trabalhador, e não como mero crédito patrimonial.

Quando muito, portanto, deve-se limitar a proteção da conta poupança em relação aos depósitos efetuados anteriormente ao inadimplemento do crédito trabalhista conforme decisão abaixo:

"AGRAVO DE PETIÇÃO. CONTA POUPANÇA. PENHORA ON-LINE. VALORES DEPOSITADOS APÓS O INADIMPLEMENTO DA OBRIGAÇÃO. POSSIBILIDADE. Apenas os valores depositados na caderneta de poupança antes do inadimplemento da obrigação assumida estão acobertados pela impenhorabilidade absoluta do artigo 649, X, do CPC, visto que depósitos realizados em conta poupança do executado posteriormente à constituição da obrigação inadimplida caracterizam fraude e má-fé, e, assim, não podem ter a proteção da lei. Nego provimento ao recurso" (TRT 18ª Região, AP 0010266-73.2014.5.18.0052, Ac. 3ª T., Rel. Desembargadora Iara Teixeira Rios. DEJT-GO, 4.4.2016, p. 2960).

Apenas para contextualizar a decisão, registro que, no caso, o executado celebrou acordo com o reclamante, para o pagamento da dívida em três parcelas, tendo pago normalmente as duas primeiras. Todavia, quando do vencimento da terceira e última parcela, em vez de efetuar o pagamento, decidiu depositar o valor respectivo em uma poupança e, quando sofreu a constrição, invocou a impenhorabilidade de tal valor, em razão da previsão legal do art. 649, X, do CPC de 1973, então vigente.

Ora, não faz sentido que o Poder Judiciário se preste ao papel de homologador da fraude, garantindo que os valores que deveriam ser destinados à satisfação de direitos trabalhistas sejam desviados para uma conta poupança em nome do devedor, ficando, desse modo, imunes à constrição judicial.

Ademais, mesmo no âmbito do processo civil, os doutrinadores se posicionam no sentido de que os depósitos intangíveis são apenas os realizados anteriormente à constituição da dívida inadimplida (DIDIER JÚNIOR, Fredie e outros. *Curso de Direito Processual Civil*, v. 5: Execução Jus Podivm, 2009, p. 565). A propósito, conforme também anotou Araken de Assis, "a intenção do legislador foi de proteger com 'elogiável sensibilidade', as poupanças modestas, formadas ao longo de anos de trabalho árduo e honesto e que representam o capital de toda uma vida" (ASSIS, Araken de. Manual do Processo de Execução. São Paulo: Revista dos Tribunais, 2009, p. 248), e não tutelar a má-fé dos que se valem do favor legal para abster-se do cumprimento de suas obrigações.

E na mesma trilha segue a jurisprudência cível:

> "*DIREITO PROCESSUAL CIVIL. EXECUÇÃO. PENHORA ON-LINE. DESBLOQUEIO DE VALORES EM POUPANÇA. DESVIRTUAMENTO DA CONTA POUPANÇA PARA CONTA-CORRENTE. POSSIBILIDADE DE PENHORA. DECISÃO MANTIDA. 1. A penhora é a maneira pela qual o judiciário compele o devedor a cumprir determinada obrigação que já deveria ter sido feita de livre e espontânea vontade, arrestando assim quantos bens sejam necessários. 2. O legislador, ao editar a Lei n. 11.382 de 6 de dezembro de 2006, tentou de uma certa forma proteger o pequeno poupador. 3. A penhora on-line efetuada via Bacenjud sobre conta poupança pode ser autorizada, quando o executado se utiliza da poupança, fazendo depósitos e retiradas, como se conta-corrente fosse, desnaturando totalmente a poupança que o legislador pretendeu preservar ao editar a Lei n.11.382. 4. Recurso desprovido*" (TJ-DF, Processo AGI 20070020114540, Relator: Des. Mário-Zam Belmiro. Julgamento: 20.2.2008, 3ª Turma Cível, Publicação: DJU 10.3.2008).

Diante disso, se esse é o entendimento aplicado às relações cíveis em geral, em que, como regra, as partes têm condições de exigir garantias do cumprimento das obrigações jurídicas, com muito maior razão, deve ser adotado em se tratando de execuções decorrentes das relações trabalhistas, dada a vulnerabilidade do credor e a natureza alimentar do direito.

2.11. Os recursos públicos do fundo partidário recebidos por partido político, nos termos da lei

A exclusão em epígrafe, tem pouca repercussão no processo do trabalho, em face do disposto no art. 100 da Lei n. 9.504/97, segundo o qual:

> "*A contratação de pessoal para prestação de serviços nas campanhas eleitorais não gera vínculo empregatício com o candidato ou partido contratantes, aplicando-se à pessoa física contratada o disposto na alínea h do inciso V do art. 12 da Lei n. 8.212, de 24 de julho de 1991. (Redação dada pela Lei n. 13.165, de 2015).*

Afastado o vínculo de emprego, como regra, no caso, são raras as ações trabalhistas versando sobre créditos de partidos políticos. Por outro lado, mesmo quando reconhecida a relação de emprego ou a prestação laboral, normalmente o trabalhador vincula-se a determinado candidato, em particular, e por período não excedente ao da campanha eleitoral.

Desse modo, a exceção posta pelo legislador pouco afeta a efetividade do processo do trabalho, uma vez que normalmente o cumprimento das raras condenações acaba sendo assumido, ainda que involuntariamente, pelos próprios candidatos.

2.12. Os créditos oriundos de alienação de unidades imobiliárias, sob o regime de incorporação imobiliária, vinculados à execução da obra

No dispositivo acima, o legislador tornou inalcançáveis pela penhora as importâncias pagas pelo promitente comprador ao incorporador, a fim de que tais valores sejam aplicados na edificação.

E tal restrição se justifica na medida que os valores em questão são recebidos pelo incorporador para um fim específico, qual seja, para serem empregados na execução da obra, e não como uma importância que passa a integrar o patrimônio do destinatário.

Diante disso, só poderá haver penhora, no caso, sobre o direito do adquirente à fração da edificação que lhe pertence, caso seja ele o executado ou responsável. Todavia, não responde o adquirente pelas dívidas da construtora ou incorporadora.

Trata-se, assim, de uma cautela do legislador, a fim de evitar prejuízos aos adquirentes das unidades imobiliárias, que, de qualquer modo, não respondem perante os credores do investidor.

Embora não mencionado pelo Código de Processo Civil, por ser objeto de norma especial (Lei n. 8.009, de 29.3.1990), o legislador também exclui da penhora o imóvel residencial do devedor, assim dispondo:

> "O imóvel residencial próprio do casal, ou da entidade familiar, é impenhorável e não responderá por qualquer tipo de dívida civil, comercial, fiscal, previdenciária ou de outra natureza, contraída pelos cônjuges ou pelos pais ou filhos que sejam seus proprietários e nele residam, salvo nas hipóteses previstas nesta lei".

Embora a norma em questão não se refira expressamente às dívidas trabalhistas, é certo que estas também estão abrangidas pelo dispositivo legal mencionado. De todo modo, é preciso tomar cuidado para que a tutela da moradia do executado não se transforme em óbice intransponível à satisfação dos créditos trabalhistas. Afinal, ninguém nega que o executado deva ter sua dignidade preservada. Todavia, para tanto, não se pode menosprezar a dignidade do credor trabalhista, normalmente um desempregado e em condições bem mais precárias que o devedor.

Impõe-se, assim, analisar a questão tendo em conta ambos os polos da relação jurídica e não olhando apenas para o executado, como se fosse ele a (única) vítima.

4. CONCLUSÕES

Conquanto o Tribunal Superior do Trabalho tenha editado Instrução Normativa, na qual se posiciona favorável à aplicação, no processo do trabalho, das disposições contidas no art. 833 e parágrafos do Código de Processo Civil de 2015 (IN n. 39, de 15.3.2016), não há como ignorar as particularidades dos créditos laborais, seja em razão de sua natureza (crédito alimentar), seja pela situação do beneficiado (reconhecidamente hipossuficiente). Desse modo, não há como simplesmente transpor para o processo do trabalho as disposições do processo comum, sem atentar para as peculiaridades dos créditos trabalhistas, inclusive porque, conforme observam Marinoni/Arenhart, a interpretação adotada nos juízos cíveis não raro limitam a penhora de modo injustificado, estendendo a restrição a bens que não se enquadram propriamente nas hipóteses de exclusão previstas no CPC[4].

Por outro lado, conforme referido acima, não há fundamento lógico ou jurídico sustentável que legitime a submissão dos créditos trabalhistas às mesmas regras dos direitos decorrentes das relações civis em geral, em que se pressupõe a igualdade de condições entre os sujeitos da relação jurídica, de modo que o credor não poderá alegar um prejuízo inesperado se não se cercou das cautelas necessárias ou recomendáveis, no ato de contratar.

Tal solução é impensável nas relações laborais, uma vez que o trabalhador não tem condições de exigir garantias, principalmente em tempos de carência de empregos, cada vez mais frequentes. E mesmo em períodos de melhor desempenho da economia, como regra, não é dado ao empregado impor condições ou exigir garantias do contratante, uma vez que, salvo em determinadas profissões, a oferta de mão de obra não costuma ser abundante, de modo que o empregador não terá maiores dificuldades para encontrar quem aceite trabalhar nas condições por ele propostas.

Por outro lado, o crédito trabalhista jamais poderá ser equiparado aos créditos civis em geral. E a aplicação genérica e indiscriminada das disposições do Código de Processo Civil ao processo do trabalho, no que tange à constrição patrimonial (que é o que nos interessa aqui), implicaria a completa eliminação da tutela especial reservada pelo legislador aos créditos laborais, inequivocamente revestidos de caráter alimentar.

É impensável que se tutele apenas, ou até preferencialmente, a condição daquele que se beneficiou da prestação laboral, legitimando a apropriação indevida dos direitos trabalhistas, em benefício de quem explorou o trabalho alheio, sem o devido pagamento.

Diante disso, não há como ignorar, sob pena de sepultar de vez a especificidade do Processo do Trabalho, que as regras do Código de Processo Civil devem passar pelo crivo da compatibilidade. De outro modo, o processo do trabalho acabará sendo suplantado pela lei processual civil, com sérios riscos de considerável retrocesso social. Apesar do apelo gerado pelo novo Código, em razão das novidades que introduz na ciência processual, em relação ao Processo do Trabalho, continuará sendo uma ferramenta complementar, não havendo fundamento lógico nem jurídico para se supor que as normas da CLT e da própria Constituição Federal, no que tange à proteção do crédito salarial, tenham sido completamente superadas.

Por fim, não há razão lógica, jurídica ou humanitária que respalde a tutela àquele que se apropriou da

---

4. MARINONI, Luiz Guilherme & ARENHART, Sérgio Cruz. *Curso de Processo Civil, v. 3: execução.* São Paulo: Revista dos Tribunais, 2007. p. 255.

força de trabalho alheia, sem a devida contraprestação, valendo-se de sua condição mais forte. Afinal, quem usurpa o direito alheio, não tem legitimidade para invocar a tutela estatal, a fim de consolidar a apropriação indevida.

5. REFERÊNCIAS BIBLIOGRÁFICAS

ASSIS, Araken de. *Manual do Processo de Execução*. São Paulo: Revista dos Tribunais, 2009.

DIDIER JÚNIOR, Fredie e outros. *Curso de Direito Processual Civil*, v. 5: Execução. Jus Podivm, 2009.

MARINONI, Luiz Guilherme & ARENHART, Sérgio Cruz. *Curso de Processo Civil*, v. 3: execução. São Paulo: Revista dos Tribunais, 2007.

TEIXEIRA FILHO, Manoel Antonio. *Comentários ao novo Código de Processo Civil sob a perspectiva do processo do trabalho:* (Lei n. 13.105, de 16 de março de 2015). São Paulo: LTr, 2015.

Capítulo 2

O CPC 2015 E O DIREITO PROCESSUAL DO TRABALHO: REFLEXÕES ACERCA DA APLICAÇÃO DO NCPC AO PROCESSO DO TRABALHO

Ben-Hur Silveira Claus[(*)]

Perante novos dispositivos do processo comum, o intérprete necessita fazer uma primeira indagação: se, não havendo incompatibilidade, permitir-se-ão a celeridade e a simplificação, que sempre foram almejadas. Nada de novos recursos, novas formalidades inúteis e atravancadoras.

Valentin Carrion

1. INTRODUÇÃO

O presente artigo ensaio tem por finalidade refletir sobre a aplicação do CPC de 2015 ao Processo do Trabalho. Isso porque o art. 15 do CPC de 2015 prevê que, na ausência de normas que regulem processos trabalhistas, as disposições do novo CPC lhes serão aplicadas supletiva e subsidiariamente.[1] Trata-se de um problema teórico a ser estudado pela ciência processual trabalhista e de um problema prático a ser equacionado pela jurisdição trabalhista. O tema é complexo. Iniciemos pela investigação da relação ontológica que se estabelece entre direito material e procedimento.

2. O DIREITO MATERIAL CONFORMA O PROCEDIMENTO

O sistema jurídico brasileiro compreende os subsistemas jurídicos derivados dos distintos ramos do direito material: o subsistema jurídico trabalhista, o subsistema jurídico tributário, o subsistema jurídico do consumidor, o subsistema jurídico civil, o subsistema jurídico penal etc. Cada subsistema jurídico conforma o respectivo procedimento com peculiaridades próprias ao direito material correspondente. Isso porque há uma relação ontológica entre o direito material e o respectivo direito processual. Essa relação ontológica fica mais evidente quando é percebida a natureza *instrumental* do direito processual: o processo é *instrumento* à realização do direito material. Diz-se que há uma relação ontológica entre o direito material e o respectivo direito processual porque as normas de procedimento guardam uma originária relação com o direito substancial correspondente, na medida em que as normas de procedimento têm por finalidade a aplicação das normas do direito substancial respectivo.

Depois de assinalar que o procedimento *não é pura forma*, Mauro Cappelletti registra que sobre o procedimento recai o imenso desafio de nossa época, cabendo-lhe articular rapidez, eficiência, justiça, liberdade individual e igualdade; uma das mais eloquentes formulações acerca da relação ontológica em que se entrelaçam procedimento e direito material.[2]

Na teoria jurídica, essa genética relação entre direito substancial e procedimento é compreendida como expressão do fenômeno do pertencimento que se estabelece desde sempre entre objeto (direito material) e método (procedimento). Daí a consideração epistemológica de que direito substancial e procedimento são categorias conceituais que operam numa espécie de *círculo hermenêutico*: as respostas procedimentais nos remetem ao direito material a ser concretizado. Em outras palavras: somos *reconduzidos* ao direito material quando nos dirigimos às questões procedimentais. A circularidade entre pergunta e resposta vem à teoria jurídica enquanto legado da filosofia hermenêutica de

---

(*) Juiz do Trabalho da 4ª Região (RS). Mestre em Direito pela Unisinos. Professor da Escola Judicial do TRT da 4ª Região. Professor da Fundação Escola da Magistratura do Rio Grande do Sul – Femargs. Membro da Comissão Nacional de Efetividade da Execução Trabalhista, Conselho Superior da Justiça do Trabalho (CSJT).

1. NCPC: "Art. 15. Na ausência de normas que regulem processos eleitorais, trabalhistas ou administrativos, as disposições deste Código lhes serão aplicadas supletivamente e subsidiariamente."
2. *Proceso, Ideologías e Sociedad*. Buenos Aires: Ediciones Jurídicas Europa-América, 1974. p. 90.

Gadamer: o direito processual somente se deixa compreender no retorno ao direito material em que reconhece sua própria identidade; numa metáfora, o direito processual mira-se na superfície do lago do direito material em busca de sua identidade.

No estudo acerca da relação ontológica que se estabelece entre direito substancial e procedimento, a teoria jurídica percorreu um rico itinerário hermenêutico cujo inventário não tem espaço neste pequeno ensaio. Entretanto, parece indispensável lembrar, com Mauro Cappelletti, a peculiaridade desse fenômeno. Para o jurista italiano, a natureza instrumental do processo o reconduz ao direito substancial a que serve[3]:

> "Al igual de todo instrumento, también ese derecho y esa técnica deben en verdad adecuarse, adaptarse, conformarse lo más estrechamente posible a la naturaleza particular de su objeto y de su fin, o sea a la naturaleza particular del derecho sustancial y a la finalidad de tutelar los institutos de ese derecho."

No direito processual civil brasileiro, uma das lições mais didáticas acerca da relação entre direito substancial e procedimento é recolhida na doutrina de Ada Pellegrini Grinover. A relação originária existente entre direito material e procedimento é identificada pela jurista na *instrumentalidade* do processo que, conquanto autônomo, está conexo à pretensão de direito material e tem como escopo a atuação da norma objetiva e a viabilização da tutela do direito violado ou ameaçado. Daí a conclusão de Ada Pellegrini Grinover, no sentido de que "O processo, o procedimento e seus princípios tomam feição distinta, conforme o direito material que se visa a proteger".[4]

No âmbito do subsistema jurídico trabalhista, a natureza especial desse ramo do direito exerce uma influência ainda maior na conformação do vínculo originário que se estabelece entre direito material e procedimento. Depois de afirmar que o Direito Processual do Trabalho pretende ser um direito de renovação, Mozart Victor Russomano sublinha o fato de que o procedimento trabalhista "[...] é herança recebida do Direito do Trabalho, ao qual o Direito Processual do Trabalho corresponde, como consequência histórica".[5] Para o jurista, o caráter tutelar do direito material se projeta sobre o procedimento.[6] Para recuperar a expressão consagrada por Héctor-Hugo Barbagelata[7], é dizer: o *particularismo* do direito material do trabalho se comunica ao procedimento laboral. Na feliz síntese formulada por Wagner D. Giglio acerca do estudo do tema, somos conduzidos à consideração superior de que "o caráter tutelar do Direito Material do Trabalho se transmite e vigora também no Direito Processual do Trabalho"[8].

Uma das características de qualquer sistema de conhecimento – a lição é de Carlos Eduardo Oliveira Dias – é a sua capacidade de produzir seus próprios princípios. É isso o que distingue determinado sistema "[...] e permite que se possa identificar nesse sistema alguns dos principais atributos tendentes ao reconhecimento de sua autonomia científica"[9]. A histórica capacidade com que o Direito Processual do Trabalho tem produzido seus próprios princípios permite afirmar – com Wagner D. Giglio[10]– que o subsistema jurídico trabalhista é dotado dessa autonomia científica de que fala o jurista.

Embora a pesquisa do tema não estivesse completa sem a referência à posição de Valentin Carrion, para quem o processo do trabalho é simples desdobramento do processo civil, na teoria justrabalhista brasileira prevalece a concepção de que o processo do trabalho é dotado de autonomia científica em relação ao processo civil, isso porque se apresenta conformado por princípios próprios e constitui subsistema jurídico procedimental especial, como tal reconhecido pela ciência jurídica nacional. Na pesquisa realizada por Carlos Henrique Bezerra Leite, alinham-se nessa última corrente de pensamento Amauri Mascaro Nascimento, Sergio Pinto Martins, Mozart Victor Russomano, Humberto Theodoro Júnior, José Augusto Rodrigues Pinto, Wagner D. Giglio *e* Coqueijo Costa.[11]

---

3. *Proceso, Ideologías e Sociedad.* Buenos Aires: Ediciones Jurídicas Europa-América, 1974. p. 5-6.
4. Processo do trabalho e processo comum. *Revista de Direito do Trabalho, 15*:87.
5. *Direito Processual do Trabalho.* 2. ed. São Paulo: LTr, 1977. p. 21-22.
6. *Idem,* p. 43.
7. *El particularismo del derecho del trabajo y los derechos humanos laborales.* 2. ed. Montevideo: Fundación de cultura universitária, 2009. p. 39.
8. *Direito Processual do Trabalho.* 15 ed. São Paulo: Saraiva, 2005. p. 83-4. Para *Wagner D. Giglio*, a autonomia do direito processual do trabalho decorre do fato de que esse ramo jurídico possui princípios próprios. O jurista destaca quatro princípios próprios ao direito processual do trabalho: a) princípio protecionista; b) princípio da jurisdição normativa; c) princípio da despersonalização do empregador; d) princípio da simplificação procedimental (p. 83-6).
9. O novo CPC e a preservação ontológica do processo do trabalho. *Revista Justiça do Trabalho.* Porto Alegre: HS Editora. n. 79. Julho de 2015. p. 15.
10. *Direito Processual do Trabalho.* 15. ed. São Paulo: Saraiva, 2005. p. 79.
11. *Direito Processual do Trabalho.* 8. ed. São Paulo: LTr, 2010. p. 89.

Com efeito, a existência de princípios próprios e a condição de subsistema procedimental especial reconhecido como tal pela teoria jurídica brasileira conferem ao direito processual do trabalho a fisionomia própria sem a qual já não se poderia compreender a jurisdição trabalhista brasileira na atualidade. É neste contexto que ganha densidade hermenêutica a observação de Américo Plá Rodriguez, de que a articulação entre os princípios próprios a cada ramo do Direito conforma a *especialidade* de cada subsistema jurídico. Isso porque os princípios harmonizam as normas, evitando que o subsistema se converta numa série de elementos desarticulados. Assim é que se mostra precisa a conclusão do jurista quando observa que "[...] a vinculação entre os diversos princípios contribui mais eficazmente para a sistematização do conjunto e para delinear a *individualidade peculiar* a cada ramo do direito."[12]

É o que ocorre também no âmbito do subsistema jurídico trabalhista brasileiro.

3. O SUBSISTEMA JURÍDICO TRABALHISTA BRASILEIRO

O subsistema jurídico trabalhista brasileiro faz revelar, com notável intensidade, a relação ontológica desde sempre estabelecida entre o direito *material* do trabalho e o direito *processual* do trabalho: à *urgência* do crédito trabalhista alimentar há de corresponder um procedimento *simplificado*, *célere* e *efetivo*. Simplificado para ser célere. Simplificado para ser efetivo. As palavras de Manoel Carlos Toledo Filho sintetizam o projeto procedimental em formação na década de 1930[13]: "[...] o processo do trabalho foi desde sempre pensado para ser *simples*, *desburocratizado* e maximamente *expedito*".

Um procedimento *complexo* e *moroso* não atenderia à exigência de rápida realização do direito material do trabalho. O nascente Direito Processual do Trabalho enfrentará esse desafio, no final da década de 1930, mediante a edição de normas procedimentais originais e simplificadas, porquanto as normas do então vigente CPC de 1939 caracterizavam-se pelo formalismo e individualismo e, portanto, não poderiam responder ao desafio que então se apresentava, conforme revela a pesquisa de Manoel Carlos de Toledo Filho. Para demonstrar o vínculo genético da novel ciência processual trabalhista com o cânone da simplicidade das formas, o jurista recolhe da doutrina do processualista Carlos Ramos Oliveira a seguinte passagem histórica, registrada em 1938:

> "Nada de complicações processuais que possam retardar e dificultar a marcha e a solução dos casos que lhe são afetos. Nada de prazos dilatados. Nada de provas tardias. Nada de formalismos inúteis e prejudiciais. Nada disso. A jurisdição do trabalho deve ser simples e célere (Justiça do Trabalho. *Revista do Trabalho*, p. 65, fev. 1938)."[14]

Manifestada muito tempo depois, a preocupação do processualista Júlio César Bebber diante dos riscos que a burocratização do procedimento pode causar ao processo parece nos remeter à época do surgimento do subsistema jurídico trabalhista e aos desafios de simplificação das fórmulas procedimentais então colocados para a ciência processual laboral nascente. Depois de lembrar que os formalismos e a burocracia são vícios que entravam o funcionamento do processo, o jurista observa que tais vícios "[...] são capazes de abranger e de se instalar com efeitos nefastos, pelo que se exige que a administração da justiça seja estruturada de modo a aproximar os serviços das populações de forma simples, a fim de assegurar a celeridade, a economia e a eficiência das decisões"[15].

Como já assinalado, no contexto histórico do surgimento do subsistema jurídico laboral brasileiro, disposições procedimentais originais e simplificadas são então concebidas para promover a consecução dos objetivos fundamentais do Direito do Trabalho, o que não seria possível se a aplicação do direito material do trabalho dependesse das normas procedimentais do então vigente CPC de 1939. É nesse contexto que ganha especial significado a expressão *melhoria procedimental* empregada por Luciano Athayde Chaves na resenha histórica dos primórdios do Direito Processual do Trabalho. A *melhoria procedimental* de que depende a realização do direito material nascente pressupõe normas procedimentais diversas das formalistas normas procedimentais do direito processual comum vigente à época. A feliz síntese do jurista justifica a transcrição[16]:

---

12. *Princípios de Direito do Trabalho*. 1. ed. 4ª tiragem. São Paulo: LTr, 1996. p. 16. Sem itálico no original.
13. Os poderes do juiz do trabalho face ao novo Código de Processo Civil. In: *Novo Código de Processo Civil e seus reflexos no Processo do Trabalho*. Elisson Miessa (organizador). Salvador: Juspodivm, 2015. p. 330.
14. Idem. Consultar a nota de rodapé n. 10, p. 330.
15. *Princípios do Processo do Trabalho*. São Paulo: LTr, 1997. p. 132.
16. Interpretação, aplicação e integração do Direito Processual do Trabalho. *Curso de Processo do Trabalho*. Luciano Athayde Chaves (org.). São Paulo: LTr, 2009. p. 41-42. Sem grifo no original.

"Naquele momento, o processo comum era mais formalista e profundamente individualista. Esta era a ideologia que orientou a sua construção. Em razão disso, não seria possível à recém-criada Justiça do Trabalho valer-se de um processo comum que não atendia às características sociais do Direito do Trabalho. Por isso, as normas processuais trabalhistas foram instituídas como uma *melhoria procedimental* em face do procedimento comum, que poderia – como ainda pode – ser aplicado, mas somente em função da melhoria da prestação jurisdicional especializada."

Quando do surgimento da CLT em 1942, sua parte processual teve mais inspiração no Decreto-Lei n. 1.237/1939 do que no CPC de 1939, conforme a pesquisa realizada por Bruno Gomes Borges Fonseca. O jurista destaca esse antecedente normativo para "[...] demonstrar que o compromisso histórico do processo do trabalho sempre foi diferente do processo comum".[17]

É nesse contexto histórico que ganha sentido a afirmação teórica de que os arts. 769 e 889 da CLT foram concebidos como *normas de contenção*; normas de contenção ao ingresso indevido de normas de processo comum *incompatíveis* com os *princípios* do direito processual do trabalho; normas de contenção à influência de preceitos do processo comum que acarretem formalismo procedimental; normas de contenção a institutos que impliquem burocracia procedimental.

4. A COMPATIBILIDADE COMO CRITÉRIO CIENTÍFICO À APLICAÇÃO SUBSIDIÁRIA DO PROCESSO COMUM

No estudo da heterointegração do subsistema jurídico laboral prevista nos arts. 769 e 889 da CLT, a teoria jurídica assentou o entendimento de que a aplicação subsidiária do processo comum no processo do trabalho é realizada sob o critério da compatibilidade previsto nesses preceitos consolidados. Vale dizer, a *compatibilidade* prevista nos arts. 769 e 889 da CLT opera como critério científico fundamental para "[...] calibrar a abertura ou o fechamento para o processo comum", na inspirada formulação adotada por Homero Batista Mateus da Silva[18] no estudo do Direito Processual do Trabalho brasileiro.

A especialidade do subsistema jurídico trabalhista sobredetermina essa compatibilidade, conferindo-lhe dúplice dimensão: *compatibilidade axiológica* e *compatibilidade teleológica*. Essa dúplice dimensão da compatibilidade é identificada por Manoel Carlos Toledo Filho sob a denominação de *compatibilidade sistêmica*.[19] Vale dizer, a compatibilidade é aferida tanto sob o crivo dos *valores* do direito processual do trabalho quanto sob o crivo da *finalidade* do subsistema procedimental trabalhista, de modo a que o subsistema esteja capacitado à realização do direito social para o qual foi concebido. O critério científico da compatibilidade visa à própria preservação do subsistema processual trabalhista, na acertada observação de Paulo Sérgio Jakutis.[20] Com efeito, o diálogo normativo entre subsistemas jurídicos pressupõe "[...] buscar alternativas que não desfigurem o modelo originário, pois isso o desnaturaria enquanto paradigma independente"[21], conforme preleciona Carlos Eduardo Oliveira Dias ao abordar o tema do diálogo das fontes formais de direito no âmbito da aplicação subsidiária do processo comum ao processo do trabalho.

A norma de direito processual comum, além de ser compatível com as regras do processo do trabalho, deve ser compatível com os princípios que norteiam o Direito Processual do trabalho, conforme preleciona Mauro Schiavi.[22] Os princípios do direito processual do trabalho restariam descaracterizados caso se concluísse pela aplicação automática do processo comum ao processo do trabalho, razão pela qual a observância do critério da compatibilidade se impõe quando se examina o problema da aplicabilidade subsidiária do processo comum ao subsistema jurídico trabalhista. Daí a pertinência da observação de Carlos Eduardo Oliveira Dias sobre o tema: "[...] o que mais tem relevância, nesse processo intelectivo, é o pressuposto da compatibilidade, ou seja, o fato da norma a ser utilizada se ajustar aos funda-

---

17. *Reflexos do novo Código de Processo Civil na atuação do Ministério Público do Trabalho.* In: *Novo Código de Processo Civil e seus reflexos no Processo do Trabalho.* Elisson Miessa (organizador). Salvador: Juspodivm, 2015. p. 370.
18. *Curso de direito do trabalho aplicado.* Volume 9 – Processo do Trabalho. 2. ed. São Paulo: Revista dos Tribunais, 2015. p. 33.
19. *Os poderes do juiz do trabalho face ao novo Código de Processo Civil.* In: *Novo Código de Processo Civil e seus reflexos no Processo do Trabalho.* Elisson Miessa (organizador). Salvador: Juspodivm, 2015. p. 330.
20. *A influência do novo CPC no ônus da prova trabalhista.* In: *Novo Código de Processo Civil e seus reflexos no Processo do Trabalho.* Elisson Miessa (organizador). Salvador: Juspodivm, 2015. p. 439.
21. *O novo CPC e a preservação ontológica do processo do trabalho.* Revista Justiça do Trabalho. Porto Alegre: HS Editora. n. 379. Julho de 2015. p. 18.
22. *A aplicação supletiva e subsidiária do Código de Processo Civil ao Processo do Trabalho.* In: *Novo Código de Processo Civil e seus reflexos no Processo do Trabalho.* Elisson Miessa (organizador). Salvador: Juspodivm, 2015. p. 57-8.

mentos do direito processual do trabalho"[23]. Ausente o pressuposto da compatibilidade, já não se pode pretender prosseguir no processo de heterointegração: falta a ponte que comunicaria os sistemas. A compatibilidade é essa ponte que permite que alguns dispositivos do processo comum ingressem no subsistema processual laboral. Uma ponte estreita, já se percebe. Uma ponte cuja edificação estará sempre entregue à soberana consideração do Direito Processual do Trabalho enquanto ramo autônomo da processualística.

Depois de afirmar que a ideia de compatibilidade é muito cara ao processo do trabalho, Bruno Gomes Borges da Fonseca assevera que tal compatibilidade "[...] ocorrerá apenas na hipótese de o texto do processo comum afinar-se com o princípio da proteção"[24]. Assim, somente será possível a aplicação subsidiária quando a norma de processo comum guardar plena compatibilidade com os fundamentos do processo do trabalho. Caso isso não ocorra, de acordo com Carlos Eduardo Oliveira Dias, "[...] sacrifica-se o processo integrativo mas não se pode afetar o núcleo principiológico do processo do trabalho"[25]. Isso porque as regras de processo comum somente podem ser aplicadas subsidiariamente se forem compatíveis com as singularidades do processo do trabalho. Se a regra do CPC for incompatível com a principiologia e singularidades do processo do trabalho, pondera Mauro Schiavi, ela não será aplicada.[26]

No estudo do tema da heterointegração do subsistema processual trabalhista, Guilherme Guimarães Ludwig afirma que a aplicação subsidiária do processo comum ao processo do trabalho tem por fundamento a realização do princípio da eficiência, conferindo conteúdo específico à compatibilidade prevista nos arts. 769 e 889 da CLT. Ao discorrer sobre o princípio da eficiência no âmbito da heterointegração do subsistema procedimental trabalhista, o jurista ressalta que o princípio da eficiência opera tanto como fator de abertura quanto como fator de fechamento do subsistema procedimental, ponderando[27]:

"Quando analisado sob a perspectiva do processo do trabalho, o princípio da eficiência, enquanto autêntico vetor de interpretação da norma processual, deve também funcionar como um filtro que restrinja a adoção das regras do novo Código de Processo Civil e do correspondente modelo colaborativo, em caráter subsidiário ou supletivo, na medida em que elas não guardem compatibilidade com as diretrizes fundamentais do ramo processual laboral, em que se prestigia o valor celeridade em favor do credor trabalhista." Fixadas algumas balizas teóricas acerca da heterointegração do subsistema processual trabalhista, cumpre agora enfrentar a questão da subsistência do critério da compatibilidade diante do advento do CPC de 2015.

5. O CRITÉRIO CIENTÍFICO DA COMPATIBILIDADE SUBSISTE AO ADVENTO DO NOVO CPC

Diante do fato de o art. 15 do CPC não fazer referência ao critério científico da compatibilidade, surge a questão de saber se esse requisito previsto nos arts. 769 e 889 da CLT teria subsistido ao advento do novo CPC para efeito de aplicação subsidiária do processo comum ao processo do trabalho. No âmbito da teoria do processo civil, a resposta de Nelson Nery Junior é positiva. Depois de afirmar que o novo CPC aplica-se subsidiariamente ao processo trabalhista na falta de regramento específico, o jurista pondera que, "de qualquer modo, a aplicação subsidiária do CPC deve guardar compatibilidade com o processo em que se pretenda aplicá-lo", acrescentando que a aplicação supletiva também deve levar em conta este princípio.[28]

A resposta da teoria jurídica trabalhista também é positiva, porquanto prevaleceu o entendimento de que o art. 15 do CPC de 2015 não revogou os arts. 769 e 889

---

23. O novo CPC e a preservação ontológica do processo do trabalho. *Revista Justiça do Trabalho*. Porto Alegre: HS Editora. n. 379. Julho de 2015. p. 17.
24. Reflexos do novo Código de Processo Civil na atuação do Ministério Público do Trabalho. In: *Novo Código de Processo Civil e seus reflexos no Processo do Trabalho*. Elisson Miessa (organizador). Salvador: Juspodivm, 2015. p. 369.
25. O novo CPC e a preservação ontológica do processo do trabalho. *Revista Justiça do Trabalho*. Porto Alegre: HS Editora. n. 379. Julho de 2015. p. 19.
26. A aplicação supletiva e subsidiária do Código de Processo Civil ao Processo do Trabalho. In: *Novo Código de Processo Civil e seus reflexos no Processo do Trabalho*. Elisson Miessa (organizador). Salvador: Juspodivm, 2015. p. 56.
27. O Princípio da eficiência como vetor de interpretação da norma processual trabalhista e a aplicação subsidiária e supletiva do novo Código de Processo Civil. In: *Novo Código de Processo Civil e seus reflexos no Processo do Trabalho*. Elisson Miessa (organizador). Salvador: Juspodivm, 2015. p. 108.
28. *Comentários ao Código de Processo Civil* – Novo CPC – Lei 13.015/2015. São Paulo: Revista dos Tribunais, 2015. p. 232.
29. O art. 15 do NCPC não revogou o art. 769 da CLT. Essa é a conclusão que tem prevalecido entre os teóricos do Direito Processual do Trabalho. Essa conclusão tem prevalecido com base nos seguintes fundamentos: a) não houve revogação expressa do art. 769 da CLT pelo novo CPC (LINDB, art. 2º, § 1º); b) o art. 769 da CLT é norma especial, que, por isso, prevalece sobre a norma geral do art. 15 do NCPC; c) o art. 769 da CLT é mais amplo do que o art. 15 do NCPC, não tendo o art. 15 do NCPC regulado inteiramente a matéria do art. 769 da CLT (LINDB, art. 2º, §§ 1º e 2º),

da CLT[29], preceitos nos quais está prevista a compatibilidade como critério científico necessário à aplicação subsidiária do processo comum. Para Wânia Guimarães Rabêllo de Almeida, não houve revogação total ou parcial do art. 769 da CLT, porquanto o preceito celetista é muito mais amplo do que o art. 15 do novo CPC[30], entendimento no qual tem a companhia de inúmeros juristas, entre os quais estão Guilherme Guimarães Feliciano[31], Homero Batista Mateus da Silva[32], Carlos Eduardo Oliveira Dias[33], Manoel Carlos Toledo Filho[34], Danilo Gonçalves Gaspar[35] e Mauro Schiavi[36]. Assim é que, para Wânia Guimarães Rabêllo de Almeida, "[...] o CPC somente será fonte supletiva ou subsidiária do direito processual do trabalho naquilo que for compatível com suas normas, por força do art. 769 da CLT"[37].

Nada obstante o art. 15 do novo CPC estabeleça a possibilidade de aplicação subsidiária e supletiva do Código de Processo Civil de 2015 ao processo do trabalho na ausência de normas processuais trabalhistas, tal aplicação só ocorre quando está presente o pressuposto da compatibilidade previsto nos arts. 769 e 889 da CLT. O exame da presença do pressuposto da compatibilidade é realizado sob a óptica do Direito Processual do Trabalho, e não sob a óptica do Direito Processual Comum. Isso porque a previsão legal dos arts. 769 e 889 da CLT estabelece que tal exigência de compatibilidade é dirigida à consideração do juiz do trabalho[38], mas também porque se trata de uma contingência hermenêutica imposta à preservação da autonomia científica do Direito Processual do Trabalho enquanto subsistema procedimental especial. Para Danilo Gonçalves Gaspar é certo que "[...] que não se elimina a necessidade de compatibilização da norma com o processo do trabalho, tal qual previsto na CLT"[39], entendimento no qual é acompanhado por Ricardo José Macedo de Britto Pereira. Para esse jurista, a aplicação subsidiária prevista no art. 15 do CPC de 2015 deve ocorrer "[...] sem afetar a exigência de compatibilidade como determina o art. 769 da CLT"[40].

A subsistência do critério científico da compatibilidade decorre da não revogação do art. 769 da CLT, mas também acaba por se impor enquanto exigência hermenêutica necessária à salvaguarda do subsistema jurídico trabalhista enquanto ramo procedimental especial dotado de autonomia científica. Daí porque tem razão Carlos Eduardo Oliveira Dias quando pondera que seria até desnecessário que o legislador processual comum ressalvasse a necessidade de que, na aplicação subsidiária do novo CPC, fosse observada a compatibilidade com o outro ramo do direito processual, "[...] pois se isso não existisse, estaria inviabilizada a própria existência autônoma desse segmento"[41]. De fato, pudesse ser eliminado o critério científico da compatibilidade na aplicação subsidiária do processo comum, haveria o risco de desconstrução estrutural do direito processual

---

de modo que ambos os preceitos harmonizam-se; d) o subsistema procedimental trabalhista é reconhecido no sistema jurídico brasileiro como subsistema procedimental especial informado pelas normas de contenção dos arts. 769 e 889 da CLT.

30. A teoria dinâmica do ônus da prova. In: *Novo Código de Processo Civil e seus reflexos no Processo do Trabalho*. Elisson Miessa (organizador). Salvador: Juspodivm, 2015. p. 457.
31. O princípio do contraditório no novo Código de Processo Civil. Aproximações críticas. In: *Novo Código de Processo Civil e seus reflexos no Processo do Trabalho*. Elisson Miessa (organizador). Salvador: Juspodivm, 2015. p. 126.
32. *Curso de direito do trabalho aplicado*. Volume 9 – Processo do Trabalho. 2. ed. São Paulo: Revista dos Tribunais, 2015. p. 33.
33. O novo CPC e a preservação ontológica do processo do trabalho. *Revista Justiça do Trabalho*. Porto Alegre: HS Editora. n. 379. Julho de 2015. p. 15.
34. Os poderes do juiz do trabalho face ao novo Código de Processo Civil. In: *Novo Código de Processo Civil e seus reflexos no Processo do Trabalho*. Elisson Miessa (organizador). Salvador: Juspodivm, 2015. p. 332.
35. Noções conceituais sobre tutela provisória no novo CPC e suas implicações no Processo do Trabalho. In: *Novo Código de Processo Civil e seus reflexos no Processo do Trabalho*. Elisson Miessa (organizador). Salvador: Juspodivm, 2015. p. 386.
36. A aplicação supletiva e subsidiária do Código de Processo Civil ao Processo do Trabalho. In: *Novo Código de Processo Civil e seus reflexos no Processo do Trabalho*. Elisson Miessa (organizador). Salvador: Juspodivm, 2015. p. 56.
37. A teoria dinâmica do ônus da prova. In: *Novo Código de Processo Civil e seus reflexos no Processo do Trabalho*. Elisson Miessa (organizador). Salvador: Juspodivm, 2015. p. 457.
38. Tem razão Jorge Luiz Souto Maior quando pondera, com perspicácia, que "[...] os fundamentos do novo CPC baseiam-se em uma visão de mundo que considera necessário conter a atuação de juízes sociais. Mas a racionalidade do processo do trabalho, obviamente, é outra, tanto que as regras de proteção do processo do trabalho são direcionadas ao juiz, a quem cumpre definir, portanto, como o procedimento deve se desenvolver, gostem disso, ou não, os elaboradores do novo CPC. Aliás, é indisfarçável o desejo dos elaboradores do NCPC de suprimir, por via transversa, práticas processuais trabalhistas" ("A radicalidade do art. 769 da CLT como salvaguarda da Justiça do Trabalho", *In: Justiça do Trabalho*, março de 2015. Ano 32, n. 384. Editora HS. p. 38)
39. Noções conceituais sobre tutela provisória no novo CPC e suas implicações no Processo do Trabalho. In: *Novo Código de Processo Civil e seus reflexos no Processo do Trabalho*. Elisson Miessa (organizador). Salvador: Juspodivm, 2015. p. 386.
40. O novo Código de Processo Civil e seus possíveis impactos nos recursos trabalhistas. In: *Novo Código de Processo Civil e seus reflexos no Processo do Trabalho*. Elisson Miessa (organizador). Salvador: Juspodivm, 2015. p. 568.
41. O novo CPC e a preservação ontológica do processo do trabalho. *Revista Justiça do Trabalho*. Porto Alegre: HS Editora. n. 379. Julho de 2015. p. 18.

do trabalho, tal qual adverte Carlos Eduardo Oliveira Dias com pertinácia[42]: "[...] não se pode adotar uma solução normativa exógena que, independentemente de ser fundada em omissão da CLT, não guarde compatibilidade com o processo laboral e possa vir a ser fator de sua desconstrução sistêmica."

A posição de Iuri Pereira Pinheiro alinha-se aos entendimentos antes referidos. Para o jurista, não se pode esquecer que o direito processual do trabalho constitui ramo dotado de autonomia científica, no qual a colmatação de lacunas exige a compatibilidade ideológica proclamada nos arts. 769 e 889 da CLT. Daí a conclusão do jurista no sentido de que, "a despeito da previsão simplista do novo CPC, a sua aplicação subsidiária ao processo do trabalho irá se operar apenas diante de sintonia principiológica, sob pena de mácula à autonomia do ramo processual especializado"[43]. A especialidade do subsistema jurídico trabalhista exige que se lhe confira um tratamento metodológico diferenciado, que preserve a sua própria fisionomia, de modo que a heterointegração seja realizada com a observância dos princípios do direito material que lhe são inerentes e que afetam diretamente a prática jurisdicional trabalhista, conforme o magistério de Carlos Eduardo Oliveira Dias.[44]

Também para Mauro Schiavi a exigência de compatibilidade se impõe à aplicação do CPC de 2015 ao processo do trabalho. Para o jurista, da conjugação do art. 15 do novo CPC com os arts. 769 e 889 da CLT, resulta que o novo CPC aplica-se ao processo do trabalho da seguinte forma: "[...] supletiva e subsidiariamente, nas omissões da legislação processual trabalhista, desde que compatível com os princípios e singularidades do processo trabalhista"[45].

Nada obstante considere que o art. 15 do novo CPC configura-se como norma de sobredireito, Élisson Miessa pondera que não ocorreu revogação dos arts. 769 e 889 da CLT. O jurista observa que "[...] a inserção de normas comuns em um microssistema jurídico sempre impõe a compatibilidade com o sistema em que a norma será inserida, sob pena de se desagregar a base do procedimento específico", para concluir que "[...] os arts. 769 e 889 da CLT sobrevivem à chegada do art. 15 do NCPC"[46].

Mesmo para Edilton Meireles, jurista que considera que o art. 769 da CLT foi revogado pelo art. 15 do novo CPC, o critério da compatibilidade permanece sendo indispensável à aplicação subsidiária da norma de processo comum ao processo do trabalho, conclusão que adota por ser a legislação trabalhista *norma especial* em relação ao CPC. O jurista considera que "[...] a regra supletiva ou subsidiária deve guardar coesão e compatibilidade com o complexo normativo ou a regra que se pretender integrar ou complementar", para concluir que, "[...] se a norma do novo CPC se revela incompatível com o processo do trabalho (em seus princípios e regras), lógico que não se poderá invocar seus dispositivos de modo a serem aplicados de forma supletiva ou subsidiária"[47].

A posição de Edilton Meireles acerca do tema da autonomia do direito processual do trabalho faz evocar a precitada doutrina de Valentin Carrion. Ambos os juristas parecem convergir quanto ao entendimento de que o direito processual do trabalho não seria dotado de autonomia científica em relação ao direito processual civil. A concepção de Valentin Carrion sobre o tema opera sob o pressuposto teórico de que "o direito processual do trabalho não possui princípio próprio algum, pois todos os que o norteiam são do processo civil (oralidade, celeridade etc.); apenas deu (ou pretendeu dar) a alguns deles maior ênfase e relevo"[48]. O direito processual do trabalho, para Valentin Carrion, não surge do direito material laboral e, por isso, não poderia aspirar à autonomia em relação ao direito processual civil, do qual seria mera subespécie.

Nada obstante Valentin Carrion negue a autonomia do direito processual do trabalho em relação ao processo civil, o jurista conclui, nos comentários do art. 769 da CLT, que a aplicação subsidiária de normas do processo comum ao subsistema jurídico trabalhista submete-se ao requisito da compatibilidade. Vale dizer,

---

42. O novo CPC e a preservação ontológica do processo do trabalho. *Revista Justiça do Trabalho*. Porto Alegre: HS Editora. n. 379. Julho de 2015. p. 20-1.
43. Reflexões acerca da penhorabilidade de bens à luz do novo CPC – avanços, retrocessos e a possibilidade da derrocada de alguns mitos. In: *Novo Código de Processo Civil e seus reflexos no Processo do Trabalho*. Elisson Miessa (organizador). Salvador: Juspodivm, 2015. p. 496.
44. O novo CPC e a preservação ontológica do processo do trabalho. *Revista Justiça do Trabalho*. Porto Alegre: HS Editora. n. 379. Julho de 2015. p. 18.
45. A aplicação supletiva e subsidiária do Código de Processo Civil ao Processo do Trabalho. In: *Novo Código de Processo Civil e seus reflexos no Processo do Trabalho*. Elisson Miessa (organizador). Salvador: Juspodivm, 2015. p. 56.
46. *O novo Código de Processo Civil e seus reflexos no Processo do Trabalho*. Élisson Miessa (organizador.). Salvador: Juspodivm, 2015. p. 28.
47. O novo CPC e sua aplicação supletiva e subsidiária no processo do trabalho. In: *Novo Código de Processo Civil e seus reflexos no Processo do Trabalho*. Elisson Miessa (organizador). Salvador: Juspodivm, 2015. p. 46.
48. *Comentários à CLT*. 38. ed. Atualizado por Eduardo Carrion. São Paulo: Saraiva, 2013. p. 679.

a compatibilidade subsiste enquanto requisito científico indispensável à heterointegração, ainda quando não se reconheça autonomia científica ao processo do trabalho em relação ao processo civil.

Na formulação teórica concebida por Valentin Carrion, a heterointegração de normas de processo comum ao processo do trabalho somente será viável "[...] desde que: a) não esteja aqui regulado de outro modo ('casos omissos', 'subsidiariamente'); b) não ofendam os princípios do processo laboral ('incompatível'); c) se adapte aos mesmos princípios e às peculiaridades deste procedimento; d) não haja impossibilidade material de aplicação (institutos estanhos à relação deduzida no juízo trabalhista); a aplicação de institutos não previstos não deve ser motivo para maior eternização das demandas e tem de adaptá-las às peculiaridades próprias"[49].

Diante das indagações teóricas que têm sido suscitadas quanto à aplicação do novo CPC ao Processo do Trabalho, parece oportuno transcrever a específica lição de Valentin Carrion sobre o método científico a ser adotado pelo juslaboralista no estudo acerca da aplicação de *novos dispositivos* do processo comum ao processo laboral. Preleciona o jurista: "Perante novos dispositivos do processo comum, o intérprete necessita fazer uma primeira indagação: se, não havendo incompatibilidade, permitir-se-ão a celeridade e a simplificação, que sempre foram almejadas. Nada de novos recursos, novas formalidades inúteis e atravancadoras"[50].

A concepção de tutela constitucional do processo de que nos falam Tereza Aparecida Asta Gemignani e Daniel Gemignani valoriza a compatibilidade como critério capaz de preservar a especialidade do subsistema jurídico trabalhista. Para os juristas, "[...] essa concepção de *tutela constitucional do processo*, que sustenta a espinha dorsal do modelo adotado pelo processo trabalhista, nos termos do art. 769 da CLT, vai impedir, por incompatibilidade, a aplicação das disposições contidas no novo CPC quando enveredam pela diretriz privatística."[51]

Portanto, o critério científico da compatibilidade subsiste ao advento do novo CPC, permanecendo indispensável ao processo hermenêutico de avaliação da aplicação do processo comum ao processo do trabalho.

6. CONCLUSÃO

Sobre o procedimento recai o desafio de articular rapidez, eficiência, justiça, liberdade individual e igualdade.

Na teoria jurídica, a genética relação existente entre direito substancial e procedimento é compreendida como expressão do fenômeno do pertencimento que se estabelece desde sempre entre objeto (direito material) e método (procedimento). Daí a consideração epistemológica de que direito substancial e procedimento são categorias conceituais que operam numa espécie de *círculo hermenêutico*: as respostas procedimentais nos remetem ao direito material a ser concretizado.

A existência de princípios próprios e a condição de subsistema procedimental especial reconhecido como tal pela teoria jurídica brasileira conferem ao Direito Processual do Trabalho a fisionomia própria sem a qual já não se poderia compreender a jurisdição trabalhista brasileira na atualidade.

No contexto histórico do surgimento do subsistema jurídico laboral brasileiro, disposições procedimentais originais e simplificadas são então concebidas para promover a consecução dos objetivos fundamentais do Direito do Trabalho, o que não seria possível se a aplicação do direito material do trabalho dependesse das normas procedimentais do então vigente CPC de 1939. É nesse contexto histórico que ganha sentido a afirmação teórica de que os arts. 769 e 889 da CLT foram concebidos como *normas de contenção*; normas de contenção ao ingresso indevido de normas de processo comum *incompatíveis* com os *princípios* do direito processual do trabalho; normas de contenção à influência de preceitos do processo comum que acarretem formalismo procedimental; normas de contenção a institutos que impliquem burocracia procedimental.

No estudo da heterointegração do subsistema jurídico laboral prevista nos arts. 769 e 889 da CLT, a teoria jurídica assentou o entendimento de que a aplicação subsidiária do processo comum no processo do trabalho é realizada sob o critério da compatibilidade previsto nesses preceitos consolidados.

A especialidade do subsistema jurídico trabalhista sobredetermina essa compatibilidade, conferindo-lhe dúplice dimensão: *compatibilidade axiológica* e *compatibilidade teleológica*. Vale dizer, a compatibilidade é aferida tanto sob o crivo dos *valores* do direito processual do trabalho quanto sob o crivo da *finalidade* do subsistema procedimental trabalhista, de modo a que o subsistema esteja capacitado à realização do direito social para o qual foi concebido. O critério científico da

---

49. *Comentários à CLT*. 38 ed. Atualizada por Eduardo Carrion. São Paulo: Saraiva, 2013. p. 678-9.
50. *Idem*, p. 679.
51. Litisconsórcio e intervenção de terceiros: o novo CPC e o Processo do Trabalho. In: *Novo Código de Processo Civil e seus reflexos no Processo do Trabalho*. Elisson Miessa (organizador). Salvador: Juspodivm, 2015. p. 269.

compatibilidade visa à própria preservação do subsistema processual trabalhista enquanto ramo procedimental autônomo.

Ausente o pressuposto da compatibilidade, já não se pode pretender prosseguir no processo de heterointegração: falta a ponte que comunicaria os sistemas. A compatibilidade é essa ponte que permite que alguns dispositivos do processo comum ingressem no subsistema processual laboral, com vistas a ampliar a sua efetividade. Uma ponte estreita, já se percebe. Uma ponte cuja edificação estará sempre entregue à soberana consideração do Direito Processual do Trabalho enquanto ramo autônomo da processualística.

Nada obstante o art. 15 do novo CPC estabeleça a possibilidade de aplicação subsidiária e supletiva do Código de Processo Civil de 2015 ao processo do trabalho na ausência de normas processuais trabalhistas, tal aplicação só ocorre quando está presente o pressuposto da compatibilidade previsto nos arts. 769 e 889 da CLT. O exame da presença do pressuposto da compatibilidade é realizado sob a óptica do Direito Processual do Trabalho, e não sob a óptica do Direito Processual Comum. Isso porque a previsão legal dos arts. 769 e 889 da CLT estabelece que tal exigência de compatibilidade é dirigida à consideração do juiz do trabalho[52], mas também porque se trata de uma contingência hermenêutica imposta à preservação da autonomia científica do Direito Processual do Trabalho enquanto subsistema procedimental especial.

Às indagações teóricas que têm surgido quanto à aplicação do novo CPC ao Processo do Trabalho, parece que a elas já se antecipara, há muitos anos, Valentin Carrion: "Perante novos dispositivos do processo comum, o intérprete necessita fazer uma primeira indagação: se, não havendo incompatibilidade, permitir-se-ão a celeridade e a simplificação, que sempre foram almejadas. Nada de novos recursos, novas formalidades inúteis e atravancadoras."[53]. O gênio antecipa-se.

7. REFERÊNCIAS BIBLIOGRÁFICAS

ALMEIDA, Wânia Guimrães Rabêllo de. A teoria dinâmica do ônus da prova. In: *Novo Código de Processo Civil e seus reflexos no Processo do Trabalho*. Elisson Miessa (organizador). Salvador: Juspodivm, 2015.

BARBAGELATA, Héctor-Hugo. *El particularismo del derecho del trabajo y los derechos humanos laborales*. 2 ed. Montevideo: Fundación de cultura universitária, 2009.

BEBBER, Júlio César. *Princípios do Processo do Trabalho*. São Paulo: LTr, 1997.

CAPPELLETTI, Mauro. *Proceso, Ideologías e Sociedad*. Buenos Aires: Ediciones Jurídicas Europa-América, 1974.

CARRION, Valentin. *Comentários à CLT*. 38. ed. Atualizado por Eduardo Carrion. São Paulo: Saraiva, 2013.

CHAVES, Luciano Athayde. Interpretação, aplicação e integração do Direito Processual do Trabalho. *Curso de Processo do Trabalho*. Luciano Athayde Chaves (org.). São Paulo: LTr, 2009.

DIAS, Carlos Eduardo Oliveira. O novo CPC e a preservação ontológica do processo do trabalho. *Revista Justiça do Trabalho*. Porto Alegre: HS Editora. n. 379. Julho de 2015.

FELICIANO, Guilherme Guimarães. O princípio do contraditório no novo Código de Processo Civil. Aproximações críticas. In: Novo Código de Processo Civil e seus reflexos no Processo do Trabalho. Elisson Miessa (organizador). Salvador: Juspodivm, 2015.

FONSECA, Bruno Gomes Borges. Reflexos do novo Código de Processo Civil na atuação do Ministério Público do Trabalho. In: Novo Código de Processo Civil e seus reflexos no Processo do Trabalho. Elisson Miessa (organizador). Salvador: Juspodivm, 2015.

GASPAR, Danilo Gonçalves. Noções conceituais sobre tutela provisória no novo CPC e suas implicações no Processo do Trabalho. In: *Novo Código de Processo Civil e seus reflexos no Processo do Trabalho*. Elisson Miessa (organizador). Salvador: Juspodivm, 2015.

GEMIGNANI, Tereza Aparecida Asta. GEMIGNANI, Daniel. Litisconsórcio e intervenção de terceiros: o novo CPC e o Processo do Trabalho. In: *Novo Código de Processo Civil e seus reflexos no Processo do Trabalho*. Elisson Miessa (organizador). Salvador: Juspodivm, 2015.

GIGLIO, Wagner D. *Direito Processual do Trabalho*. 15 ed. São Paulo: Saraiva, 2005.

GRINOVER, Ada Pellegrini. Processo do trabalho e processo comum. *Revista de Direito do Trabalho*, 15:87.

JAKUTIS, Paulo Sérgio. A influência do novo CPC no ônus da prova trabalhista. In: Novo Código de Processo Civil e seus reflexos no Processo do Trabalho. Elisson Miessa (organizador). Salvador: Juspodivm, 2015.

LEITE, Carlos Henrique Bezerra. *Direito Processual do Trabalho*. 8. ed. São Paulo: LTr, 2010.

---

52. Tem razão Jorge Luiz Souto Maior quando pondera, com perspicácia, que "[...] os fundamentos do novo CPC baseiam-se em uma visão de mundo que considera necessário conter a atuação de juízes sociais. Mas a racionalidade do processo do trabalho, obviamente, é outra, tanto que as regras de proteção do processo do trabalho são direcionadas ao juiz, a quem cumpre definir, portanto, como o procedimento deve se desenvolver, gostem disso, ou não, os elaboradores do novo CPC. Aliás, é indisfarçável o desejo dos elaboradores do NCPC de suprimir, por via transversa, práticas processuais trabalhistas" ("A radicalidade do art. 769 da CLT como salvaguarda da Justiça do Trabalho". In: *Justiça do Trabalho*, março de 2015. Ano 32, n. 384. Editora HS. p. 38)

53. *Comentários à CLT*. 38 ed. Atualizada por Eduardo Carrion. São Paulo: Saraiva, 2013. p. 679.

LUDWIG, Guilherme Guimarães. O princípio da eficiência como vetor de interpretação da norma processual trabalhista e a aplicação subsidiária e supletiva do novo Código de Processo Civil. In: Novo Código de Processo Civil e seus reflexos no Processo do Trabalho. Elisson Miessa (organizador). Salvador: Juspodivm, 2015.

MEIRELES, Edilton. O novo CPC e sua aplicação supletiva e subsidiária no processo do trabalho. In: *Novo Código de Processo Civil e seus reflexos no Processo do Trabalho*. Elisson Miessa (organizador). Salvador: Juspodivm, 2015.

MIESSA, Élisson. *O Novo Código de Processo Civil e seus reflexos no Processo do Trabalho*. Élisson Miessa (organizador.). Salvador: Juspodivm, 2015.

NERY JUNIOR, Nelson. *Comentários ao Código de Processo Civil – Novo CPC – Lei n. 13.015/2015*. São Paulo: Revista dos Tribunais, 2015.

OLIVEIRA, Carlos Ramos. Justiça do Trabalho. *Revista do Trabalho*. Fev. 1938.

PEREIRA, Ricardo José Macedo de Britto. O novo Código de Processo Civil e seus possíveis impactos nos recursos trabalhistas. In: *Novo Código de Processo Civil e seus reflexos no Processo do Trabalho*. Elisson Miessa (organizador). Salvador: Juspodivm, 2015.

PINHEIRO, Iuri Pereira. Reflexões acerca da penhorabilidade de bens à luz do novo CPC – avanços, retrocessos e a possibilidade da derrocada de alguns mitos. In: *Novo Código de Processo Civil e seus reflexos no Processo do Trabalho*. Elisson Miessa (organizador). Salvador: Juspodivm, 2015.

RODRIGUEZ, Américo Plá. *Princípios de Direito do Trabalho*. 1. ed. 4ª tiragem. São Paulo: LTr, 1996.

RUSSOMANO, Mozart Victor. *Direito Processual do Trabalho*. 2. ed. São Paulo: LTr, 1977.

SCHIAVI, Mauro. A aplicação supletiva e subsidiária do Código de Processo Civil ao Processo do Trabalho. In: *Novo Código de Processo Civil e seus reflexos no Processo do Trabalho*. Elisson Miessa (organizador). Salvador: Juspodivm, 2015.

SILVA, Homero Batista Mateus da. *Curso de direito do trabalho aplicado*. Volume 9 – Processo do Trabalho. 2. ed. São Paulo: Revista dos Tribunais, 2015.

SOUTO MAIOR, Jorge Luiz. "A radicalidade do art. 769 da CLT como salvaguarda da Justiça do Trabalho". In: *Justiça do Trabalho*, março de 2015. Ano 32, n. 384. Editora HS. pp. 32-42.

TOLEDO FILHO, Manoel Carlos. Os poderes do juiz do trabalho face ao novo Código de Processo Civil. In: *Novo Código de Processo Civil e seus reflexos no Processo do Trabalho*. Elisson Miessa (organizador). Salvador: Juspodivm, 2015.

Capítulo 3

O Princípio Constitucional do Duplo Grau de Jurisdição e a Supressão de Instância Permitida por Lei: Avanço do Art. 1.013 do NCPC Frente ao Art. 515 do CPC de 73

Bento Herculano Duarte[*]

1. CONSIDERAÇÕES INTRODUTÓRIAS. ORIGENS E FUNDAMENTOS DO PRINCÍPIO DO DUPLO GRAU DE JURISDIÇÃO

Quanto aos recursos, revestem-se eles de três funções. Numa perspectiva psicológica, a parte que sucumbe em primeira instância, em geral, resta um pouco mais conformada ao ver a decisão confirmada por grau superior, na maioria das vezes por deliberação de órgão colegiado, presumindo-se que, por isso mesmo, com maior consistência. Claro que isso pode até gerar uma maior revolta.

Sob fundamento jurídico, o princípio do duplo grau de jurisdição significa a garantia de menor probabilidade do erro judicial, ainda que não o afaste totalmente. Não à toa, temos um complexo sistema recursal, inclusive destinatário principal das críticas ao processo judicial brasileiro, pois a ele reputa-se, em grande parte, a chaga que contamina a nossa Justiça, retirando-lhe credibilidade, que é a mal afamada 'morosidade'. Assim, não são apenas dois os graus de jurisdição no sistema pátrio, chegando a assustar as inúmeras possibilidades recursais, em praticamente todas as áreas do processo.

Essa característica, da existência de recursos, data de há muito, pois a possibilidade de erro comunica-se com a condição humana, como a falibilidade da raça humana traz eventual desvio de conduta por parte do julgador. Enfim, os recursos são instrumentos que visam a uma maior segurança jurídica, valor essencial a todo e qualquer Estado Democrático de Direito. No Código de Hammurabi, sob o norte do olho por olho, dente por dente, se o juiz era convencido ser ele a causa do erro, seria expulso de sua cadeira de juiz e pagaria doze vezes a pena estabelecida no processo, o que, definitivamente, não soa civilizado. Então, os recursos têm razão em existir, cuidando-se para se repelir os desnecessários e os meramente protelatórios.

Antonio Carlos de Araújo Cintra, Ada Pellegrini Grinover e Cândido Rangel Dinamarco acrescentam a perspectiva política como fundamento do sistema recursal, pois nenhum ato estatal pode ficar imune aos necessários controles, mormente pelo fato dos componentes do Poder Judiciário não serem sufragados. É preciso, portanto, que se exerça ao menos o controle interno sobre a legalidade e a justiça das decisões judiciárias.[1]

Conforme o registro histórico de J. M. Othon Sidou, no direito canônico eram permitidas três apelações, até que três sentenças uniformes fossem proferidas, *eternizando sem dúvida as demandas*.[2] No direito brasileiro, a disciplina recursal vem com o Brasil Colônia e as ordenações portuguesas. Realce-se que a primeira Magna Carta brasileira, a do Império (1824), consoante a doutrina corrente, foi a única que, expressamente, previu o duplo grau de jurisdição.[3][4] A imortalização do

---

[*] Doutor e mestre em direito das relações sociais pela PUC-SP, professor da UFRN, desembargador federal do trabalho, membro do IBDP – Instituto Brasileiro de Direito Processual e titular da cadeira n. 13 da Academia Brasileira de Direito do Trabalho.

1. *Teoria geral do processo.* 10. ed. São Paulo: Revista dos Tribunais, 1994. p. 75.
2. *Os recursos processuais na história do direito.* 2. ed. Rio de Janeiro: Forense, 1978. p. 1.
3. Sérgio Luíz Kukina. O princípio do duplo grau de jurisdição. *Revista de Processo* n. 109. São Paulo: Revista dos Tribunais, janeiro/março de 2003, ano 28, p. 97.
4. Como será adiante colocado, pensamos diferente da maioria da doutrina, ao entendermos que a Constituição Federal, ao dispor sobre organização judiciária e ao estabelecer competências recursais, acabou por expressamente prever o duplo grau de jurisdição.

princípio veio com a Revolução Francesa, cujo objetivo era "abrir as portas às reformas de sentenças de juízes viciados, permitir aperfeiçoamento do Judiciário e suas decisões partindo da ideia de que é menor a possibilidade de erro em segunda instância que em única, e atender a anseios psicológicos do vencido na demanda".[5] Note-se que a ideia traduz não somente o fundamento jurídico como o já aventado alicerce psicológico.

O presente estudo pretende enfocar que o duplo grau de jurisdição, embora persista enquanto um princípio, se já não era absoluto, por razões legais as mais diversas, como a exigência de depósito recursal no processo do trabalho, e.g., tem suplantação autorizada pelo art. 515 do Código de Processo Civil de 1973, ao regular a apelação, particularmente a partir do advento de seu § 3º, permitindo que, nos casos de extinção do processo sem resolução de mérito, o tribunal possa julgar desde logo a lide, se a causa versar exclusivamente matéria de direito e estiver em condições de imediato julgamento.

No mesmo sentido, o art. 1.013 do novo Código de Processo Civil dispõe, em seu § 1º, que serão objeto de apreciação e julgamento pelo tribunal as questões suscitadas e discutidas, ainda que *não tenham sido solucionadas, desde que relativas ao capítulo impugnado*. Os parágrafos seguintes caminham no mesmo sentido, e a passos mais largos, permitindo imediato julgamento pela instância *ad quem* em face de nulidade de sentença por incongruência, afastamento de prescrição ou decadência, de indeferimento de petição inicial etc.

De tal sorte, desde logo reconhecendo a proeminência do princípio do duplo grau de jurisdição, e sua essencialidade à segurança jurídica, deliberadamente assumimos a convicção de que, a nosso ver, o Código de 1973 reformado já tinha optado pela possibilidade de decisão em instância única, com supressão do duplo grau, em tese obrigatório. Com o advento do novo Código de Processo Civil foi-se adiante, aprofundando-se a opção pelos princípios da celeridade e da economicidade, ainda que, em tese, se restrinja a citada segurança e, ao ver de alguns, o próprio devido processo legal. O centro da investigação prende-se ao alcance do art. 1.013 do novo Código de Processo Civil, doravante chamado apenas de NCPC.

2. CONCEITO DE DUPLO GRAU DE JURISDIÇÃO. PREVISÃO LEGAL

De plano, registre-se a crítica de Oreste Nestor Laspro, para quem inexiste duplo grau de jurisdição, face à sua unidade.[6] De fato, a jurisdição é uma só, porém comportando 'escala hierárquica', estabelecendo 'graus' de jurisdição. O próprio Oreste Nestor Laspro, por sua vez, afirma que "o duplo grau de jurisdição parte do pressuposto de que uma lide é melhor decidida quando passa por dois juízos diferentes de cognição, sendo certo que o segundo se sobrepõe ao primeiro".[7]

Conforme já dito, no âmbito da Justiça brasileira o princípio do duplo grau de jurisdição remonta à Constituição do Império, cujo art. 158 dispunha, expressamente, sobre a garantia absoluta do duplo grau de jurisdição, permitindo que a causa fosse apreciada, sempre que a parte o quisesse, pelo Tribunal da Relação (depois de Apelação e hoje de Justiça).[8] A Constituição Federal de 1988, mormente não expresse literalmente o direito ao duplo grau de jurisdição, ao prever a existência de tribunais diversos e suas competências recursais, acaba por consagrar tal princípio, a nosso ver de forma categórica.[9] Os digestos processuais, por suas vezes, além das leis de organização judiciária e outras leis extravagantes, também prevêem os recursos e os respectivos procedimentos, solidificando o sistema.

Ainda conforme a doutrina de Cintra, Grinover e Dinamarco, o duplo grau de jurisdição indica a possibilidade de revisão, por via de recurso, das causas já julgadas pelo juiz de primeiro grau (ou primeira instância), que corresponde à denominada jurisdição inferior. Garante, assim, um novo julgamento, por parte dos órgãos da jurisdição superior (segunda instância), em face da possibilidade da decisão de primeiro grau ser injusta ou errada, daí decorrendo a necessidade de permitir sua reforma em grau de recurso. Nesse contexto, o duplo grau de jurisdição direciona-se ao reexame das decisões de primeira instância, com análise pelo segundo grau. O embargos de declaração que impugnam uma sentença, p.e., mesmo em sendo recurso, não consubstanciam duplo grau de jurisdição, na medida em que a apreciação da impugnação é pelo órgão prolator

---

5. Lourival Gonçalves de Oliveira, cf. Rui Portanova. *Princípios do processo civil*. 5. ed. Porto Alegre: Livraria do Advogado, 1982, p. 264.
6. Cf. João Batista Lopes. *Curso de direito processual civil*. v. 1. São Paulo: Atlas, 2005. p. 53.
7. Cf. Sérgio Luíz Kukina, *op. cit.*, p. 102.
8. Nelson Nery Júnior. *Princípios de processo civil na Constituição Federal*. São Paulo: Revista dos Tribunais, 1992. p. 149.
9. A maioria da doutrina entende que se trata de princípio implícito, como pela lavra de Dalmo de Abreu Dallari, *verbis*: "essa exigência não está expressa na Constituição mas os tribunais e os teóricos do direito processual brasileiro consideram que se trata de um princípio implícito, consagrado pela tradição. E isso está refletido na organização dos sistemas e nas competências dos juízes e tribunais" (*O poder dos juízes*. São Paulo: Saraiva, 1996. p. 102).

da decisão. Também a existência de recursos quanto a decisões tomadas por tribunais ou turmas recursais não enseja duplo grau de jurisdição, pois não se tratam de sentenças de primeira instância (mesmo as turmas situando-se no chamado grau inferior).

Mas não se olvide que, por outra vertente doutrinária, com visão mais ampla, duplo grau de jurisdição pode ser definido como o direito da parte de ter a sua causa apreciada por no mínimo duas instâncias, o que vai além do reexame de uma sentença de primeiro grau. Aqui, o duplo grau vai além do necessário (não no sentido de remessa *ex officio*) reexame pela segunda instância, prendendo-se à idéia do direito de dois órgãos diversos examinando a mesma causa.

Há inegável supedâneo no pensamento extensivo, pois a duplicidade de apreciação é a mola mestra do princípio, tanto que na enorme maioria das ações originárias dos tribunais se comporta recurso. Por óbvio que nos tribunais superiores as hipóteses são mais restritas, mas ainda assim neles existem recursos internos, reiterando-se que sob a guarda de uma maior limitação.

Rui Portanova, nesse diapasão, traz o duplo grau sob o enunciado de que "a decisão judicial é suscetível de ser revista por um grau superior de jurisdição".[10] Mas o próprio autor acentua que o juízo de primeiro grau é o juízo da causa e o de segundo grau é o do recurso, falando em primeira e segunda instância.[11] Porém, nos parece mais acertado que, apesar do pensamento fundamental que alicerça o duplo grau de jurisdição, enquanto princípio decorrente do devido processo legal, funde-se na necessária 'segunda opinião' das sentenças de primeiro grau, emitida pela segunda instância, não resta correto limitar-se o princípio, até mesmo porque temos a sua configuração pelo reexame feito pela própria primeira instância, como na hipótese de julgamento dos recursos pelas turmas recursais, no âmbito dos juizados especiais.[12]

Por derradeiro, ilustre-se que são sinonímias de princípio do duplo grau de jurisdição, ainda pela liça de Rui Portanova, as expressões princípio do duplo grau de jurisdição voluntário, princípio do duplo grau de jurisdição mínimo e princípio do controle hierárquico. Propositadamente, deixa ele escapar as hipóteses de remessa necessária, tratando como princípio específico do duplo grau obrigatório.

3. EXCEÇÕES E RELATIVIZAÇÃO AO DUPLO GRAU DE JURISDIÇÃO

Na Exposição de Motivos do NCPC, dentre os cinco objetivos nela listados, no topo (na ordem situando-se em primeiro lugar) está "a necessidade de que fique evidente a harmonia da lei ordinária em relação à Constituição Federal da República", o que com que "se incluíssem no Código, expressamente, princípios constitucionais, na sua versão processual". Com efeito, ao abrir do NCPC (art. 1º) depara-se com a expressa previsão de que "o processo civil será ordenado, disciplinado e interpretado conforme os valores e as normas fundamentais estabelecidos na Constituição da República Federativa do Brasil (...)". Resta, pois, a indagação: consiste, o norte do duplo grau de jurisdição, em um valor absoluto?

É verdade que o Capítulo I, do Título Único, do Livro I do NCPC (arts. 1º a 12), a encerrar as normas fundamentais do processo civil, listando os seus princípios conforme a Constituição Federal, não fala expressamente em duplo grau de jurisdição; porém entendemos bastante que a diretriz no sentido do NCPC conformar-se de acordo com a CF de 1988 para reforçar a ideia de segurança jurídica, relacionada ao duplo grau. Logo, de plano, afasta-se tal óbice quanto à força do princípio em comento.

A nosso ver, das mais marcantes afirmações do direito é a estampada na obra de Norberto Bobbio,[13] no sentido da inexistência de qualquer direito absoluto, o que conduz mesmo a se questionar a existência de princípios absolutos. Ora, até o direito à vida não é algo absoluto, seja em países com pena de morte, seja em face de institutos como a legítima defesa e o estado de necessidade. De tal sorte, ainda que o duplo grau de jurisdição, sem dúvida, configure corolário do *super princípio* do devido processo legal, pedra fundamental de qualquer Estado que se pretenda Democrático de Direito, ele pode ser relativizado, condicionado e até excluído pontualmente.

Mais uma vez conforme a doutrina de Cintra, Grinover e Dinamarco, a evidenciar hipótese de inexistência do duplo grau de jurisdição – aqui considerada a recorribilidade para qualquer grau ou instância, configurando duplicidade de exame – se tem o art. 102, inc. I, da CF, quanto às hipóteses de decisões proferidas em ações de competência originária do Excelso Supremo Tribunal Federal. Especificamente, no âmbito do

---

10. Princípios ..., p. 264.
11. *Op. cit.*, p. 265.
12. Nesse sentido Cintra, Grinover e Dinamarco, *op. cit.*, p. 77.
13. *A era dos direitos*. Rio de Janeiro: Campus, 2004, *passim*.

processo do trabalho, a Lei n. 5.584/70, que trata dos dissídios cujo valor da causa não ultrapasse a dois salários mínimos, somente é recorrível a decisão de primeiro grau caso a lide verse sobre matéria constitucional. *Idem* quanto ao art. 34 da Lei n. 6.830/80, dizendo não caber apelação nas execuções fiscais de valor igual ou inferior a 50 OTNs.[14]

Noutro quadrante, determinados pressupostos necessários à interposição de recursos, mesmo à segunda instância, podem ser considerados como formas de flexibilização do duplo grau de jurisdição. Particularmente, a necessidade de depósito recursal, que é a regra para os empregadores, quando sucumbentes, interporem recurso, na Justiça do Trabalho, perante o juízo *ad quem*, para parcela da doutrina conflita com o princípio do duplo grau. Quando da promulgação da Carta Magna de 1988 ganhou fôlego tal corrente, amalgamando tal princípio com a ampla defesa. Sempre tivemos posição contrária a tal crítica, na medida em que, condicionar o exercício de uma faculdade processual não importa em negá-la, considerando sempre que o direito processual consiste num conjunto de regras e princípios que visam à otimização do processo judicial.

De realçar a posição de Nelson Luiz Pinto que, além de também pensar tratar-se de uma garantia constitucional *explícita*, admite a limitação à possibilidade de se recorrer, sob pena de se eternizarem os processos, em detrimento do valor estabilidade e inclusive segurança, supedâneo principal do próprio duplo grau.[15]

4. ART. 515 DO CÓDIGO DE PROCESSO CIVIL DE 1973. POSTERIOR § 3º. SUPRESSÃO DE INSTÂNCIA

Ao disciplinar o efeito devolutivo conferido à apelação, dispõe o art. 515 do CPC, *verbis*:

> *A apelação devolverá ao tribunal o conhecimento da matéria impugnada.*
>
> *§ 1º Serão, porém, objeto de apreciação e julgamento pelo tribunal todas as questões suscitadas e discutidas no processo, ainda que a sentença não as tenha julgado por inteiro.*
>
> *§ 2º Quando o pedido ou a defesa tiver mais de um fundamento e o juiz acolher apenas um deles, a apelação devolverá ao tribunal o conhecimento dos demais.*
>
> *§ 3º Nos casos de extinção do processo sem julgamento do mérito (art. 267), o tribunal pode julgar desde logo a lide, se a causa versar questão exclusivamente de direito e estiver em condições de imediato julgamento. (Incluído pela Lei n. 10.352, de 26.12.2001)*
>
> *§ 4º Constatando a ocorrência de nulidade sanável, o tribunal poderá determinar a realização ou renovação do ato processual, intimadas as partes; cumprida a diligência, sempre que possível prosseguirá o julgamento da apelação. (Incluído pela Lei n. 11.276, de 2006)*

Como se vê, até o advento da Lei n. 10.352/2001, ao verificar, a instância *ad quem*, a hipótese de extinção do processo sem *resolução* de mérito (nomenclatura conferida *a posteriori*), os autos eram devolvidos ao juízo *a quo*, sem que fosse o mérito analisado primeiramente, sob o fundamento de que, em assim não o fazendo e de logo julgando a causa, o juízo *ad quem* estaria perpetrando supressão de instância, vedada pela legislação processual pátria e disforme de princípio específico, o do duplo grau de jurisdição.

Mesmo em algumas hipóteses de extinção do processo com resolução de mérito, mas a fim de evitar supressão material de instância, o tribunal haveria de devolver o processo para nova apreciação pelo primeiro grau, como nos casos do acolhimento de prescrição e decadência. O tribunal, ao rejeitar, p.e., a prescrição, não poderia desde logo julgar a causa, afastada a chamada prejudicial de mérito, ainda que nos autos versando-se apenas sobre matéria jurídica, pois em o fazendo a matéria seria julgada apenas pelo grau superior, com isso negando-se o denominado duplo grau de jurisdição. Nesse sentido, a pretérita jurisprudência do Egrégio Superior Tribunal de Justiça:

> *PROCESSO CIVIL. RECONHECIMENTO DA PRESCRIÇÃO EM SENTENÇA. ACÓRDÃO QUE FAZ POR AFASTÁ-LA, PROSSEGUINDO NO JULGAMENTO. NULIDADE. Decretada a prescrição no 1º grau de jurisdição, o acórdão que deixar de reconhecê-la não pode prosseguir no julgamento da apelação; deve anular a sentença, para que outra seja proferida. Recurso especial conhecido e provido. REsp 21008/BA, 1992/0008426-5, Relator Ministro Ari Pargendler.*

Nesse contexto, com expressiva alteração legal, com o fito de acelerar a tramitação processual e, em

---

14. REsp n. 523.904/SP, Rel. Min. Teori Albino Zavaski, 1ª T., un., *DJ* 24.11.2003. p. 226.
15. Cf. Sérgio Luíz Kukina, *op. cit.*, p. 105.
16. Como acentua Ronnie Preuss Duarte, ao tratar do acesso à justiça, "a celeridade processual é uma meta a ser perseguida, sendo certa a verificação de uma possibilidade de irradiação de efeitos negativos advindos de uma maior lentidão na prática de atos processuais (...) A economia processual pode ser entendida como sendo uma relação de proporcionalidade entre meio e fim, uma busca pelo atingimento dos escopos processuais com a máxima eficácia e o menor dispêndio de tempo e de recursos por parte do Estado e das partes" (*Garantia de acesso à Justiça*. Coimbra: Coimbra Editora, 2007. p. 209).

segundo plano, de promover economia, consubstanciando, inclusive, acesso à Justiça,[16] veio a nova norma (515, § 3º) que, expressamente, possibilita a supressão de instância, especificamente destinada às hipóteses de extinção do processo sem resolução de mérito, previstas no art. 267 do CPC, quais sejam:

> I – quando o juiz indeferir a petição inicial;
>
> II – quando ficar parado durante mais de 1 (um) ano por negligência das partes;
>
> III – quando, por não promover os atos e diligências que lhe competir, o autor abandonar a causa por mais de 30 (trinta) dias;
>
> IV – quando se verificar a ausência de pressupostos de constituição e de desenvolvimento válido e regular do processo;
>
> V – quando o juiz acolher a alegação de perempção, litispendência ou de coisa julgada;
>
> VI – quando não concorrer qualquer das condições da ação, como a possibilidade jurídica, a legitimidade das partes e o interesse processual;
>
> VII – pela convenção de arbitragem;
>
> VIII – quando o autor desistir da ação;
>
> IX – quando a ação for considerada intransmissível por disposição legal;
>
> X – quando ocorrer confusão entre autor e réu;
>
> XI – nos demais casos prescritos neste Código.

Observe-se que, embora o novel § 3º se refira ao art. 267, o próprio dispositivo abre o leque de possibilidades, ao prever, em seu derradeiro inciso, a extinção do processo sem resolução de mérito "nos demais casos prescritos neste Código". Conclui-se, pois, que a supressão de instância resta autorizada em qualquer hipótese de extinção do processo sem resolução de mérito, por parte do primeiro grau.

De tal sorte, o tribunal entendendo, diferentemente do juiz de primeiro grau, que inexiste coisa julgada ou litispendência, deverá de pronto apreciar o mérito da demanda. Como veremos adiante (5), para tanto a causa deve estar *madura*.

A finalizar, reitere-se que, ao introduzir o § 3º no art. 515 do CPC, o legislador fez a opção pelos valores (princípios) da economia e, principalmente, da aceleração processual, questionando-se se em detrimento ou não de uma maior segurança jurídica.

Retome-se, por uma questão didática, que o duplo grau de jurisdição, apesar de postulado constitucional, não é absoluto, permitindo-se inclusive ao legislador ordinário suplantá-lo, conforme já assentou o Supremo Tribunal Federal. Não se coaduna, a nosso ver, com uma adequada hermenêutica constitucional, a tese de que a supressão de instância vai de encontro à ampla defesa ou, por outro lado, de que, em assim sendo, o juízo de primeiro grau não aperfeiçoa seu ofício jurisdicional, na forma do art. 463 do CPC. O Estado-Juiz, ao extinguir o processo, não importa se adentrando ou não no *meritum causae*, cumpre com a sua função jurisdicional, desde que fundamente, nos termos do art. 93 da CF, a sua decisão.

Resta, pois, superada, a ideia de que é vedado ao tribunal conhecer de matéria de mérito, em sede de apelação (pelo autor), contra sentença que extingue o processo sem resolução do mérito da causa.

> "No ordenamento jurídico-brasileiro não existe a garantia do duplo grau de jurisdição" (RHC n. 80.919/SP, 2ª Turma do STF, DJ 14.9.2001).
>
> A necessidade de dar rápido deslinde à demanda justifica perfeitamente o julgamento da ação pelo mérito. O art. 515, § 3º, do CPC, permite, desde já, que se examine a matéria de fundo, visto que a questão debatida é exclusivamente de direito, não havendo nenhum óbice formal ou pendência instrumental para que se proceda à análise do pedido merital. Não há razão lógica ou jurídica para negar ao Tribunal a faculdade prevista pelo aludido dispositivo legal. Impõe-se, para tanto, sua aplicação. Inexistência de supressão de instância. (STJ. AgRg nos EDcl no REsp 842054/RR; AGRAVO REGIMENTAL NOS EMBARGOS DE DECLARAÇÃO NO RECURSO ESPECIAL, 2006/0075117-7. Rel. Ministro JOSÉ DELGADO).

5. TEORIA DA CAUSA MADURA

De antemão, tenha-se que, embora a norma se refira apenas a questão de direito, a supressão de instância é permitida também quando envolve matéria de fato, conforme leciona Gleydson Kleber Lopes de Oliveira, *verbis*:

> "Embora a norma se refira apenas à questão exclusiva de direito, deve-se, à luz de finalidade da regra e a partir de uma interpretação teleológica, entender que é lícito ao tribunal, provendo apelação interposta contra sentença terminativa, apreciar o mérito da causa, desde que o processo esteja 'maduro para julgamento', ainda que a questão seja de fato e de direito, sendo, porém, desnecessária produção probatória. Se a matéria de fato controvertida estiver comprovada nos autos mercê de provas documentais ou orais, ou se não estiver comprovada, embora tenha sido facultada aos litigantes oportunidade para tanto, não havendo necessidade de realização de

instrução probatória, o tribunal de segundo grau de jurisdição pode, implementado o outro requisito (condições de imediato julgamento), ao prover a apelação contra sentença terminativa, apreciar desde logo o mérito da causa".[17]

Com efeito, causa madura é aquela na qual os elementos suficientes à apreciação do *meritum causae* já estão nos autos, por óbvio não significando, isso, negação ao sistema de preclusões. Se à parte foi dada a oportunidade de juntar determinado documento e ela não o fez, por exclusiva opção, não pode ser retomada a chance, conforme a própria estrutura do direito processual, consistente em um sistema que visa a uma rápida, organizada e justa tramitação (paritária e otimizada). Porém, se a instrução probatória não se completou, com todas as suas possibilidades, em face do juiz de primeiro grau, de plano vislumbrar a existência de uma questão prejudicial, não pode o tribunal apreciar o mérito conforme os insuficientes elementos existentes, sob pena de contundente cerceamento de defesa, ferindo de morte o *due process of law*.

A confirmar o entendimento pelo qual não se deve ater à literalidade da letra da lei, que fala apenas em questão de direito, portanto admitindo a supressão de instância mesmo quando a causa envolver matéria de fato, trazemos a lume mais uma vez a jurisprudência atual do E. STJ:

> "A regra do art. 515, § 3º, do CPC, deve ser interpretada em consonância com a preconizada pelo art. 330, I, do CPC, razão pela qual, ainda que a questão seja de direito e de fato, não havendo necessidade de produzir prova (causa madura), poderá o Tribunal julgar desde logo a lide, no exame da apelação interposta contra a sentença que julgara extinto o processo sem resolução de mérito." (EREsp 874.507/SC, Rel. Min. Arnaldo Esteves Lima, Corte Especial, julgado em 19.6.2013)

6. ART. 1.013 DO NCPC. AMPLIAÇÃO DAS HIPÓTESES DE SUPRESSÃO DE INSTÂNCIA EM PROL DA CELERIDADE E DA ECONOMIA PROCESSUAL

Dentre os cinco objetivos colocados na Exposição de Motivos do NCPC, dois hão de ser aqui invocados: 1) simplificar, resolvendo problemas e reduzindo a complexidade de subsistemas, como, por exemplo, o recursal; 2) dar todo o rendimento possível a cada processo em si mesmo considerado (na EM estão sob os números 3 e 4).

Sob tal contexto, o art. 1.013 do NCPC, ao tratar dos efeitos da apelação, sob nossa ótica amplificou o atual § 3º do art. 515 do CPC vigente (73), por intermédio também do § 3º, porém aqui acompanhado de um 4º parágrafo, certamente cumprindo o objetivo 5 da EM: "(...) imprimir maior grau de organicidade ao sistema, dando-lhe, assim, mais coesão". Transcreva-se os mesmos:

> § 3º – Se o processo estiver em condições de imediato julgamento, o tribunal deve decidir desde logo o mérito quando:
>
> I – reformar sentença fundada no art. 485;
>
> II – decretar a nulidade da sentença por não ser ela congruente com os limites do pedido ou da causa de pedir;
>
> III – constatar a omissão no exame de um dos pedidos, hipótese em que poderá julgá-lo;
>
> IV – decretar a nulidade de sentença por falta de fundamentação.
>
> § 4º – Quando reformar sentença que reconheça a decadência ou a prescrição, o tribunal, se possível, julgará o mérito, examinando as demais questões, sem determinar o retorno do processo ao juízo de primeiro grau.

Como bem colocam Flávia Moreira Guimarães Pessoa e Alex Maia Esmeraldo de Oliveira, comentando pontualmente o novel art. 1.013, em cotejo com o art. 515 do Código de 73: "O novo modelo normativo traz uma solução mais heterodoxa, arrojada, ampliativa, porque não dizer atrevida em relação à anterior sistemática sobre o tema".[18]

Em diapasão com o aprofundamento da busca incessante pela 'razoável duração do processo', inclusive desde a Emenda Constitucional n. 45/2004 constando expressamente no rol dos direitos fundamentais catalogados na Carta Magna de 1988, o legislador resolveu ampliar as hipóteses em que o juízo *ad quem* pode decidir pela primeira vez sobre a matéria, com isso não apenas relativizando-se/flexibilizando-se o duplo grau de jurisdição, mas consubstanciando-se a possibilidade de supressão do mesmo. Como objetivamente colocam os citados autores, "o novo Código de Processo Civil promoveu sensível modificação do instituto, estendendo-o a situações em que se insurge contra sentença meritória, em presença de fundamentos

---

17. NERY JÚNIOR, Nelson; WAMBIER, Teresa Arruda Alvim (Coords.). *Aspectos polêmicos e atuais dos recursos e de outros meios de impugnação às decisões judiciais*. v. 6. São Paulo: Revista dos Tribunais, 2002. p. 256-257.
18. Teoria da causa madura e duplo grau de jurisdição e o novo Código de Processo Civil. *Revista Eletrônica de Direito Processual* – REDP. Volume 15. Janeiro a junho de 2015. Periódico Semestral da Pós-Graduação *Stricto Sensu* em Direito Processual da UERJ, p. 195.

recursais de anulação ou reforma, incongruência com a causa de pedir, enfim, novas hipóteses de incidência em franco alinhamento com a tempestividade e efetividade à tutela jurisdicional".[19]

Quanto ao art. 485 do NCPC, na verdade, o mesmo praticamente repete o art. 267 do CPC vigente, apenas é retirada a possibilidade jurídica como condição da ação e excluída a confusão entre autor e réu como hipótese de extinção do processo sem resolução de mérito.

> Art. 485. O juiz não resolverá o mérito quando:
>
> I – indeferir a petição inicial;
>
> II – o processo ficar parado durante mais de 1 (um) ano por negligência das partes;
>
> III – por não promover os atos e as diligências que lhe incumbir, o autor abandonar a causa por mais de 30 (trinta) dias;
>
> IV – verificar a ausência de pressupostos de constituição e de desenvolvimento válido e regular do processo;
>
> V – reconhecer a existência de perempção, de litispendência ou de coisa julgada;
>
> VI – verificar ausência de legitimidade ou de interesse processual;
>
> VII – acolher a alegação de existência de convenção de arbitragem ou quando o juízo arbitral reconhecer sua competência;
>
> VIII – homologar a desistência da ação;
>
> IX – em caso de morte da parte, a ação for considerada intransmissível por disposição legal; e
>
> X – nos demais casos prescritos neste Código.

Se o tribunal, *verbi gratia*, entender que o autor é parte legítima para propor a ação, contrariamente ao juízo de primeiro grau, que extinguiu o processo sem resolução de mérito, irá aquele declarar a legitimidade ativa *ad causam* e, se a causa estiver *madura*, imediatamente julgará o mérito da lide (ante, claro, a inexistência de outra questão prejudicial), como sói ocorrer desde o advento do atual § 3º do art. 515 do CPC vigente.

Da mesma forma, o inc. II do novel art. 1.013 prevê o julgamento imediato pela instância *ad quem* na hipótese desta decretar a nulidade da sentença por não ser ela congruente com os limites do pedido ou da causa de pedir.

Na verdade, há muito impera o entendimento no sentido de que a sentença *extra* ou *ultra petita* não há de ser simplesmente anulada, com a volta para o primeiro grau, a fim de que emita nova decisão conforme os limites do pedido. Se a parte pediu 10 e o juiz concedeu 20, vai ao encontro dos postulados da celeridade e da economia processual que simplesmente o tribunal reduza a condenação a 10. Se o juiz defere um pedido não formulado na petição inicial, da mesma forma reputa-se mais lógico e razoável que o tribunal, simplesmente extirpe da condenação o que não foi requerido, pois, conforme os princípios da demanda e da inércia da jurisdição, há necessária adstrição aos limites da pretensão. Haverá, pois, expressa previsão legal conforme os já atuais entendimentos jurisprudencial e doutrinário.

Avança, porém, consideravelmente, o NCPC, ao prever, em seu art. 1.013, inc. III, que o tribunal, ao constatar a omissão no exame de um dos pedidos, igualmente poderá desde já julgar a causa. Assim, a sentença *citra petita* não mais ensejará nulidade e regresso ao primeiro grau, como se tem atualmente por negativa de prestação jurisdicional. Reitere-se, porém, que para tanto a causa há de estar *madura*.

Sob o mesmo contexto, o novel art. 1.013 dispõe, no inc. IV, que o tribunal, ao decretar a nulidade de sentença por falta de fundamentação, poderá julgar a causa de imediato.

Por derradeiro, o § 4º do art. 1.013 prevê que, quando o segundo grau reformar sentença que reconheça a decadência ou a prescrição, se possível julgará o mérito, examinando as demais questões, sem determinar o retorno do processo ao juízo de primeiro grau.

Repetindo o atual art. 269, que prevê a declaração da decadência ou da prescrição como hipóteses de extinção do processo com resolução de mérito, o art. 487 do NCPC prevê tal modalidade de extinção quando o juiz, "decidir, de ofício ou a requerimento, sobre a ocorrência de decadência ou de prescrição". A inovação reside apenas no fato de que o parágrafo único do art. 487 impõe a necessidade de observância do contraditório para a declaração de prescrição ou decadência.

Destarte, o NCPC consagra expressamente, por meio do § 4º do art. 1.013, a possibilidade de supressão material de instância nas hipóteses de afastamento de prescrição ou decadência, eventualmente declaradas pelo primeiro grau. Com efeito, ainda que o juiz enfrente, conforme a legislação, o mérito da causa, ao declarar a prescrição ou decadência, materialmente tal *decisum* não enfrenta o *meritum causae*, ou seja, a pertinência dos pedidos. Registre-se que, de há muito, defendemos tal entendimento, mesmo que de *lege lata*, pois se o ordenamento processual permite a supressão de instância com a reforma de decisão que extinguiu o processo sem resolução de mérito, não há sentido

---

19. *Op. cit.*, p. 211.

de não a permitir quanto a decisão que extinguiu o processo com resolução de mérito.

Aliás, a o imediato julgamento quanto a sentença *citra petita* também se situa em hipótese que vai além da supressão quanto às hipóteses de extinção sem resolução de mérito. Igualmente, resta indiferente se o pedido recursal versa sobre *error in procedendo* ou *error in judicando*, ainda que haja uma ilegalidade da sentença apelada, o tribunal poderá prosseguir em seu julgamento, conquanto a causa esteja em condições de julgamento.

O relevante, pois, como premissa básica para que o grau superior julgue a causa, é que a demanda encontre-se pronta para imediato julgamento, em toda sua extensão, aplicando-se o novel figurino da teoria da causa madura. Conforme a lição doutrinária de Cândido Rangel Dinamarco, ao comentar o atual art. 515, § 3º, do CPC, "tal exigência liga-se visivelmente às garantias integrantes da tutela constitucional do processo, especialmente às do contraditório e do devido processo legal".[20]

Enfim, resta inequívoco que o art. 1.013 do NCPC norteia-se, fundamentalmente, pela busca da razoável duração do processo, coadjuvada pelo escopo da economia processual. Tal objetivo foi buscado pela introdução, há mais de dez anos, do § 3º no art. 515 do CPC vigente, a permitir a supressão de instância, desde que madura a causa, ou seja, com elementos suficientes para o enfrentamento primeiro do *meritum causae*.

Naturalmente, o legislador tentou aperfeiçoar tal dispositivo, o que, a nosso ver, conseguiu. Primeiro, espanca qualquer dúvida quanto à possibilidade de se permitir o julgamento imediato pela segunda instância ainda que a causa não verse exclusivamente sobre matéria de direito, desde, claro, que os elementos probatórios já constem nos autos. Depois, porque permite expressamente a supressão de instância, quanto à reforma de decisões que enfrentam o mérito da causa, como nas hipóteses de declaração de prescrição ou decadência, ou em se tratando de declaração de nulidade de sentença *extra*, *ultra* ou *citra petita*.

8. REFERÊNCIAS BIBLIOGRÁFICAS

BOBBIO, Norberto. A era dos direitos. Rio de Janeiro: Campus, 2004.

CINTRA, Antonio Carlos de Araújo; GRINOVER, Ada Pellegrini; DINAMARCO, Cândido Rangel. *Teoria geral do processo*. 10. ed. São Paulo: Revista dos Tribunais, 1994.

DINAMARCO, Cândido Rangel. *Nova era do processo civil*. 3. ed. São Paulo: Malheiros, 2009.

DALLARI, Dalmo de Abreu. *O poder dos juízes*. São Paulo: Saraiva, 1996.

DUARTE, Ronnie Preuss. *Garantia de acesso á Justiça*. Coimbra: Coimbra Editora, 2007.

KUKINA, Sérgio Luíz. O princípio do duplo grau de jurisdição. *Revista de Processo n. 109*. São Paulo: Revista dos Tribunais, janeiro/março de 2003, ano 28.

LOPES, João Batista. *Curso de direito processual civil*. V. 1. São Paulo: Atlas, 2005.

NERY JÚNIOR, Nelson. *Princípios de processo civil na Constituição Federal*. São Paulo: Revista dos Tribunais, 1992.

OLIVEIRA, Gleydson Kleber. *Aspectos polêmicos e atuais dos recursos e de outros meios de impugnação às decisões judiciais* v. 6. Coord. Nelson Nery Júnior e Teresa Arruda Alvim Wambier. São Paulo: Revista dos Tribunais, 2002.

PESSOA, Flávia Moreira Guimarães; OLIVEIRA, Alex Maia Esmeraldo de. Teoria da causa madura e duplo grau de jurisdição e o Novo Código de Processo Civil. *Revista Eletrônica de Direito Processual – REDP*. Volume 15. Janeiro a junho de 2015. Periódico Semestral da Pós-Graduação *Stricto Sensu* em Direito Processual da UERJ.

PORTANOVA, RUI. *Princípios do processo civil*. 5. ed. Porto Alegre: Livraria do Advogado, 1982.

SIDOU, J. M. Othon. *Os recursos processuais na história do direito*. 2. ed. Rio de Janeiro: Forense, 1978.

---

20. *Nova era do processo civil*. 3. ed. São Paulo: Malheiros, 2009. p. 171.

Capítulo 4

DA PROCEDIMENTALIZAÇÃO DO INCIDENTE DA DESCONSIDERAÇÃO DA PERSONALIDADE JURÍDICA PREVISTA NO CÓDIGO DE PROCESSO CIVIL DE 2015 NO PROCESSO DO TRABALHO

Cláudio Jannotti da Rocha[(*)]
Yuri de Jesus Cantarino[(**)]

1. INTRODUÇÃO

O presente artigo traz uma análise da procedimentalização do incidente da desconsideração da personalidade jurídica, nova modalidade de intervenção de terceiros prevista nos arts. 133 ao 137 do Código de Processo Civil de 2015, e sua possível aplicação no processo do trabalho. Este estudo possui grande importância tendo em vista a omissão normativa trabalhista desta matéria na CLT, e que por isso, à luz do parágrafo único, do art. 8º, combinado com os arts. 769 e 889, todos da CLT (que legitimam a incidência do processo civil, de maneira subsidiária no processo do trabalho), torna-se discutível a incidência ou não dos arts. 133 ao 137 do CPC no processo do trabalho.

Importante destacar, que até o surgimento do CPC de 2015, muito embora no estuário civil já existissem as hipóteses em que em deveria ser feita a desconsideração da personalidade jurídica no aspecto do direito material (suporte fático), no plano processual inexistia qualquer regulamentação. Tinha-se a essência, mas faltava a forma. Portanto, a matéria no plano do direito material era regulamentada, mas no espectro do direito processual não era, restando assim um verdadeiro vácuo normativo de como este direito material previsto em lei deveria ser procedimentalizado. Sendo assim, a partir do CPC de 2015, que regulamentou o tema no plano processual, indaga-se: a procedimentalização (o incidente) prevista nos arts. 133 ao 137 do CPC será aplicada no processo do trabalho? Caso positivo, como será aplicada?

Portanto, o que será objeto deste artigo será a procedimentalização do incidente da desconsideração da personalidade jurídica (um incidente processual) no processo do trabalho.

2. BREVE HISTÓRICO DA TEORIA DA DESCONSIDERAÇÃO DA PERSONALIDADE JURÍDICA (*DISREGARD DOCTRINE*)

Antes de proceder a uma abordagem técnica do referido instituto e da sua procedimentalização, necessário relatar como se deu seu surgimento histórico. A doutrina[1] aponta que o caso judiciário mais famoso (*leading case*) ocorreu na Inglaterra, em 1897, quando Aron Salomon, empresário individual, fabricante de botas e sapatos, ao auferir certa margem de lucro resolvera constituir uma sociedade em que os sócios, ele e seus filhos, teriam responsabilidade limitada. Porém, a sociedade enfrentou dificuldades financeiras tendo como fim sua liquidação.

Diante desse fato, discutiu-se se a criação de uma sociedade com responsabilidade dos sócios seria uma forma de fraudar os credores, afastando a responsabilidade dos demais sócios, notadamente de Aron Salomon, o qual detinha quase que a totalidade do capital social.

(*) Doutorando em Direito e Processo do Trabalho pela Pontifícia Universidade Católica de Minas Gerais. Mestre em Direito e Processo do Trabalho pela Pontifícia Universidade Católica de Minas Gerais. Professor na Universidade Vila Velha (graduação) e na PUC-Minas (especialização). Autor de livros e artigos. Pesquisador. Advogado.

(**) Graduado em Direito pela Universidade Vila Velha (UVV).

1. DIDIER JR., Fredie. *Curso de direito processual civil*: introdução ao direito processual civil, parte geral e processo de conhecimento. 17. ed. Salvador: Juspodivm, 2015, p. 514-515.

Ao julgar o caso, tanto a primeira, como na segunda instância, isto é, a Corte de Apelação, entenderam que haveria de se desconsiderar a personalidade jurídica da sociedade para atingir os bens dos sócios, pois se tratava de mecanismo para fraudar credores, já que estes não receberiam seus créditos, dada a insolvência da sociedade empresária. Contudo, o caso foi para a *House of Lords*, atual Suprema Corte, cuja decisão final do caso se deu no sentido de que a constituição da sociedade foi regular, devendo, portanto, prevalecer a autonomia da pessoa jurídica.

Neste sentido, a partir deste caso paradigmático, delinearam-se os contornos no tocante à responsabilidade dos sócios em relação aos débitos da sociedade empresária.

3. DO INSTITUTO DA DESCONSIDERAÇÃO DA PERSONALIDADE JURÍDICA

A aplicação da teoria da desconsideração da personalidade jurídica tem como pressuposto uma sociedade personificada, isto é, com sua regular constituição, além de ser uma sociedade na qual os sócios tenham responsabilidade limitada, ou seja, de sociedade anônima ou sociedade por quotas de responsabilidade limitada. Em outras palavras, a aplicação da desconsideração pressupõe uma sociedade, na qual o exaurimento do patrimônio social não seja suficiente para levar responsabilidade aos sócios[2]. Ademais, Warde Jr.[3] assevera que a utilização do instituto surge como um mecanismo destinado a suprimir o privilégio da limitação da responsabilidade em determinados contextos. Desse modo, no caso do empresário individual e nas hipóteses em que há responsabilidade do sócio de forma ilimitada, não haverá a incidência da teoria da desconsideração, por motivo lógico de que não há personalidade jurídica a ser afastada, vez que, sabidamente, não se faz presente a autonomia patrimonial.

Cumpre trazer à baila ainda que não se pode confundir desconsideração com despersonificação. Nesta há extinção da pessoa jurídica como uma modalidade de sanção em caso de se utilizar dela para cometimento de finalidades ilícitas. De outro lado, aquela se trata de uma técnica de suspensão episódica da eficácia do ato constitutivo da pessoa jurídica, ou seja, não se tem como consequência a anulação da personalidade jurídica da pessoa jurídica[4].

Ademais, convém diferenciar, também, que a teoria da desconsideração não se confunde com a teoria dos atos *ultra vires*. Nestes casos, os atos ilícitos são praticados pelos sócios, prevendo o art. 135 do Código Tributário Nacional ser os administradores pessoalmente responsáveis por créditos tributários resultantes de atos praticados com excesso de poder ou infração à lei. Logo, a responsabilização é direta do próprio sócio ou diretor, que é devedor da obrigação contraída. Enquanto que na desconsideração a devedora é a sociedade.

A teoria da desconsideração da personalidade jurídica, também chamada de teoria da penetração, *disregard doctrine, disregard of legal entity, lifting the corporate veil* nos Estados Unidos, *durchgriff der juristichen person* na Alemanha, "superamento della personalitá guiridica" na Itália, está prevista no ordenamento pátrio, conforme ensina Gonçalves[5], no: a) Código de Defesa do Consumidor, art. 28 e seus parágrafos, especialmente o § 5º, e art. 4º da Lei n. 9.605/1998, ao prever a Teoria Menor (teoria objetiva), já que assevera que a desconsideração da personalidade jurídica da sociedade empresária será afastada para atingir os bens dos sócios sempre que a sua personalidade for, de alguma forma, obstáculo ao ressarcimento de prejuízos causados à qualidade aos consumidores; e b) Código Civil, art. 50, consagrando a Teoria Maior (teoria subjetiva), o qual dispõe que em caso de abuso da personalidade jurídica, caracterizado pelo desvio de finalidade, ou pela confusão patrimonial, pode o juiz decidir, a requerimento da parte, ou do Ministério Público quando lhe couber intervir no processo, que os efeitos de certas e determinadas relações de obrigações sejam estendidos aos bens particulares dos administradores ou sócios da pessoa jurídica.

Além dessas hipóteses previstas em lei a doutrina e jurisprudência criaram novas modalidades do instituto, quais sejam: 1) a desconsideração da personalidade jurídica entre empresas do mesmo grupo econômico, de acordo com o entendimento STJ (4ª Turma, AgRg no Resp 1.229.579-MG, rel. Min. Raul Araújo, julgado em 18.12.2012, DJe 8.2.2013) e TST (AIRR 86900-65.2008.5.10.0013, Rel. Min. Augusto César Leite de Carvalho, 6ª Turma, *DEJT* 10-5-2013); e 2) a desconsideração da personalidade jurídica inversa (STJ – REsp:

---

2. TOMAZETTE, Marlon. A desconsideração da personalidade jurídica: *Revista Jus Navigandi*, Teresina, ano 7, n. 58, 1 ago. 2002. Disponível em: <https://jus.com.br/artigos/3104/a-desconsideracao-da-personalidade-juridica>. Acesso em: 6 maio 2016.
3. WARDE JR., Walfrido Jorge. *Responsabilidade dos sócios*. Belo Horizonte: Del Rey, 2007. p. 187.
4. DIDIER JR., Fredie. *Curso de direito processual civil*: introdução ao direito processual civil, parte geral e processo de conhecimento. 17 ed. Salvador: Juspodivm, 2015. p. 513-514.
5. GONÇALVES, Marcus Vinicius Rios. *Direito processual civil esquematizado*; coordenador Pedro Lenza. 6. ed. São Paulo: Saraiva, 2016. p. 259.

948117 MS 2007/0045262-5, rel. Ministra Nancy Andrighi, j. 22.6.2010, 3ª Turma, Data de Publicação: DJe 3.8.2010), situação na qual o sócio é quem figura como devedor e a sociedade empresária responde com o seu patrimônio, quando evidenciado que aquele transferiu para esta seus bens pessoais com o intuito de fraudar seus credores.

Quanto ao instituto da desconsideração da personalidade jurídica lecionam Luiz Guilherme Marinoni, Sérgio Cruz Arenhart e Daniel Mitidiero:

> Consiste na desconsideração da autonomia entre o patrimônio da pessoa jurídica e dos seus sócios, de modo a permitir, em determinadas circunstâncias, que o patrimônio dos sócios seja atingido mesmo quando a obrigação tenha sido assumida pela pessoa jurídica. Normalmente, objetiva evitar que a autonomia patrimonial da pessoa jurídica possa ser usada como instrumento para fraudar a lei ou para abuso do direito.[6]

No mesmo sentido demonstra Marcelo Papaleo Souza:

> O que se observa com o instituto da desconsideração é reprimir condutas fraudulentas e abusivas praticadas pelos sócios ou administradores da pessoa jurídica. É uma medida de caráter excepcional, que torna ineficaz temporariamente a autonomia patrimonial da pessoa jurídica, visando atingir o patrimônio dos sócios ou mandatários.[7]

Além desta hipótese, também existe a situação em que o patrimônio da pessoa jurídica seja utilizado para garantir as dívidas das pessoas jurídicas em caso de dívidas de seus sócios, denominada pela doutrina como desconsideração inversa da personalidade jurídica.[8]

4. DA PROCEDIMENTALIZAÇÃO PREVISTA NO CÓDIGO DE PROCESSO CIVIL DE 2015

Analisado o incidente da desconsideração da personalidade jurídica no plano do direito material, será analisada a perspectiva processual, ou seja, a sua procedimentalização, como ele é regulamentado à luz do vigente CPC, que mesmo tardiamente veio a sanar o vácuo normativo até então existia.

Imperioso observar que no antigo diploma processual inexistiam normas reguladoras de como aplicá-lo ao processo (seja cível ou trabalhista), não obstante, conforme analisado, a previsão pelo direito material das hipóteses em que se aplicaria. Esta omissão normativa no campo processual causava uma verdadeira insegurança jurídica tanto aos jurisdicionados, como aos operadores do direito.

Sendo assim, pode-se dizer que esta regulamentação veio em boa hora, disciplinando este incidente, pondo fim a diversas dúvidas e à insegurança jurídica que permeava o tema, determinando assim como o incidente da desconsideração da personalidade jurídica deve ser procedimentalizado. O vigente Código de Processo Civil regulamenta o tema do art. 133 ao art. 137, consagrando, inclusive, no § 2º, do art. 133, que se aplica também à hipótese de desconsideração inversa da personalidade jurídica. Portanto, a partir de então existem normas que determinam como deverá ser procedimentalizado o instituto da desconsideração da personalidade jurídica.

Toda esta regulamentação representa uma nova modalidade de intervenção de terceiros, o incidente de desconsideração da personalidade jurídica, pondo fim a discussões doutrinárias acerca de sua natureza jurídica, se se tratava de uma ação autônoma, a ensejar um processo de conhecimento, ou se era um incidente processual, conforme pontua Neves[9]. Com a previsão legal no CPC de 2015 adotou-se o posicionamento do Superior Tribunal de Justiça (STJ, 4ª Turma, Resp 1.096.604/DF, rel. Min. Luis Felipe Salomão, j. 2.8.2012), que entende se tratar de um incidente processual, com base nos princípios da celeridade e da economia processual.

Quanto ao cabimento do incidente ensinam Luiz Guilherme Marinoni, Sérgio Cruz Arenhart e Daniel Mitidiero: "O incidente de desconsideração é cabível em qualquer tipo de processo e em qualquer momento do processo. Na instância recursal, a atribuição originária é do relator, embora de sua decisão caiba recurso de agravo interno para o colegiado"[10].

---

6. MARINONI, Luiz Guilherme; ARENHART, Sérgio Cruz; MITIDIERO, Daniel. *Novo Código de Processo Civil Comentado*. São Paulo: Editora Revista dos Tribunais, 2015. p. 207.
7. SOUZA, Marcelo Papaleo. Os Reflexos na Execução Trabalhistas em Face das Alterações do Novo CPC. *In* BRANDÃO, Cláudio; MALLET, Estevão (coordenadores). *Processo do Trabalho*. DIDIER JR, Fredie (coordenação geral). *Repercussões do Novo CPC*. Salvador: Juspodivm, 2015. p. 488.
8. *Idem*, p. 133.
9. NEVES, Daniel Amorim Assumpção. *Novo Código de Processo Civil Comentado Artigo por Artigo*. 1. ed. Salvador: Juspodivm, 2016. p. 216.
10. MARINONI, Luiz Guilherme; ARENHART, Sérgio Cruz; MITIDIERO, Daniel. *Novo Código de Processo Civil Comentado*. São Paulo: Editora Revista dos Tribunais, 2015. p. 208.

O art. 134 do CPC de 2015 estipula em quais momentos poderá ser requerido o incidente de desconsideração, superando divergências doutrinárias sobre o assunto, sendo eles: a) em qualquer fase do processo de conhecimento; b) no cumprimento de sentença; e c) na execução fundada em título executivo extrajudicial, estando em harmonia com o entendimento adotado pelo Superior Tribunal de Justiça (STJ, Resp. 1.180.191-RJ, rel. Min. Luis Felipe Salomão, j. 5.4.2011). Caso seja requerida na peça exordial não haverá a suspensão do processo, no moldes do art. 134, § 3º, CPC de 2015.

Conforme § 1º, do art. 134 do CPC, caso o incidente seja requerido e acolhido seja no cumprimento de sentença ou na execução fundada em título executivo extrajudicial, torna-se obrigatória a comunicação ao distribuidor para as anotações devidas, e corolário a formação de autos apartados, suspendendo o processo principal, *ex vi* § 3º, do art. 134 do CPC. Caso seja requerido na petição inicial e acolhido (com a presença dos sócios no polo passivo da demanda) não há que se falar em formação de autos apartados, pois neste caso tudo será procedimentalizado nos autos principais, inclusive o contraditório e a ampla defesa. Importante destacar, que conforme § 4º, do art. 134 do CPC de 2015 que a parte interessada ou o MPT (seja na exordial ou via incidental) no requerimento da desconsideração da personalidade jurídica deve demonstrar o preenchimento dos pressupostos legais específicos para desconsideração da personalidade jurídica (art. 28, § 5º, CDC; art. 50 do CC e Lei n. 12.529/2011).

No que diz respeito ao momento do requerimento demonstram Luiz Guilherme Marinoni, Sérgio Cruz Arenhart e Daniel Mitidiero:

> Se a desconsideração é requerida na petição inicial, o contraditório se faz na própria contestação, dispensando a realização de incidentes autônomos. Nese caso, para o processo, devem ser citados o sócio ou a pessoa jurídica que poderão ser atingidos pela desconsideração. Não haverá suspensão do processo e a prova dos requisitos para a desconsideração devem ser trazidos, no curso do processo.[11]

Lecionam ainda:

> Se requerida em outro momento, o incidente suspende o curso do processo até sua decisão. Será objeto de petição própria, em que o requerente demonstrará a satisfação dos pressupostos materiais para a desconsideração. Além da oitiva da parte contrária, também deverão ser citados para o contraditório o sócio ou a sociedade que poderão ser atingidos pela desconsideração.[12]

Impende destacar que o incidente é instaurado a requerimento da parte ou do Ministério Público, este quando atuar como parte ou como fiscal da ordem jurídica, nos termos do art. 133, *caput*, do CPC de 2015. Destarte, no plano cível afasta-se *a priori* a decretação *ex officio* pelo juiz, a despeito de ser esta utilizada de forma corriqueira nos processos do trabalho, como se verá mais adiante.

Interessante salientar que sendo requerida a desconsideração da personalidade tanto na petição inicial como no incidente, o sócio ou a pessoa jurídica será citada para integrar a relação jurídico-processual e intimada, no mesmo ato, para manifestar-se e requerer provas cabíveis, no prazo de 15 (quinze dias), em conformidade com o art. 135 do CPC de 2015. Com essa previsão expressa, põe-se fim à antigos debates e construções jurisprudenciais acerca de: 1) qual posição ocupava o sócio que respondia com seus bens pessoais, se se tornava parte ou não; 2) qual mecanismo de defesa, embargos de devedor ou embargos à execução; 3) qual momento deveria ele se valer de sua defesa, em outras palavras, se o contraditório deveria ser prévio ou diferido; e 4) necessidade de citação do sócio ou se bastaria sua intimação.

Quanto ao contraditório no incidente da desconsideração lecionam Luiz Guilherme Marinoni, Sérgio Cruz Arenhart e Danile Mitidiero:

> Os interessados (a parte contrária e o sócio ou a sociedade que poderão ser atingidos pela desconsideração) deverão ser ouvidos no prazo comum de quinze dias. Não se aplica aqui a causa de aumento de prazo prevista no art. 229, CPC. Os terceiros, que não compõem os polos da relação processual (sócio ou sociedade que podem ser atingidos pela decisão) deverão ser citados para o incidentes, podendo oferecer defesa no prazo de quinze dias. Porém, segundo o Superior Tribunal de Justiça, "a falta de citação dos sócios, em desfavor de quem foi superada

---

11. MARINONI, Luiz Guilherme; ARENHART, Sérgio Cruz; MITIDIERO, Daniel. *Novo Código de Processo Civil Comentado*. São Paulo: Editora Revista dos Tribunais, 2015. p. 209.
12. *Idem*, p. 134.

a pessoa jurídica, por si só, não induz nulidade, a qual apenas será reconhecida nos casos de efetivo prejuízo ao exercício da defesa" (STJ, 3ª Turma, AgRg no REsp 1.471.665/MS, rel. Min. Marco Aurélio Bellizze, DJe 15.12.2014).[13]

A evolução jurisprudencial, como menciona Marcus Vinicius Rios Gonçalves[14], se deu inicialmente com decisões em que, caso verificados os requisitos para desconsideração da personalidade jurídica, a responsabilidade do sócio era alcançada, mas sem que este integrasse a relação processual. Logo, caberia a ele defender-se por meio de embargos de terceiro. Posteriormente, a jurisprudência e a doutrina passaram a entender que deveria dar ao sócio oportunidade de contraditório no processo, ainda que diferido, devendo ele ser citado para integrar a lide, e assim se valer dos embargos à execução (TRT 2ª R., AP em Embargos de Terceiro n. 01611.2006.001.02.00-4, 5ª T., Rel. Des. Anélia Li Chum, DOESP 18.1.2008). Todavia, no que diz respeito ao ex-sócio, a jurisprudência do TST entende ser cabível os embargos de terceiros (TST-AIRR 109400-93.2009.5.02.0052, Rel. Min. Maria das Graças Silvany Dourado Laranjeira, 5ª T., DEJT 21.9.2012).

Destarte, em que pese o CPC de 2015 não prever expressamente – o que seria oportuno que previsse – ser caso de litisconsórcio passivo ulterior, pondo fim às teses que advogam se tratar de figura que ocupa posição de terceiro no processo, a ideia do litisconsórcio parece ser a melhor interpretação, visto que, com a desconsideração da personalidade, o sócio passa a ser parte na demanda, ainda que seja responsável patrimonial, nos termos do art. 790, II, do CPC, podendo realizar sua defesa por embargos à execução, impugnação ao cumprimento de sentença ou exceção de pré-executividade. Nesse sentido se posiciona também o STJ (AgRg no Ag: 1378143 SP 2010/0230903-4, Relator: Ministro Raul Araújo, DJ: 13.5.2014, T4 – Quarta Turma, Data de Publicação: DJe 6.6.2014).

Dessa forma, com a novidade processual, o contraditório se torna prévio, isto é, o sócio ou a pessoa jurídica – esta em caso de desconsideração inversa da personalidade jurídica – citada podem produzir provas antes de atingidos seus bens, medida esta que deve ser saudada à luz dos princípios processuais do contraditório e da ampla defesa. Contudo, ressalta-se que embora haja a previsão legal do contraditório tradicional, Daniel Assumpção Amorim Neves[15] reflete que:

> Preenchidos os requisitos típicos da tutela de urgência e pedido de antecipação dos efeitos da desconsideração da personalidade jurídica, entendo admissível a prolação de decisão antes da intimação dos sócios e da sociedade.

Com isso, nada impede de o juiz utilizar/usar de seu poder geral de cautela no caso concreto, consoante entendimento do Superior Tribunal de Justiça (STJ, 4ª Turma, Resp 1.182.620/SP, rel. Min. Raul Araújo, j. em 10.12.2013, DJe 4.2.2014).

Uma questão curiosa é que o art. 790, II e VII, CPC de 2015, traz como responsáveis patrimoniais, respectivamente, o sócio e o responsável, estes nos casos de desconsideração da personalidade jurídica, ficando seus bens sujeitos à execução. Realizando uma interpretação gramatical, poderia se perguntar por qual motivo o artigo em comento traz essas duas hipóteses, haja vista que normalmente é sobre o sócio que recai a responsabilidade patrimonial no caso da desconsideração da personalidade jurídica da sociedade empresária. No entanto, Daniel Assumpção Amorim Neves[16] pontua com clareza que:

> O dispositivo foi criado visando as espécies atípicas de desconsideração da personalidade jurídica criadas pelo Superior Tribunal de Justiça, porque tanto a desconsideração entre sociedades do mesmo grupo econômico como a desconsideração inversa, a responsabilidade patrimonial secundária não é do sócio, não sendo tais situações, portanto, contempladas no inciso II do art. 790 do novo CPC.

Não se pode olvidar que com a aplicação da desconsideração da personalidade jurídica, em certos casos, poderia atingir bens de família. Contudo, as regras de impenhorabilidade desses bens não podem ser afastadas, salvo no ramo trabalhista, hipótese em que é relativizada. Este é o posicionamento, inclusive, do STJ (4ª Turma, rel. Min. Luis Felipe Salomão, j. em 2.10.2014, DJe 15.10.2014). Na seara trabalhista, a mera alegação de ser o imóvel constrito bem de família não basta para afastar a penhora na execução trabalhista, sendo ônus do

---

13. MARINONI, Luiz Guilherme; ARENHART, Sérgio Cruz; MITIDIERO, Daniel. Novo Código de Processo Civil Comentado. São Paulo: Editora Revista dos Tribunais, 2015. p. 209.
14. GONÇALVES, Marcus Vinicius Rios. Direito processual civil esquematizado; coordenador Pedro Lenza. 6. ed. São Paulo: Saraiva, 2016. p. 261.
15. NEVES, Daniel Amorim Assumpção. Novo Código de Processo Civil Comentado Artigo por Artigo. 1. ed. Salvador: Juspodivm, 2016. p. 219.
16. Idem, p. 1.249.

devedor comprovar ser o imóvel o único destinado à moradia da família. (TRT 3ª R., AP 01945.2003.044.03.00-8, 6ª T., Rel. João Bosco Pinto Lara, DJMG 29-3-2008), (TRT 2ª R., AP 02283.1996.075.020.07, 8ª T., Rel. Juíza Lilian Lygia Ortega Mazzeu, DO 15.3.2005). Contudo quanto ao momento de alegação o TST (RR-3412.1996.371.02.40-8, 2ª T., Rel. Horácio Senna Pires. j. 13.4.2005, DJ 20.5.2005) entende ser possível até o exaurimento da execução, não incidindo o instituto da preclusão.

Produzidas as provas requeridas no incidente processual, acerca da desconsideração da personalidade jurídica e finalizada a fase instrutória, o juiz decidirá a questão por meio de decisão interlocutória, cabendo dessa decisão: a) agravo de instrumento, nos termos do art. 136, *caput* e art. 1.015, IV, do CPC/2015; ou b) agravo interno, quando a desconsideração ocorrer no tribunal, da decisão do relator, segundo art. 136, § 1º e art. 932, VI, do CPC/2015. Nessa seara, o Superior Tribunal de Justiça (REsp: 1.421.464-SP, 2013/0379592-5, Relator: Ministra Nancy Andrighi, Data de Julgamento: 24.4.2014, T3 – Terceira Turma, Data de Publicação: DJe 12.5.2014) já reconheceu legitimidade da pessoa jurídica para recorrer da decisão que desconsidera sua personalidade, restringindo-se à defesa desta, sem que argua direitos do sócio.

Quanto à natureza jurídica e o recurso da decisão proferida no incidente da desconsideração, ensinam Luiz Guilherme Marinoni, Sérgio Cruz Arenhart e Danile Mitidiero:

> A decisão que examina o pedido de desconsideração constitui decisão interlocutória. Por isso, é passível de agravo de instrumento (art. 1.015, IV, CPC). Se a decisão é de relator, em se tratando de ação de competência originária de tribunal ou de demanda pendente de recurso, contra esse ato é cabível o recurso de agravo interno (art. 1.021, CPC).[17]

Destaca-se ainda, o último dispositivo do CPC que regulamenta a desconsideração da personalidade jurídica, art. 137, estipula que sendo acolhido o pedido de desconsideração, a alienação ou a oneração de bens, havida em fraude de execução, será ineficaz em relação ao requerente. Entretanto, o CPC, em seu art. 792, § 3º, dispõe que a fraude à execução verifica-se a partir da citação da parte cuja personalidade se pretende desconsiderar, o que parece haver conflito entre tais artigos. Segundo entendimento de Daniel Assumpção Amorim Neves[18], o art. 137 apenas prevê somente que haverá fraude a execução no caso de acolhimento do pedido de desconsideração pelo juiz, embora não mencione qual seria o termo inicial do reconhecimento de fraude à execução, cabendo ao art. 792, § 3º, definir esse momento.

Ademais, o aludido autor critica o dispositivo retro, ao prever que o termo inicial para caracterizar a fraude à execução é o da citação da parte cuja personalidade se pretende desconsiderar, ou seja, do executado originário, como se viu anteriormente, e não da citação do réu no incidente de desconsideração; o que acaba por gerar grande insegurança ao terceiro e também ao sócio ou à pessoa jurídica, que poderá ser atingido pela desconsideração da personalidade jurídica, já que essa regra expressa prevê algo como uma presunção absoluta de que os bens desses sujeitos serão atingidos. Ao que nos parece, este posicionamento merece análise principalmente no campo trabalhista, que conforme ordenamento jurídico brasileiro representa crédito de natureza alimentar.

Imaginemos a seguinte hipótese: um empregado ajuíza uma ação trabalhista em face da sociedade empresária para a qual labora para cobrança de seus créditos. Em uma primeira leitura, a partir da citação dela, qualquer alienação ou oneração dos bens dos sócios será ineficaz em relação ao demandante que pretenda, posteriormente, pedir a desconsideração da personalidade jurídica da sociedade de forma incidental no processo. Logo, sempre que a sociedade empresária for citada num processo, os seus sócios deverão evitar alienar todos seus bens pessoais ou gravá-los de ônus reais, sob pena de ser reconhecida a fraude à execução? Sim, pois o legislador ao que parece merece ser aplaudido, tendo em vista que o réu neste caso ciente e consciente da demanda tem a obrigação de resguardar um patrimônio capaz de garantir o valor da ação judicial que responde.

5. DA INCIDÊNCIA DA DESCONSIDERAÇÃO DA PERSONALIDADE JURÍDICA NO ÂMBITO JUSTRABALHISTA

Desde os bancos universitários aprende-se que o Processo do Trabalho é como instrumento crucial para se proteger e concretizar os direitos trabalhistas, que possuem natureza alimentar, possuindo suas regras e princípios próprios. Muito embora seja um ramo

---

17. MARINONI, Luiz Guilherme; ARENHART, Sérgio Cruz; MITIDIERO, Daniel. *Novo Código de Processo Civil Comentado*. São Paulo: Editora Revista dos Tribunais, 2015. p. 209.
18. NEVES, Daniel Amorim Assumpção. *Novo Código de Processo Civil Comentado Artigo por Artigo*. 1. ed. Salvador: Juspodivm, 2016. p. 1257.

autônomo do direito processual civil, não está isolado, integrando o direito processual e o ordenamento jurídico visto como um sistema. Ademais, a Consolidação das Leis Trabalhistas prevê que quando inexistir previsão de alguma norma há aplicação, subsidiariamente, do direito processual comum, com amparo nos arts. 8º, parágrafo único, 769 e 889, desde que o emprego de tal recurso, obviamente, seja compatível com os princípios trabalhistas. Assim, passa-se a analisar a hipótese da procedimentalização do instituto da desconsideração da personalidade jurídica ser aplicada no âmbito justrabalhista.

Quanto à hipótese do direito material, quer seja, da desconsideração da personalidade jurídica, prevista no Código de Defesa do Consumidor (art. 28, § 5º, Lei n. 8.078/90), o Tribunal Superior do Trabalho já entende ser aplicável a Teoria Menor (teoria objetiva) no âmbito trabalhista (TST, ROAR 727179, SBDI-2, DJU de 14.12.2001). Não poderia ser outra a interpretação ao equiparar o trabalhador ao consumidor, tendo em conta que ambos se posicionam de forma desfavorecida, hipossuficiente, na relação jurídica a que integram. Lamentável que o legislador não tenha previsto tal modalidade do instituto na CLT, diploma este mais antigo que o CDC, cabendo à Justiça do Trabalho a árdua tarefa de se valer de leis outras a fim de dar concretude ao princípio norteador do direito e do processo do trabalho, qual seja, o princípio protetivo.

O TST numa sábia construção hermenêutica (AIRR 111540-22.2002.5.02.0028, Rel. Min. Mauricio Godinho Delgado, 6ª Turma, DJ 17.4.2009) compreende que a aplicação da teoria da desconsideração da personalidade jurídica no processo trabalhista deriva diretamente do *caput* do art. 2º da CLT (empregador como ente empresarial ao invés de pessoa) e do princípio justrabalhista especial da despersonalização da figura jurídica do empregador, a par, se necessário, da aplicação analógica do art. 28, § 2º, da Lei n. 8.078/90 (Código de Defesa do Consumidor). O que deve ser saudado, pois embora gere ao sócio da sociedade empresária insegurança jurídica, de ver seus bens possivelmente respondendo por dívidas alheias, em sendo a personalidade daquela uma forma de obstáculo ao ressarcimento de prejuízos causados aos trabalhadores, deve-se privilegiar estes, dado sua posição de hipossuficiência na relação trabalhista, assegurando-lhes os direitos sociais constitucionais tão caros à existência digna da pessoa, além do caráter alimentar das verbas que compõem o salário.

A despersonalização do empregador constitui um princípio do direito material trabalhista (CLT, arts. 2º, 10 e 448), aplicando-se principalmente em sede de execução trabalhista[19].

Quanto ao aspecto processual da desconsideração da personalidade jurídica, a jurisprudência e a doutrina trabalhista entendiam que a desconsideração deveria ocorrer em sede de execução, não obstante o Ministro Mauricio Godinho Delgado (TST-RR-125640-94.2007.5.05.0004) já entendesse ser plenamente cabível a presença do sócio à fase de conhecimento do processo, permitindo-lhe o contraditório mais amplo. Pela aplicabilidade somente na fase de execução, o TST, através dos arts. 78 e 79 da Consolidação dos Provimentos da Corregedoria-Geral da Justiça do Trabalho, dispunha:

> Art. 78. Ao aplicar a teoria da desconsideração da personalidade jurídica, por meio de decisão fundamentada, cumpre ao juiz que preside a execução trabalhista adotar as seguintes providências:
>
> I – determinar a reautuação do processo, a fim de fazer constar dos registros informatizados e da capa dos autos o nome da pessoa física que responderá pelo débito trabalhista;
>
> II – comunicar imediatamente ao setor responsável pela expedição de certidões na Justiça do Trabalho a inclusão do sócio no polo passivo da execução, para inscrição no cadastro das pessoas com reclamações ou execuções trabalhistas em curso;
>
> III – determinar a citação do sócio para que, no prazo de 48 (quarenta e oito) horas, indique bens da sociedade (art. 795 do CPC) ou, não os havendo, garanta a execução, sob pena de penhora, com o fim de habilitá-lo à via dos embargos à execução para imprimir, inclusive, discussão sobre a existência da sua responsabilidade executiva secundária.
>
> Art. 79. Comprovada a inexistência de responsabilidade patrimonial do sócio por dívida da sociedade, mediante decisão transitada em julgado, o juiz que preside a execução determinará ao setor competente, imediatamente, o cancelamento da inscrição no cadastro das pessoas com reclamações ou execuções trabalhistas em curso[20].

Todavia, a partir do momento que o CPC de 2015 entrou em vigência, a Corregedoria-Geral da Justiça do Trabalho, por meio do Ato n.5/GCGJT, de 29 de março

---

19. LEITE, Carlos Henrique Bezerra. *Curso de direito processual do trabalho*. 13. ed. São Paulo: Saraiva, 2015. p. 124.
20. TRIBUNAL SUPERIOR DO TRABALHO. *Consolidação dos Provimentos da Corregedoria-Geral da Justiça do Trabalho*. Disponível em: <http://www.tst.jus.br/consolidacao-dos-provimentos>. Acesso em: 13 maio 2016.

de 2016, resolveu elaborar a Instrução Normativa (IN) n. 39/2016 do TST, editada aos 10 de março de 2016. Para o presente estudo, destaca-se o art. 6º da Instrução Normativa n. 39/2016 do TST, que além de determinar a incidência do procedimento (incidente processual) do instituto da desconsideração da personalidade jurídica no processo do trabalho, também regulamentou esta procedimentalização, estabelecendo:

> Aplica-se ao Processo do Trabalho o incidente de desconsideração da personalidade jurídica regulado no Código de Processo Civil (arts. 133 a 137), assegurada a iniciativa também do juiz do trabalho na fase de execução (CLT, art. 878).
> § 1º Da decisão interlocutória que acolher ou rejeitar o incidente:
> I – na fase de cognição, não cabe recurso de imediato, na forma do art. 893, § 1º da CLT;
> II – na fase de execução, cabe agravo de petição, independentemente de garantia do juízo;
> III – cabe agravo interno se proferida pelo Relator, em incidente instaurado originariamente no tribunal (CPC, art. 932, inciso VI).
> § 2º A instauração do incidente suspenderá o processo, sem prejuízo de concessão da tutela de urgência de natureza cautelar de que trata o art. 301 do CPC[21].

Diante desse ato normativo, há que se fazer três ponderações acerca deste artigo da IN n. 39/16 do TST, sendo elas: uma quanto ao *caput*, outra no que diz respeito aos incisos do § 1º e uma acerca do § 2º, vejamos então:

Quanto ao *caput* que permite que o incidente da desconsideração da personalidade jurídica seja instaurado a pedido da parte, do Ministério Público do Trabalho e até mesmo *ex officio* para o juiz trabalhista. Tem-se como corretíssima e democrática a possibilidade do juiz trabalhista de ofício instaurar o incidente, afinal, condiz e caminha na mesma direção do arcabouço normativo trabalhista, bem como efetiva seu caráter teleológico. Como visto, na IN n. 39/16 do TST, corresponde um significativo avanço, efetivando os arts. 765 e 878 da CLT. Destaca-se ainda que é assegurada a iniciativa também do juiz do trabalho na fase de execução, de instaurar o incidente. Esta, aliás, já era a jurisprudência do TST (AIRR: 172100-87.2005.5.15.0148, Relator: Alexandre de Souza Agra Belmonte, Data de Julgamento: 16.10.2013, 3ª Turma, Data de Publicação: DEJT 18.10.2013), sendo nítida manifestação do princípio do inquisitivo e da celeridade presente no processo trabalhista.

O incidente da desconsideração da personalidade jurídica pode ser requerido em três momentos: a) qualquer fase do processo de conhecimento; b) no cumprimento de sentença; e c) na execução fundada em título executivo extrajudicial. Destaca-se que caso o incidente poder requerido e acolhido seja no cumprimento de sentença ou na execução fundada em título executivo extrajudicial, torna-se obrigatória a comunicação ao distribuidor para as anotações devidas, e corolário a formação de autos apartados, suspendendo o processo principal, *ex vi* § 3º, do art. 134 do CPC. Caso o incidente seja requerido na peça exordial (já constando assim o nome dos sócios no polo passivo da demanda) não haverá a suspensão do processo, nos moldes do art. 134, § 3º, CPC de 2015, bem como não há que se falar em formação de autos apartados, pois neste caso tudo será procedimentalizado nos autos principais, inclusive o contraditório e a ampla defesa. Importante destacar, que conforme § 4º, do art. 134 do CPC de 2015, a parte interessada ou o MPT no requerimento (seja na petição inicial ou via incidental) da desconsideração da personalidade jurídica deve demonstrar o preenchimento dos pressupostos legais específicos para desconsideração da personalidade jurídica (art. 28, § 5º, CDC; art. 50 do CC e Lei n. 12.529/11).

Em segundo lugar, aplaude-se os incisos I, II, e III do art. 6º da IN n. 39/2016 do TST, determinando que da decisão interlocutória, proferida na fase de cognição, que acolher ou rejeitar a instauração do incidente da desconsideração da personalidade jurídica não cabe recurso de imediato, na forma do art. 893, § 1º da CLT e da Súmula n. 214 do TST – pois rege aqui o princípio da irrecorribilidade imediata das decisões interlocutórias, devendo a parte apresentar sua irresignação via recurso ordinário, *ex vi* art. 895 da CLT. Da decisão interlocutória de acolhimento ou rejeição da instauração do incidente da desconsideração da personalidade jurídica, proferida em sede de execução trabalhista, caberá agravo de petição, nos termos do art. 897, alínea *a* da CLT. Destaca-se ainda que caso a decisão interlocutória seja proferida por desembargador relator, em incidente instaurado originalmente no tribunal, caberá agravo interno.

E quanto ao § 2º, também tem-se por apropriado o entendimento do TST, que se requerido e acolhido o pe-

---

21. TRIBUNAL SUPERIOR DO TRABALHO. Resolução n. 203, de 15 de março de 2016. Edita a Instrução Normativa n. 39, que dispõe sobre as normas do Código de Processo Civil de 2015 aplicáveis e inaplicáveis ao Processo do Trabalho, de forma não exaustiva. Disponível em: <http://www.tst.jus.br/documents/10157/429ac88e-9b78-41e5-ae28-2a5f8a27f1fe>. Acesso em: 13 maio 2016.

dido de instauração do incidente da desconsideração da personalidade jurídica, na fase de execução, suspende o curso dos autos principais, sem prejuízo de concessão de tutela de urgência de natureza cautelar de que trata o art. 301 do CPC.

6. CONCLUSÃO

Conclui-se, portanto, que a inovação do incidente da desconsideração da personalidade jurídica trazida pelo CPC de 2015 (arts. 133 ao 137) é salutar para o processo do trabalho visto que irá sanar inúmeras divergências acerca da temática, ofertando a devida segurança jurídica tanto aos jurisdicionados como aos operadores do direito, além de ter prestigiado os princípios do devido processo legal e do direito ao contraditório prévio.

A previsão expressa em lei traz segurança jurídica a todos que participam e poderão participar do processo. Isso porque a regulamentação dos institutos é questão das mais importantes para o sistema do qual o ordenamento jurídico pátrio se orienta, qual seja, o sistema jurídico do *Civil Law*, no qual a lei é a fonte principal do Direito.

Ressalta-se, por fim, que embora a modificação tenha ocorrido no diploma processual civil e que, como cediço nos termos dos arts. 8º, parágrafo único, 769 e 889 da CLT, este aplica-se subsidiariamente ao processo do trabalho. Muito embora entende-se que o avanço normativo contribuirá para o processo do trabalho, tem-se a posição de que o mais adequado seria que o legislador ordinário tivesse inovado também na CLT, adaptando-se a teoria da desconsideração da personalidade jurídica ao sistema processual laboral, e assim o processo do trabalho tivesse uma norma específica para si em consonância com os princípios e o caráter teleológico deste ramo processual especializado.

Diante da omissão normativa trabalhista acerca do tema, e lado outro, conforme toda novidade legislativa, o fato é que surgirão inúmeras outras dúvidas da aplicação do incidente na doutrina e na jurisprudência, as quais são impossíveis de se prever nesse momento de recente modificação processual. Para solucionar este impasse (ainda que de maneira inicial) o Colendo Tribunal Superior do Trabalho elaborou a Instrução Normativa n. 39/16, sendo que dentre os temas que ali tratou um deles é justamente o incidente da desconsideração da personalidade jurídica, no art. 6º, regulamentando a matéria quase que de maneira completa no processo do trabalho.

E diante de todo o estudado tem-se que até que seja sanado o vácuo normativo trabalhista, o incidente processual da desconsideração da personalidade jurídica previsto dos arts. 133 ao 137 do CPC deve ser aplicado no processo do trabalho, nos termos do art. 6º da IN n. 39/2016, do TST, que determina a possibilidade do juiz trabalhista de ofício instaurar o incidente processual – além da parte interessada ou o Ministério Público do Trabalho. O incidente da desconsideração da personalidade jurídica pode ser requerido em três momentos: a) qualquer fase do processo de conhecimento; b) no cumprimento de sentença; e c) na execução fundada em título executivo extrajudicial. Destaca-se ainda que caso o incidente poder pleiteado e acolhido seja no cumprimento de sentença ou na execução fundada em título executivo extrajudicial, torna-se obrigatória a comunicação ao distribuidor para as anotações devidas, e corolário a formação de autos apartados, suspendendo o processo principal, *ex vi* § 3º, do art. 134 do CPC. Caso o incidente seja pedido na peça exordial e instaurado a parte daí (já constando assim o nome dos sócios no polo passivo da demanda) não haverá a suspensão do processo, nos moldes do art. 134, § 3º, CPC de 2015, bem como não há que se falar em formação de autos apartados, pois neste caso tudo será procedimentalizado nos autos principais, inclusive o contraditório e a ampla defesa. Importante destacar, que conforme § 4º, do art. 134 do CPC de 2015, a parte interessada ou o MPT no requerimento (seja na petição inicial ou via incidental) da desconsideração da personalidade jurídica deve demonstrar o preenchimento dos pressupostos legais específicos para desconsideração da personalidade jurídica (art. 28, § 5º, CDC; art. 50 do CC e Lei n. 12.529/2011).

Tem-se ainda que a decisão interlocutória, proferida na fase de cognição, que acolher ou rejeitar a instauração do incidente da desconsideração da personalidade jurídica não pode ser objeto de recurso de imediato, na forma do art. 893, § 1º da CLT e da Súmula n. 214 do TST, devendo a parte apresentar sua irresignação via recurso ordinário, nos termos do art. 895 da CLT. Quanto a decisão interlocutória de acolhimento ou rejeição da instauração do incidente da desconsideração da personalidade jurídica proferida em sede de execução trabalhista, caberá agravo de petição, *ex vi* art. 897, alínea *a* da CLT. Que caso a decisão interlocutória seja proferida por desembargador relator, em incidente instaurado originalmente no tribunal, caberá agravo interno. E por fim, que a instauração do incidente da desconsideração da personalidade jurídica se requerida e acolhida na fase de execução suspende o curso dos autos principais, sem prejuízo de concessão de tutela de urgência de natureza cautelar de que trata o art. 301 do CPC.

7. REFERÊNCIAS BIBLIOGRÁFICAS

BRASIL. Decreto-Lei n. 5.452, de 1º de maio 1943. Aprova a Consolidação das Leis do Trabalho. Disponível em: <http://www.planalto.gov.br/ccivil_03/decreto-lei/Del5452.htm>. Acesso em: 13 maio 2016.

BRASIL. Lei n. 13.105, de 16 de março de 2016. Código de Processo Civil. Disponível em: <http://www.planalto.gov.br/ccivil_03/_ato2015-2018/2015/lei/l13105.htm>. Acesso em: 13 maio 2016.

BRASIL. Lei n. 5.172, de 25 de outubro de 1966. Dispõe sobre o Sistema Tributário Nacional e institui normas gerais de direito tributário aplicáveis à União, Estados e Municípios. Disponível em: <http://www.planalto.gov.br/ccivil_03/leis/L5172Compilado.htm>. Acesso em: 13 maio 2016.

BRASIL. Lei n. 8.078, de 11 de setembro de 1990. Dispõe sobre a proteção do consumidor e dá outras providências. Disponível em: <http://www.planalto.gov.br/ccivil_03/leis/L8078.htm>. Acesso em: 13 maio 2016.

DIDIER JR., Fredie. *Curso de direito processual civil*: introdução ao direito processual civil, parte geral e processo de conhecimento. 17. ed. Salvador: Juspodivm, 2015

GONÇALVES, Marcus Vinicius Rios. *Direito processual civil esquematizado*; coordenador Pedro Lenza. 6. ed. São Paulo: Saraiva, 2016.

LEITE, Carlos Henrique Bezerra. *Curso de direito processual do trabalho*. 13. ed. São Paulo: Saraiva, 2015.

MARINONI, Luiz Guilherme; ARENHART, Sérgio Cruz; MITIDIERO, Daniel. *Novo Código de Processo Civil Comentado*. São Paulo: Editora Revista dos Tribunais, 2015.

NEVES, Daniel Amorim Assumpção. *Novo Código de Processo Civil Comentado Artigo por Artigo*. 1. ed. Salvador: Juspodivm, 2016.

SOUZA, Marcelo Papaleo. Os Reflexos na Execução Trabalhistas em Face das Alterações do Novo CPC. In: Brandão, Cláudio; MALLET, Estevão (coordenadores). *Processo do Trabalho*. DIDIER JR, Fredie (coordenação geral). Repercussões do Novo CPC. Salvador: Juspodivm, 2015.

TOMAZETTE, Marlon. A desconsideração da personalidade jurídica: Revista Jus Navigandi, Teresina, ano 7, n. 58, 1 ago. 2002. Disponível em: <https://jus.com.br/artigos/3104/a-desconsideracao-da-personalidade-juridica>. Acesso em: 6 maio 2016.

TRIBUNAL SUPERIOR DO TRABALHO. Consolidação dos Provimentos da Corregedoria-Geral da Justiça do Trabalho. Disponível em: <http://www.tst.jus.br/consolidacao-dos-provimentos>. Acesso em: 13 maio 2016.

TRIBUNAL SUPERIOR DO TRABALHO. Resolução n. 203, de 15 de março de 2016. Edita a Instrução Normativa nº 39, que dispõe sobre as normas do Código de Processo Civil de 2015 aplicáveis e inaplicáveis ao Processo do Trabalho, de forma não exaustiva. Disponível em: <http://www.tst.jus.br/documents/10157/429ac88e-9b78-41e5-ae28-2a5f8a27f-1fe>. Acesso em: 13 maio 2016.

WARDE JR., Walfrido Jorge. *Responsabilidade dos sócios*. Belo Horizonte: Del Rey, 2007.

Capítulo 5

Da Não Aplicação do Incidente de Desconsideração da Pessoa Jurídica na Execução Trabalhista

Fábio Túlio Barroso[*]

1. INTRODUÇÃO

Um dos temas mais polêmicos no Direito Processual do Trabalho está relacionado à possibilidade de desconsideração da pessoa jurídica, notadamente na fase de execução.

A supletividade ou subsidiariedade do processo comum para o processo do trabalho vem estabelecendo várias interpretações, em especial a partir da validade da Lei n. 13.105/2015, novo Código de Processo Civil[1], que estabeleceu um panorama normativo inovador quanto à utilização dos ditames processuais comuns para com os especiais trabalhistas no seu art. 15, bem como, procedimento próprio e incidental para a desconsideração da pessoa jurídica, conforme seus arts. 133 a 137, respectivamente.

Não obstante à celeuma na aplicação subsidiária ou supletiva do novel código de ritos na esfera processual trabalhista e a aplicação do respectivo incidente de desconsideração da pessoa jurídica na forma prevista, o processo do trabalho já se valia de outras fontes que fundamentavam a investida no patrimônio do proprietário, sócio, responsável pela empresa executada ao não pagar seus débitos de natureza trabalhista na execução judiciária, que deverão ser levados em conta diante de uma nova realidade normativa.

O debate ainda é mais enriquecido após o posicionamento do Tribunal Superior do Trabalho – TST[2], por meio da Instrução Normativa n. 39/2016, que estabeleceu diretrizes como fontes normativas para a aplicação no novo digesto processual nos processos de competência da Justiça do Trabalho, o que alimenta a doutrina especializada sobre os novos instrumentos de efetividade do processo do trabalho, em especial, sobre o tema que será tratado: a desconsideração da pessoa jurídica na execução trabalhista.

2. DA NECESSIDADE DE DESCONSIDERAÇÃO DA PESSOA JURÍDICA

Diante de uma nova onda de debates sobre como se dará a desconsideração da pessoa jurídica por conta do NCPC, cabe ao menos contextualizar por quais motivos existe a necessidade de utilização deste extraordinário expediente processual.

Isso porque na prática forense trabalhista, como em outras searas, ocorre de o devedor com valor já reconhecido pelo juízo e liquidado, uma vez citado para pagar, deixa passar em branco sua obrigação.

Ocorre que a discussão sobre os títulos devidos e até mesmo os respectivos valores já foram objeto de fases

---

(*) Pós-doutor em Direito pela *Universidad de Granada*, Espanha. Doutor em Direito pela *Universidad de Deusto*, Bilbao, Espanha. Especialização em Direito do Trabalho pela Universidade Católica de Pernambuco – UNICAP. Presidente Honorário da Academia Pernambucana de Direito do Trabalho – APDT. Membro do Instituto dos Advogados de Pernambuco – IAP (Presidente da Comissão de Direito do Trabalho). Membro do Instituto dos Advogados do Brasil – IAB. Professor da UNICAP (Graduação e Pós-graduação em Direito). Professor da Faculdade de Direito do Recife – FDR, da Universidade Federal de Pernambuco – UFPE (Graduação e Pós-graduação em Direito). Professor da graduação em Direito da Sociedade Pernambucana de Ensino Superior FACIPE. Líder do Grupo de Pesquisa cadastrado no CNPQ: Efetividade das normas trabalhistas na pós-modernidade. Advogado.

1. No texto de forma abreviada NCPC.
2. No texto de forma abreviada TST.

anteriores no processo e, inclusive, possibilidades de composição, no caso em especial, quando a empresa em sua formatação jurídica e processualmente legítima no processo caracterizou a inadimplência das verbas trabalhistas.

Desde a primeira sessão de tentativa de conciliação, passando pela sentença, seguindo ainda as possibilidades de recursos, na forma mais corriqueira, o recurso ordinário, além dos embargos possíveis nos momentos anteriores à interposição do recurso de revista e no próprio TST, antes de ser compelido o devedor ao pagamento das verbas de subsistência para o trabalhador[3], poderia haver o pagamento voluntário da dívida, sem ser necessário descaracterizar processualmente a pessoa jurídica e adentrar no patrimônio de quem a administra.

Ou seja, um longo caminho foi percorrido para que após vários anos de tramitação do processo na especializada do trabalho, finalmente seja possível a cobrança dos valores liquidados e que são inquestionavelmente de direito do trabalhador.

Porém, antes disso, para o reconhecimento do débito, somente houve a propositura da reclamação trabalhista e a condenação da empresa em face do não cumprimento da legislação do trabalho durante a vida do liame empregatício, justificando a provocação da máquina judiciária para o reconhecimento a destempo, do que deveria ter sido respeitado durante o vínculo. Isso, ao menos, porque, na prática são poucos os trabalhadores que "ousam" propor uma reclamatória trabalhista durante o contrato de trabalho, mesmo sendo fundamental o direito de acesso à jurisdição assegurado pela Carta Maior, no seu art. 5º, XXXV[4], mas sem a regulamentação contra a dispensa injusta ou arbitrária, como prevê o art. 7º, I[5], também do diploma constitucional.

O longo caminho a ser percorrido pelo trabalhador, mesmo quando não se tem a fase recursal expandida, é absolutamente desalentador e tortuoso para conseguir valer o seu direito, desrespeitado desde a raiz, no momento em que trabalhava para a pessoa jurídica.

Nessa toada, quando citado o devedor na execução e não satisfaz o crédito de subsistência que lhe é exigido judicialmente já reconhecido, ainda que tardiamente, deverá ser satisfeito independentemente daquele devedor nominal e processual, mas por quem se beneficiou da prestação dos serviços, direta ou indiretamente.

Neste compasso, sendo os sócios beneficiários dos lucros auferidos pela pessoa jurídica e, portanto, do trabalho dos seus empregados, deles não podem ser afastados os ônus do seu empreendimento. De outro lado, se os sócios não alcançarem o lucro perseguido por meio da pessoa jurídica, cumpre-lhes responder, com seu patrimônio, pelos ônus do fracasso de seu empreendimento e, por consequência, pela satisfação dos créditos dos empregados da pessoa jurídica, vez que, do contrário, estar-se-ia transferindo os riscos do empreendimento econômico para os trabalhadores, em afronta ao art. 2º, *caput*, da CLT[6].

É que a pessoa jurídica é apenas uma ficção para aperfeiçoamento do sistema econômico, não podendo ser absoluto o direito de empreender a legitimidade processual, devendo respeitar a função social da propriedade prevista na Constituição[7] e a maior delas, ao menos no campo trabalhista, é o respeito ao pagamento das verbas de subsistência dos trabalhadores.

---

3. Não é objeto do estudo, mas cabe o registro que a natureza do salário deverá ser compreendida como de subsistência, visto que alinhada a norma do art. 7º, IV da Constituição da República ao conteúdo sistemático do diploma, que determina ser fundamento da República a dignidade da pessoa, no seu art. 1º, III. De igual forma, o art. 6º determina que os direitos sociais, como o do trabalho, deverão assegurar a "educação, a saúde, a alimentação, o trabalho, a moradia, o transporte, o lazer, a segurança, a previdência social, a proteção à maternidade e à infância, a assistência aos desamparados", objetivos praticamente repetidos como desiderato do salário mínimo, previsto no inciso IV do art. 7º. Logo, o salário deverá ser o instrumento pecuniário que atenda a todas estas necessidades elementares dos trabalhadores, para que lhes traga dignidade, não apenas a alimentação, que é apenas uma das finalidades de melhoria da condição social do trabalhador nesta condição mínima de manutenção com cidadania.
4. Art. 5º Todos são iguais perante a lei, sem distinção de qualquer natureza, garantindo-se aos brasileiros e aos estrangeiros residentes no País a inviolabilidade do direito à vida, à liberdade, à igualdade, à segurança e à propriedade, nos termos seguintes:
(...)
XXXV – a lei não excluirá da apreciação do Poder Judiciário lesão ou ameaça a direito;
5. Art. 7º São direitos dos trabalhadores urbanos e rurais, além de outros que visem à melhoria de sua condição social:
I – relação de emprego protegida contra despedida arbitrária ou sem justa causa, nos termos de lei complementar, que preverá indenização compensatória, dentre outros direitos;
6. ALMEIDA, Cleber Lúcio de. Incidente de Desconsideração da Personalidade Jurídica. In: *O Novo Código de Processo Civil e seus Reflexos no Processo do Trabalho*, Organizado por Elisson Miessa. Salvador, Juspodivm, 2015. p. 285.
7. Art. 170. A ordem econômica, fundada na valorização do trabalho humano e na livre iniciativa, tem por fim assegurar a todos existência digna, conforme os ditames da justiça social, observados os seguintes princípios:

Nesse aperfeiçoamento do sistema econômico, sobretudo liberal[8], em que há, *existência distinta e autônoma das pessoas físicas*[9] que compõem a pessoa jurídica, em princípio, cabe levar em conta, como preleciona Gustavo Filipe Barbosa Garcia:

> A pessoa jurídica, no entanto, não pode ser utilizada de forma a ser desviada de seus fins, encobrindo a prática de atos ilícitos, abusivos ou fraudulentos de seus membros. Ocorrendo o referido desvio de finalidade ou a confusão entre o patrimônio da pessoa jurídica e o de seus componentes, por meio da técnica de superar a personalidade jurídica, alcança-se a responsabilização dos sócios envolvidos (tanto pessoas naturais como pessoas jurídicas), atingindo o patrimônio individual destes.
>
> *Assim, a disregard doctrine, consiste em superar os efeitos da personalidade jurídica em casos concretos, impedindo desvios na utilização de sua finalidade, de forma a alcançar a responsabilidade de seus membros e bens pessoais*[10].

De tal modo, a ordem jurídica determina que em caso de grupo de empregadores, consoante norma do art. 2º, § 2º da CLT[11], seja satisfeito o crédito independentemente de ser o empregador o que foi originariamente reclamado, recaindo a responsabilidade para uma ou mais pessoas de uma empresa que compõe o grupo empresarial, pois sistematicamente se beneficiaram dos serviços prestados pelo obreiro.

Ou seja a desconsideração da pessoa jurídica principal, contratante e sujeito passivo processual, para a assunção da dívida por outras pessoas jurídicas, secundárias, que constituem um grupo empregador, na admissão da responsabilidade trabalhista[12].

Tal condição de responsabilização pelo crédito trabalhista está de acordo com a necessária admissão do risco empresarial, que não poderá também deixar de ser aplicada a quem administra a pessoa jurídica, sob pena de se descaracterizar o sistema normativo[13] que em seus pilares pretende estabelecer a dignidade do trabalhador, por meio de normas que melhorem a sua condição social. Esta é a estrutura constitucional que detém *um sólido plexo normativo que propicia a alta hierarquização axiológica do trabalho, como mediação central da dignidade humana*[14], que deverá ser respeitada

---

I – (...)

II – propriedade privada;

III – função social da propriedade;

Art. 186. A função social é cumprida quando a propriedade rural atende, simultaneamente, segundo critérios e graus de exigência estabelecidos em lei, aos seguintes requisitos:

I – (...);

II – (...);

III – observância das disposições que regulam as relações de trabalho;

8. CASTELO, Jorge Pinheiro. O Direito Material e Processual do Trabalho e a Pós-modernidade. A CLT, o CDC e as repercussões do novo Código Civil. São Paulo, LTr, 2003. p. 351.
9. GARCIA, Gustavo Filipe Barbosa. *Curso de Direito Processual do Trabalho*. 1. ed., 2ª tiragem. Rio de Janeiro, Forense, 2012. p. 242.
10. Idem, p. 646.
11. Art. 2º – Considera-se empregador a empresa, individual ou coletiva, que, assumindo os riscos da atividade econômica, admite, assalaria e dirige a prestação pessoal de serviço.
    § 1º – (...)
    § 2º – Sempre que uma ou mais empresas, tendo, embora, cada uma delas, personalidade jurídica própria, estiverem sob a direção, controle ou administração de outra, constituindo grupo industrial, comercial ou de qualquer outra atividade econômica, serão, para os efeitos da relação de emprego, solidariamente responsáveis a empresa principal e cada uma das subordinadas.
12. Ressalta-se que a Súmula n. 205 do TST que estabelecia a não responsabilidade de empresa de grupo empresarial que não constasse no título executivo judicial foi cancelada, ratificando o ponto de vista acima.
    Súmula n. 205 do TST – GRUPO ECONÔMICO. EXECUÇÃO. SOLIDARIEDADE (cancelada) – Res. n. 121/2003, DJ 19, 20 e 21.11.2003. O responsável solidário, integrante do grupo econômico, que não participou da relação processual como reclamado e que, portanto, não consta no título executivo judicial como devedor, não pode ser sujeito passivo na execução.
13. Chama-se atenção ainda para as normas dos arts. 10 e 448 da CLT, em que em nada toca a relação contratual a mudança da pessoa jurídica empregadora, que na sua teleologia, pretende manter a continuidade e a estabilidade do liame empregatício, consequentemente, a percepção da onerosidade contratual. Em especial: CASTELO, Jorge Pinheiro. Obra citada, pág. 353. *O Direito do Trabalho jamais necessitou, ao empregar os mecanismos de coibição de fraude previstos pelo direito, atacar a preservação da pessoa jurídica, naquilo que não se relacionasse com o ilícito, apenas suplantando, quando necessário, a noção da pessoa jurídica. Até porque essa superação já fora expressamente prevista na definição de empregador proposta pelo art. 2º da CLT, bem como nos arts. 9º. 10, 444 e 448 da CLT.*
14. WANDELLI, Leonardo Vieira. Dignidade e Valor Social do Trabalho na Constituição de 1988. In: *Como Aplicar a CLT à Luz da Constituição*: Alternativas para os que Militam no Foro Trabalhista. Obra em Homenagem à Profa. Gabriela Neves Delgado. Coordenada por Márcio Túlio Viana e Cláudio Jannotti da Rocha. São Paulo, LTr, 2016. p. 100.

pelas normas infraconstitucionais, inclusive as processuais[15], ao estabelecer a isonomia perante os sujeitos juridicamente distintos.

A questão da legitimidade processual não é de fácil enfrentamento formal, mas por lógica jurídica, não é possível dissociar quem deve de quem administra e se beneficia dos resultados econômicos, em face da necessária satisfação do crédito trabalhista. Um vez que:

> (...) tratando-se de obrigações oriundas do contrato de trabalho, contrato para o qual a pessoalidade é elemento fundante da relação empregatícia, ao menos do ponto de vista do empregado, é de supor que o empregador tenha sempre em vista a dívida trabalhista que nasce quando deixa de cumprir suas obrigações, motivo pelo qual há também de se pressupor que as pessoas físicas que compõem a pessoa jurídica tenham ciência de referido débito[16].

Ainda que forçoso reconhecer que a pessoa jurídica não se confunde em legitimidade processual com seus administradores, de curial importância estabelecer que não havendo o pagamento da dívida trabalhista pela empresa executada e pela natureza que possuem, estes deverão ser responsabilizados, inclusive, em consonância com a teleologia do art. 795[17] do novel diploma de ritos, em que pese os argumentos jurídicos adiante expostos, no tocante à restrição da utilização do incidente previsto no NCPC para a desconsideração da pessoa jurídica no âmbito trabalhista.

Tal responsabilidade do administrador é absolutamente normal e inserida na lógica trabalhista, como se tem da doutrina a seguir:

> (...) o empregador não é conceituado como pessoa física nem como pessoa jurídica. É na verdade, uma simbiose das duas coisas, é a universalidade composta pelo patrimônio moral e material dos sócios e da sociedade[18].

A referida distinção quanto à personalidade jurídica e a composição patrimonial, no entanto, não é absoluta. Verificam-se situações em que os integrantes da pessoa jurídica são alcançados, mesmo em se tratando de relação jurídica pertinente à sociedade em si. Nesse contexto de relativização da autonomia entre a pessoa jurídica e seus integrantes é que se situa a teoria da desconsideração da personalidade jurídica[19].

(...)

Os direitos devem ser exercidos nos limites da ordem jurídica, ou seja, observado os fins sociais e econômicos, e os preceitos de boa-fé e de bons costumes. Agindo além desses parâmetros, o titular faz uso abusivo do direito, extrapolando as suas funções e causando prejuízo a terceiros[20].

Nessas situações, o cumprimento do julgado extrapola o critério meramente formal de justiça e sujeitos envolvidos no processo, visto que se caracteriza como um reclamo da sociedade em face da ordem jurídica justa e do respeito às decisões judiciais, patamar indeclinável em uma sociedade civilizada.

O que se deve levar em consideração, para um adequado enfrentamento de situações como a em exame, é o fato de o empregado ser portador de um título executivo judicial e que o adimplemento da pertinente obrigação é as-

---

15 Como assevera DELGADO, Maurício Godinho. Justiça do Trabalho e Sistema Trabalhista: Elementos para a Efetividade do Direito do Trabalho e do Direito Processual do Trabalho no Brasil. Em: DELGADO, Maurício Godinho e DELGADO, Gabriela Neves. *Constituição da República e Direitos Fundamentais. Dignidade da Pessoa Humana, Justiça Social e Direito do Trabalho*, 3. ed. São Paulo, LTr, 2015. p. 167. *Temos uma Constituição que incorpora, de modo muito bem definido, um projeto de Estado de Bem-Estar Social. Embora haja problemas tópicos aqui e ali, trata-se de claro projeto de construção de um Estado de Bem-Estar Social no país – único meio historicamente comprovado de fazer respeitar os fundamentos da República (soberania, cidadania, dignidade da pessoa humana, valores sociais do trabalho e da livre iniciativa, pluralismo político – art. 1º, CF) e permitir concretizar seus objetivos fundamentais de construir uma sociedade livre, justa e solidária no País, que garanta o desenvolvimento nacional, erradique a pobreza e a marginalização, além de reduzir as desigualdades sociais e regionais, promovendo o bem de todos sem preconceitos (art. 3º, CF).*

16 NOGUEIRA, Eliana dos Santos Alves e BENTO, José Gonçalves. Incidente de Desconsideração da Personalidade Jurídica. In: *O Novo Código de Processo Civil e seus Reflexos no Processo do Trabalho*, Organizado por Elisson Miessa. Salvador, Jus Podivm, 2015. p. 298-299.

17. Art. 795. Os bens particulares dos sócios não respondem pelas dívidas da sociedade, senão nos casos previstos em lei.
§ 1º O sócio réu, quando responsável pelo pagamento da dívida da sociedade, tem o direito de exigir que primeiro sejam excutidos os bens da sociedade.
§ 2º Incumbe ao sócio que alegar o benefício do § 1º nomear quantos bens da sociedade situados na mesma comarca, livres e desembargados, bastem para pagar o débito.
§ 3º O sócio que pagar a dívida poderá executar a sociedade nos autos do mesmo processo.
§ 4º Para a desconsideração da personalidade jurídica é obrigatória a observância do incidente previsto neste Código.

18. CASTELO, Jorge Pinheiro. Obra citada, p. 356.
19. GARCIA, Gustavo Filipe Barbosa. Obra citada, p. 642.
20. *Idem*, p. 647.

sunto relacionado não apenas aos interesses do credor, mas à própria responsabilidade e eficácia dos pronunciamentos jurisdicionais. De tal arte, se a sociedade não possui bens para solver a obrigação, a isso será chamado o sócio-gerente, pouco importando que tenha integralizado as suas quotas do capital ou que não tenha agido com exorbitância do mandato, infringência do contrato ou de norma legal. O critério de justiça, em casos como esse, se sobrepôs ao da subserviência à literalidade inservível dos preceitos normativos, particularidade que realça, ainda mais, a notável vocação zetética do direito material do trabalho e da jurisprudência que o aplica e o interpreta[21].

Naturalmente que uma vez não cumprida a obrigação pelo devedor originário, a ordem judicial deverá ser cumprida, em respeito tanto ao crédito do trabalhador, quanto à proteção à dignidade e à subsistência do trabalhador, pelos respectivos sócios da pessoa jurídica.

Logo, sistematicamente, não há como impedir ou dissociar a responsabilidade da pessoa jurídica de quem a administra, em que pese, formalmente se revestirem de corpos distintos, porém atavicamente ligados por suas atitudes, que mais cedo ou mais tarde, havendo inadimplência da primeira, o segundo necessariamente será responsabilizado. A dificuldade momentânea é saber de que maneira ocorrerá esta responsabilização, no sentido de atingir a satisfação das verbas trabalhistas.

3. FONTES FORMAIS UTILIZADAS PARA A DESCONSIDERAÇÃO DA PESSOA JURÍDICA E O PROCESSO DO TRABALHO

Como a CLT não possui regramento específico para a utilização da desconsideração da pessoa jurídica, é muito comum que os fundamentos doutrinários e jurisprudenciais mais recentes se assentem subsidiariamente nas normas tanto do Código Civil quanto do Código de Defesa do Consumidor, em obediência ao teor dos arts. 8º e 769 consolidados.

No Código Civil, tem-se o art. 50 que permite esta excepcionalidade processual da seguinte forma:

> *Art. 50. Em caso de abuso da personalidade jurídica, caracterizado pelo desvio de finalidade, ou pela confusão patrimonial, pode o juiz decidir, a requerimento da parte, ou do Ministério Público quando lhe couber intervir no processo, que os efeitos de certas e determinadas relações de obrigações sejam estendidos aos bens particulares dos administradores ou sócios da pessoa jurídica.*

Por sua vez, o Código de Defesa do Consumidor possui regramento no seu art. 28, que estabelece a possibilidade de se intervir no patrimônio do administrador, como se tem abaixo:

> *Art. 28. O juiz poderá desconsiderar a personalidade jurídica da sociedade quando, em detrimento do consumidor, houver abuso de direito, excesso de poder, infração da lei, fato ou ato ilícito ou violação dos estatutos ou contrato social. A desconsideração também será efetivada quando houver falência, estado de insolvência, encerramento ou inatividade da pessoa jurídica provocados por má administração.*
> *§ 1º (Vetado).*
> *§ 2º As sociedades integrantes dos grupos societários e as sociedades controladas, são subsidiariamente responsáveis pelas obrigações decorrentes deste código.*
> *§ 3º As sociedades consorciadas são solidariamente responsáveis pelas obrigações decorrentes deste código.*
> *§ 4º As sociedades coligadas só responderão por culpa.*
> *§ 5º Também poderá ser desconsiderada a pessoa jurídica sempre que sua personalidade for, de alguma forma, obstáculo ao ressarcimento de prejuízos causados aos consumidores.*

Em ambas situações se vislumbra a necessidade do excesso do direito da empresa, o que caracteriza o ato ilícito, em obediência ao conteúdo do art. 187 do Código Civil[22].

Existem, contudo, outras normas de diferentes diplomas que ratificam a necessidade da desconsideração da pessoa jurídica, também na perspectiva de atendimento

---

21. TEIXEIRA FILHO, Manoel Antônio. *Execução no Processo do Trabalho*. 8. ed. São Paulo, LTr, 2004. p. 153.
22. Art. 187. Também comete ato ilícito o titular de um direito que, ao exercê-lo, excede manifestamente os limites impostos pelo seu fim econômico ou social, pela boa-fé ou pelos bons costumes.
23. CASTELO, Jorge Pinheiro. Obra citada, p. 365. *A análise da responsabilidade patrimonial dos sócios das situações geradoras das possibilidades jurídicas de atingir/alcançar o patrimônio dos sócios da empresa, empregadora, sócia e/ou responsável solidária não ficaria completa sem a menção das clássicas hipóteses do direito comum de responsabilidade direta e automática dos sócios, gestores, administradores e controladores e responsáveis por atos ilícitos, de abuso e de fraude.*

Dessa forma, a lei, a doutrina e a jurisprudência trabalhista, utilizando-se das figuras legais tradicionais do direito comum – anteriores às amplíssimas possibilidades trazidas pelo CDC —, já admitiam sua aplicação subsidiária para a preservação e garantia dos direitos e, no caso que interessa, dos direitos trabalhistas, sem a necessidade dos responsáveis objetivos ou subjetivos, pelo fato de referidos atos integrarem o processo de conhecimento e, ainda mesmo sem a necessidade de perquirição da teoria da desconsideração da pessoa jurídica.

ao interesse público e à satisfação do crédito pela sua natureza, em face de o devedor original não adimpli-lo[23], (...) *que resulta na configuração de um verdadeiro princípio do direito do trabalho, qual seja, o princípio da desconsideração das obrigações decorrentes da relação de emprego*[24].

Contudo, cabe ressaltar que para a fase de execução a CLT estabelece que será fonte subsidiária a Lei de Execuções Fiscais, n. 6.830/80, consoante norma do seu art. 889[25].

Assim, as demais normas servem como supedâneo finalístico e axiológico na argumentação jurídica, quando o devedor originário não satisfaz a dívida trabalhista reconhecida pelo juízo.

Nesse espeque, tem-se previsão própria na Lei n. 6.830/80, em seu art. 4º, V, § 3º[26], para que o sócio da empresa ou até mesmo o sucessor venha a assumir a dívida originada pela pessoa jurídica. Ou seja, em linha de subsidiariedade da norma a ser aplicada na execução trabalhista, a lei de execução fiscal está em ordem de aplicação anterior ao digesto processual civil[27], sendo este, mero complemento do que não tenha previsão na própria legislação fiscal.

Por esse motivo, pouco importa a existência de fraude ou mau uso da sociedade – o que acaba sempre sendo presumido, ante o descumprimento da obrigação contratual de quitação das verbas devidas aos trabalhadores. Faculta-se ao sócio, acionado pessoalmente, a indicação de bens da empresa, para livrar-se da execução[28].

Logo, fica claro que já existia a possibilidade de desconsideração da pessoa jurídica em perfeita sintonia com os princípios e postulados normativos do processo do trabalho, em sua sistemática, antes mesmo da previsão de criação de um incidente para o processo civil e sua eventual possibilidade de utilização nos conflitos judiciais laborais.

Esta sistemática de aplicação de normas subsidiárias na seara processual trabalhista foi ratificada ainda em 2007 pelo enunciado n. 66 da 1ª Jornada de direito e Processo do Trabalho:

> 66. *APLICAÇÃO SUBSIDIÁRIA DE NORMAS DO PROCESSO COMUM AO PROCESSO TRABALHISTA. OMISSÕES ONTOLÓGICA E AXIOLÓGICA. ADMISSIBILIDADE. – Diante do atual estágio de desenvolvimento do processo comum e da necessidade de se conferir aplicabilidade à garantia constitucional da duração razoável do processo, os arts. 769 e 889 da CLT comportam interpretação conforme a Constituição Federal, permitindo a aplicação de normas processuais mais adequadas à efetivação do direito. Aplicação dos princípios da instrumentalidade, efetividade e não retrocesso social.*

Dessa forma, é bastante razoável que sejam facilitados todos os meios para que haja a satisfação do crédito trabalhista, utilizando-se de critérios lógico-formais que ratifiquem o mandamento judicial, na medida em que se tem como credor um hipossuficiente material[29], sendo premente que medidas protelatórias e até mesmo desconectadas com a estrutura processual laboral não sejam tomadas, que ao fim e ao cabo terminem por estabelecer meros entraves à efetivação do julgado, tendo como pano de fundo a necessidade aparente de atender ao contraditório e à ampla defesa, visto que

---

24. ALMEIDA, Cleber Lúcio de. Obra citada, p. 285.
25. Art. 889 – Aos trâmites e incidentes do processo da execução são aplicáveis, naquilo em que não contravierem ao presente Título, os preceitos que regem o processo dos executivos fiscais para a cobrança judicial da dívida ativa da Fazenda Pública Federal.
26. Art. 4º – A execução fiscal poderá ser promovida contra:
    I – (...);
    II – (...);
    III – (...);
    IV – (...);
    V – o responsável, nos termos da lei, por dívidas, tributárias ou não, de pessoas físicas ou pessoas jurídicas de direito privado; e
    VI – os sucessores a qualquer título.
    § 3º Os responsáveis, inclusive as pessoas indicadas no § 1º deste artigo, poderão nomear bens livres e desembaraçados do devedor, tantos quantos bastem para pagar a dívida. Os bens dos responsáveis ficarão, porém, sujeitos à execução, se os do devedor forem insuficientes à satisfação da dívida.
27. CARRION, Valentin. *Comentários à Consolidação das Leis do Trabalho*, 38ª edição. Atualizada por Eduardo Carrion. São Paulo: Saraiva, 2013. p. 898.
28. NOGUEIRA, Eliana dos Santos Alves e BENTO, José Gonçalves. Obra citada, p. 300.
29. Conforme CLAUS, Ben-Hur Silveira. A Execução Trabalhista não se submete à regra Exceptiva da Execução Menos Gravosa – A Efetividade da Jurisdição como Horizonte Hermenêutico Constitucional. Em: ALVARENGA, Rúbia Zanotelli (Coordenadora). *Direito Constitucional do Trabalho*, São Paulo, LTr, 2015, p. 232. *No processo civil, a execução tem o executado em situação de inferioridade econômica em relação ao exequente, ao passo que, no processo do trabalho, é o exequente a parte que se encontra em situação de hipossuficiência econômica em relação ao executado. A situação inverte-se. E a hermenêutica não pode desconhecer os fatos em relação aos quais o direito será aplicado (LINDB, art. 5º). A parte hipossuficiente não tem condições econômicas para resistir à demora processual. Vai se tornando cada vez mais vulnerável a acordos prejudiciais.*

este no sistema judiciário brasileiro sempre deverá ser assegurado por imperativo constitucional. Contudo, em momentos distintos e em situações distintas, como no caso da desconsideração da pessoa jurídica, levando-se em conta todos os argumentos supra, bem como albergando as peculiaridades e a sistematicidade presentes nas relações de trabalho, o que poderá caracterizar apenas um processo formalmente e superficialmente equilibrado.

4. A INSTRUÇÃO NORMATIVA N. 39/2016 DO TRIBUNAL SUPERIOR DO TRABALHO E A DESCONSIDERAÇÃO DA PESSOA JURÍDICA

No sentido de unificar os procedimentos na seara processual trabalhista após a entrada em vigor do novo Código de Processo Civil, o Tribunal Superior do Trabalho – TST, por meio de sua Resolução n. 203, de 15 de março de 2016, editou a Instrução Normativa n. 39/2016, evidenciada sua preocupação com a efetividade do processo em face de várias situações normativas não consolidadas com a vigência do NCPC[30].

Em especial, para a possibilidade de desconsideração da pessoa jurídica entendeu serem aplicáveis os arts. 133 a 137 do NCPC, cuja redação é a seguinte:

> Art. 133. O incidente de desconsideração da personalidade jurídica será instaurado a pedido da parte ou do Ministério Público, quando lhe couber intervir no processo.
> § 1º O pedido de desconsideração da personalidade jurídica observará os pressupostos previstos em lei.
> § 2º Aplica-se o disposto neste Capítulo à hipótese de desconsideração inversa da personalidade jurídica.
> Art. 134. O incidente de desconsideração é cabível em todas as fases do processo de conhecimento, no cumprimento de sentença e na execução fundada em título executivo extrajudicial.
> § 1º A instauração do incidente será imediatamente comunicada ao distribuidor para as anotações devidas.
> § 2º Dispensa-se a instauração do incidente se a desconsideração da personalidade jurídica for requerida na petição inicial, hipótese em que será citado o sócio ou a pessoa jurídica.
> § 3º A instauração do incidente suspenderá o processo, salvo na hipótese do § 2º.
> § 4º O requerimento deve demonstrar o preenchimento dos pressupostos legais específicos para desconsideração da personalidade jurídica.
> Art. 135. Instaurado o incidente, o sócio ou a pessoa jurídica será citado para manifestar-se e requerer as provas cabíveis no prazo de 15 (quinze) dias.
> Art. 136. Concluída a instrução, se necessária, o incidente será resolvido por decisão interlocutória.
> Parágrafo único. Se a decisão for proferida pelo relator, cabe agravo interno.
> Art. 137. Acolhido o pedido de desconsideração, a alienação ou a oneração de bens, havida em fraude de execução, será ineficaz em relação ao requerente.

A indigitada instrução normativa consolidou posicionamento sobre a tal situação nos seguintes termos:

> Art. 6º Aplica-se ao Processo do Trabalho o incidente de desconsideração da personalidade jurídica regulado no Código de Processo Civil (arts. 133 a 137), assegurada a iniciativa também do juiz do trabalho na fase de execução (CLT, art. 878).
> § 1º Da decisão interlocutória que acolher ou rejeitar o incidente:

---

30. Considerações da Resolução n. 203/2016 do TST. Considerando a vigência de novo Código de Processo Civil (Lei n. 13.105, de 17.3.2015) a partir de 18 de março de 2016, considerando a imperativa necessidade de o Tribunal Superior do Trabalho posicionar-se, ainda que de forma não exaustiva, sobre as normas do Código de Processo Civil de 2015 aplicáveis e inaplicáveis ao Processo do Trabalho, considerando que as normas dos arts. 769 e 889 da CLT não foram revogadas pelo art. 15 do CPC de 2015, em face do que estatui o art. 2º, § 2º da Lei de Introdução às Normas do Direito Brasileiro, considerando a plena possibilidade de compatibilização das normas em apreço, considerando o disposto no art. 1.046, § 2º, do CPC, que expressamente preserva as "disposições especiais dos procedimentos regulados em outras leis", dentre as quais sobressaem as normas especiais que disciplinam o Direito Processual do Trabalho, considerando o escopo de identificar apenas questões polêmicas e algumas das questões inovatórias relevantes para efeito de aferir a compatibilidade ou não de aplicação subsidiária ou supletiva ao Processo do Trabalho do Código de Processo Civil de 2015, considerando a exigência de transmitir segurança jurídica aos jurisdicionados e órgãos da Justiça do Trabalho, bem assim o escopo de prevenir nulidades processuais em detrimento da desejável celeridade, considerando que o Código de Processo Civil de 2015 não adota de forma absoluta a observância do princípio do contraditório prévio como vedação à decisão surpresa, como transparece, entre outras, das hipóteses de julgamento liminar de improcedência do pedido (art. 332, caput e § 1º, conjugado com a norma explícita do parágrafo único do art. 487), de tutela provisória liminar de urgência ou da evidência (parágrafo único do art. 9º) e de indeferimento liminar da petição inicial (CPC, art. 330), considerando que o conteúdo da aludida garantia do contraditório há que se compatibilizar com os princípios da celeridade, da oralidade e da concentração de atos processuais no Processo do Trabalho, visto que este, por suas especificidades e pela natureza alimentar das pretensões nele deduzidas, foi concebido e estruturado para a outorga rápida e impostergável da tutela jurisdicional (CLT, art. 769), considerando que está sub judice no Tribunal Superior do Trabalho a possibilidade de imposição de multa pecuniária ao executado e de liberação de depósito em favor do exequente, na pendência de recurso, o que obsta, de momento, qualquer manifestação da Corte sobre a incidência no Processo do Trabalho das normas dos arts. 520 a 522 e § 1º do art. 523 do CPC de 2015, considerando que os enunciados de súmulas dos Tribunais do Trabalho a que se referem os incisos V e VI do § 1º do art. 489 do CPC de 2015 são exclusivamente os que contenham os fundamentos determinantes da decisão (ratio decidendi – art. 926, § 2º), disponível em: <http://www.tst.jus.br/documents/10157/429ac88e-9b78-41e5-ae28-2a5f8a27f1fe>. Acesso em: 9 jun. 2016.

I – na fase de cognição, não cabe recurso de imediato, na forma do art. 893, § 1º da CLT;

II – na fase de execução, cabe agravo de petição, independentemente de garantia do juízo;

III – cabe agravo interno se proferida pelo Relator, em incidente instaurado originariamente no tribunal (CPC, art. 932, inciso VI).

§ 2º A instauração do incidente suspenderá o processo, sem prejuízo de concessão da tutela de urgência de natureza cautelar de que trata o art. 301 do CPC.

Com a devida vênia ao posicionamento adotado pela mais alta corte trabalhista do país, mas o entendimento é que o referido incidente não se coaduna com os procedimentos e princípios próprios do processo do trabalho, nem tampouco ao próprio teor do art. 1.046, § 2º do NCPC[31].

Sobre o mandamento do referido artigo do NCPC, este é expresso ao definir que: *Permanecem em vigor as disposições especiais dos procedimentos regulados em outras leis, aos quais se aplicará supletivamente este Código*. Sendo assim, o art. 889 consolidado que faz alusão à lei de executivos fiscais, Lei n. 6.830/80, continua válido e igualmente válido e aplicável seu art. 4º, que disciplina a desconsideração da pessoa jurídica para a execução trabalhista.

Também é certo, que o NCPC deverá ser subsidiariamente aplicado às normas de execução fiscal, que são utilizadas para a execução trabalhista, em face de sua disposição especial contida no art. 1º[32], ou seja, a norma processual comum apenas se aplica à execução trabalhista de forma terciária, visto que secundária é a de executivos fiscais.

O art. 889 consolidado é norma especial e específica da seara trabalhista e como tal, conforme expressa previsão no NCPC deverá ser respeitado, determinando quais as normas são compatíveis com o interesse público de atendimento à efetividade das demandas sociais, em especial aplicação do microssistema jurídico que tem como ponto de partida a própria CLT, em respeito à efetividade das normas processuais trabalhistas para atendimento das demandas desta natureza[33].

Também na mesma linha, não há lacuna a ser suprida pela legislação trabalhista para que seja utilizada a norma processual comum, tampouco se aplicando o teor do art. 15 do NCPC[34], o que também não deverá ser admitido, em virtude de ter o diploma processual comum escopo e natureza completamente diversa do previsto para os procedimentos laborais[35], também havendo norma específica na CLT, art. 769[36].

Ainda se assim fosse, a norma do art. 769 consolidado *é expressa no sentido de que a aplicação de normas do processo civil está condicionada a uma dupla condição: omissão e compatibilidade com as normas da CLT*[37], o que não é o caso da aplicação do NCPC para a execução, em especial para a desconsideração da pessoa jurídica.

Mais ainda, na execução trabalhista, se sobrepõe o teor do art. 889 ao do 769 consolidado. Logo, deverá ser respeitada para a desconsideração da pessoa jurídica a forma prevista na lei de execução fiscal.

Uma vez estabelecendo obediência à norma do novel diploma processual civil, estar-se-á desconsiderando a norma especial em benefício à geral, invertendo o sentido principiológico normativo presente tanto na CLT quanto às necessidades de efetivação do julgado trabalhista.

Por sua vez, a aplicação das normas dos arts. 133 a 137 do novo código também acaba por desconsiderar o princípio da simplificação das formas e procedi-

---

31. Art. 1.046. Ao entrar em vigor este Código, suas disposições se aplicarão desde logo aos processos pendentes, ficando revogada a Lei n. 5.869, de 11 de janeiro de 1973.
  § 1º (...)
  § 2º Permanecem em vigor as disposições especiais dos procedimentos regulados em outras leis, aos quais se aplicará supletivamente este Código.
32. Art. 1º A execução judicial para cobrança da Dívida Ativa da União, dos Estados, do Distrito Federal, dos Municípios e respectivas autarquias será regida por esta Lei e, subsidiariamente, pelo Código de Processo Civil.
33. BARROSO, Fábio Túlio e LIMA, Lucas Barbalho de. A Defesa do Reclamado em Face das Normas do Novo Código de Processo do Civil. Em: *Processo, Hermenêutica e Efetividade dos Direitos* (II). Coordenadores: Alexandre Freire Pimentel, Fábio Túlio Barroso e Lúcio Grassi de Gouveia. Ed. Dos Organizadores, 2015. p. 28.
34. Art. 15. Na ausência de normas que regulem processos eleitorais, trabalhistas ou administrativos, as disposições deste Código lhes serão aplicadas supletiva e subsidiariamente.
35. SOUTO MAIOR, Jorge Luiz. Relação entre o Processo Civil e o Processo do Trabalho. Em: *O Novo Código de Processo Civil e seus Reflexos no Processo do Trabalho*, Organizado por Elisson Miessa. Salvador, Juspodivm, 2015. p. 161. *Ora, o processo é instrumento de efetivação do direito material. E se o direito material ao qual o processo civil está voltado é o direito civil, com uma lógica pretensamente liberal, é óbvio que o processo civil reflete estes sentimentos.*
36. Art. 769 – Nos casos omissos, o direito processual comum será fonte subsidiária do direito processual do trabalho, exceto naquilo em que for incompatível com as normas deste Título.
37. SOUTO MAIOR, Jorge Luiz. *Idem*, p. 163.

mentos[38], por sua vez, da celeridade, da informalidade, da efetividade[39], da economicidade e da razoável duração do processo.

Nessa lógica, acaba por privilegiar a forma geral ao conteúdo especial da norma do art. 4º da lei de execução fiscal, impondo-se não um, mas a possibilidade de ocorrerem vários incidentes processuais, em afronta a toda estrutura laboral, absorvendo um procedimento que apenas privilegia o devedor em detrimento do credor hipossuficiente.

Isso porque cria-se a possibilidade de uma vez indeferido o pleito de condenação do sócio no processo de conhecimento, com inequívoca maior capacidade de defesa em comparação com trabalhador, quando não poderá haver a desconsideração da pessoa jurídica na execução.

De mais a mais, a desconsideração da pessoa jurídica é medida extraordinária, devendo ser adotada no processo do trabalho apenas quando a empresa, em regra ex-empregadora e legítima parte processual, não satisfaz o crédito trabalhista na execução, sendo ainda a teoria objetiva da desconsideração, quando o sócio somente responde quando não há bens da pessoa jurídica para o pagamento da dívida[40], justamente pela irradicação do princípio da proteção no processo do trabalho, visto ser o trabalhador parte hipossuficiente na contenda judicial, o que, inclusive, justifica o início da execução pelo próprio magistrado, na aplicação do princípio inquisitivo[41].

A desconsideração da pessoa jurídica no processo de conhecimento deixa de ser um incidente e passa a ser elemento ordinário, exceptivo sim à responsabilidade da empresa para com seus empregados, bem como à legitimidade processual, perdendo-se a lógica e a razão da contratação do empregado pela empresa.

No processo do trabalho, a descaracterização do devedor principal para a percepção dos créditos trabalhistas somente ocorre quando este não cumpre com o mandamento judicial, seja no grupo de empregadores, seja na terceirização, seja na desconsideração da pessoa jurídica, onde a responsabilidade é subsidiária.

Ou seja, só se faz necessário e válida da desconsideração da pessoa jurídica quando esta é condenada ao pagamento das verbas trabalhistas e por qualquer motivo deixa de cumprir com o mandamento judicial.

Por sua vez, havendo o pleito de desconsideração da pessoa jurídica, o processo fica suspenso, mesmo diante da natureza do crédito e o devedor principal deixando de pagar o que é devido, potencializando situação que desatende ao princípio constitucional da dignidade do trabalhador, que já esperou anos a fio pelo deslinde da reclamação contra o seu ex-empregador (em regra) e no momento da percepção, diga-se de passagem, forçada do crédito que decorreu de desrespeito ao direito material durante o contrato de trabalho, é obrigado a esperar ainda mais.

Para o seguimento do processo uma vez suspenso, mais um incidente processual, a tutela de urgência cautelar, que também possui desdobramentos processuais com respectivos recursos, que poderão procrastinar o feito.

Seja no pleito de desconsideração da pessoa jurídica, seja na necessidade de se apresentar o pedido de antecipação de tutela cautelar, enfrenta-se ainda sério risco à apresentação de inúmeros recursos que poderão aparecer para tratar de aparente relevância, mas em evidente prejuízo à marcha processual e à efetividade do julgado[42] e ainda, pela real possibilidade de não se encontrar bens em nome dos devedores após a demorada solução destes novos incidentes.

Não fosse pouco, deverá ser demonstrado *o preenchimento dos pressupostos legais específicos para desconsideração da personalidade jurídica*, que corresponde a condições não previstas na legislação do trabalho, mas na legislação geral, no caso, o Código Civil em seu art. 50, visto que não há outra compreensão à aplicação desta norma, uma vez que se tem a admissão das normas do procedimento comum e geral para o processo especial do trabalho, em afronta teoria objetiva da desconsideração da empresa. Destarte, tudo isso em detrimento do especialmente delimitado no art. 4º, V, § 3º da Lei n. 6.830/80, que é procedimento específico determinado pela CLT, com simplicidade e celeridade comprovadas e a responsabilidade objetiva para a despersonalização da empresa neste momento processual.

---

38. ALMEIDA, Cleber Lúcio de. Obra citada, p. 294.
39. NOGUEIRA, Eliana dos Santos Alves e BENTO, José Gonçalves. Obra citada, p. 303.
40. LORENZETTI, Ari Pedro. A Responsabilidade dos Sócios e Dirigentes no Processo do Trabalho e o Incidente de Desconsideração. Em: *Execução Trabalhista. O Desafio da Efetividade*. Coordenação de Ben-Hur Silveira Claus e Rúbia Zanotelli de Alvarenga. São Paulo, LTr, 2015, p. 109. *Afora isso, há que se considerar que no âmbito do direito do trabalho, aplica-se a teoria objetiva da desconsideração, ou seja, não há necessidade de que o trabalhador demonstre que houve culpa dos sócios e dirigentes para que sobre eles recaia a responsabilidade pelos débitos laborais da sociedade.*
41. KLIPPEL, Bruno. O Incidente de Desconsideração da Personalidade Jurídica e suas Repercussões no Processo do Trabalho. Em: *Novo CPC. Repercussões no Processo do Trabalho*, organização de Carlos Enrique Bezerra Leite. São Paulo, Saraiva, 2015. p. 70.
42. LORENZETTI, Ari Pedro. Obra citada, p. 107.

Nessa toada, com o atendimento do teor do NCPC para a desconsideração da pessoa jurídica na execução, o sócio da empresa será *citado para manifestar-se e requerer as provas cabíveis no prazo de 15 (quinze) dias.* Um júbilo temporal ao devedor, que poderá discutir o mérito da execução, com dilação probatória, sessão de ouvida de testemunhas, perícias etc.[43], em prazo absolutamente destoante aos prazos no processo do trabalho, em utilização do contraditório com a possibilidade de estabelecer de fato a mera procrastinação do feito e a inefetividade da prestação jurisdicional, quando nestas situações deverá ser utilizado o poder geral de cautela do magistrado, com temperança e razoabilidade, para evitar o abuso do direito de defesa sem que haja afronta ao devido processo legal[44].

Como dito antes, os princípios da celeridade, simplicidade, efetividade e da razoável duração do processo acabam por ser também limitados ou mesmo fulminados, com os incidentes processuais e o sobrestamento do feito, com a postergação da efetividade do julgado, em benefício do contraditório formal inespecífico e/ou da legitimidade do administrador da empresa que necessariamente deveria saber a situação de inadimplência da pessoa jurídica.

De tal modo que tanto a descaracterização do procedimento permitido pela CLT, na aplicação da lei de execução fiscal, quanto na limitação temporal na efetividade da sentença exequenda, acaba-se por limitar o escopo social e jurídico do processo[45], impondo um benefício desproporcional para o devedor diante da necessidade de efetivação do crédito trabalhista, em deferência à relativo formalismo jurídico do contraditório que poderá ser exercido quando recebida a citação da execução, nos termos do art. 880 consolidado[46].

> *Afinal, as regras do procedimento, ao mesmo tempo que devem garantir o direito de defesa, também devem visar a efetividade do direito, e não se erigir em óbices à realização deste. Diante disso, desde que seja garantido o direito de defesa, não se vislumbra óbice a que o Juiz do Trabalho tome a inciativa de direcionar a execução em face dos sócios e dirigentes que não integram a relação processual desde o seu início, visto ser aplicável, no caso, a teoria objetiva de desconsideração. Por conseguinte, os sócios e os dirigentes só se eximirão da responsabilidade se indicarem bens das sociedade livres e desembaraçados, situados no juízo da execução*[47].

Logo, o contraditório ficará obedecido, visto que aplicável na situação a teoria objetiva da desconsideração da pessoa jurídica, o que evidencia, dentre tantos outros argumentos acima indicados, a não aplicação dos artigos do NCPC para situações como estas.

Não há, portanto, qualquer óbice legal ao redirecionamento da execução aos sócios da empresa da forma mais célere, simples e eficaz do que a utilização do incidente previsto no NCPC para a execução trabalhista, seja quando requerido pelo autor ou de ofício, pelo permissivo do art. 878 consolidado[48].

Entretanto, com a sentença exequenda fundamentada na teoria objetiva da desconsideração da pessoa jurídica, se faz mister a citação da corporação para que pague os valores devidos, com o registro do redirecionamento da execução aos respectivos sócios caso não cumprida a decisão judicial por qualquer motivo[49],

---

43. KLIPPEL, Bruno. Obra citada, p. 72.
44. BARROSO, Fábio Túlio e LIMA, Lucas Barbalho de. O Princípio do Contraditório e a Proibição da "Decisão Surpresa" no Novo Código de Processo do Civil. Em: *Processo, Hermenêutica e Efetividade dos Direitos (II)*. Coordenadores: Alexandre Freire Pimentel, Fábio Túlio Barroso e Lúcio Grassi de Gouveia. Ed. Dos Organizadores, 2015. p. 19.
45. LEITE, Carlos Henrique Bezerra. Curso de Direito Processual do Trabalho, 10. ed. São Paulo: LTr, 2012, p. 45. Para o referido autor, o escopo social se caracteriza: *pacificação dos conflitos jurídicos com justiça social e correção das desigualdades sociais e regionais, promovendo o bem de todos, sem preconceitos por motivos de raça, cor, sexo, orientação sexual, idade, condição socioeconômica ou quaisquer outras formas de discriminação.* Já o escopo jurídico: *efetivação dos direitos individuais e metaindividuais, observando-se a técnica processual adequada, fundada em uma hermenêutica jurídica voltada para a efetivação de tais direitos. Trata-se, aqui, do devido processo justo, que visa, por meio da tutela jurisdicional, à tempestiva e efetiva realização dos direitos reconhecidos e positivados no ordenamento jurídico.*
46. Art. 880. Requerida a execução, o juiz ou presidente do tribunal mandará expedir mandado de citação do executado, a fim de que cumpra a decisão ou o acordo no prazo, pelo modo e sob as cominações estabelecidas ou, quando se tratar de pagamento em dinheiro, inclusive de contribuições sociais devidas à União, para que o faça em 48 (quarenta e oito) horas ou garanta a execução, sob pena de penhora.
    § 1º – O mandado de citação deverá conter a decisão exequenda ou o termo de acordo não cumprido.
    § 2º – A citação será feita pelos oficiais de diligência.
    § 3º – Se o executado, procurado por 2 (duas) vezes no espaço de 48 (quarenta e oito) horas, não for encontrado, far-se-á citação por edital, publicado no jornal oficial ou, na falta deste, afixado na sede da Junta ou Juízo, durante 5 (cinco) dias.
47. LORENZETTI, Ari Pedro. Obra citada, p. 111.
48. Art. 878 – A execução poderá ser promovida por qualquer interessado, ou *ex officio* pelo próprio Juiz ou Presidente ou Tribunal competente, nos termos do artigo anterior.
49. LORENZETTI, Ari Pedro. *Idem*, p. 113. (...) *Não adimplidos os créditos reconhecidos em sentença, pela empresa empregadora, caso só este tenha figurado no polo passivo da demanda trabalhista, poderá o Juiz dirigir a execução em face dos sócios, independentemente de requerimento do exequente.*

devendo, nestes casos, a dívida ser respondida pelos responsáveis da empresa que se beneficiaram da prestação dos serviços, independente de provas ou condições acessórias previstas na legislação comum, em aplicação da Lei n. 6.830/80, em seu art. 4º, V, § 3º, por ser norma específica definida pela própria CLT, em face do conteúdo do seu art. 889, estabelecido no microssistema jurídico processual de efetividade ao direito material que foi reconhecido.

Cabe registrar em linhas finais, que o próprio TST no mês de fevereiro de 2016, por meio da Consolidação dos Provimentos da Corregedoria-Geral da Justiça do Trabalho[50], em seus arts. 78 e 79[51], estabeleceu procedimentos para a desconsideração da pessoa jurídica de maneira mais simples e célere, que, contudo, veio a ser revogado pelo Ato n. 5/GCGJT, de 29 de março de 2016[52], fundamentado justamente na aplicação das normas do NCPC em forma de incidente, consoante teor dos seus arts. 133 a 137.

6. CONCLUSÕES

A desconsideração da pessoa jurídica é tema dos mais controvertidos no processo do trabalho, justamente pela descaracterização do sujeito passivo da empresa, quando a expropriação dos bens decorrente de sentença judicial adentra no patrimônio dos seus sócios.

Para a concatenação das normas aplicáveis à despersonalização da empresa é preciso levar em conta a finalidade do processo do trabalho e a natureza das verbas perseguidas e reconhecidas perante o judiciário trabalhista. Isso porque pretende-se estabelecer critérios coercitivos de respeito à legislação do trabalho não obedecida, em regra, durante o vínculo empregatício, tendo os valores reconhecidos natureza de subsistência para o trabalhador.

Nessa toada, o microssistema normativo trabalhista se aparelha no sentido de dar a maior eficácia e celeridade, buscando aliar a norma jurídica justa ao desiderato de justiça social com segurança, o que acaba sendo uma ressonância do princípio da proteção no processo do trabalho.

Para que possa ter êxito e manter as características de proteção ao juridicamente hipossuficiente na execução, a CLT no seu art. 889 estabeleceu que a lei de execução fiscal, n. 6.830/80, deverá ser utilizada subsidiariamente, em prevalência à subsidiariedade ou mesmo supletividade do processo comum, como previsto no NCPC.

Em respeito ao microssistema processual trabalhista, para a desconsideração da pessoa jurídica, a referida lei n. 6.830/80 prevê em seu art. 4º, V, § 3º, tal possibilidade, devendo ser respeitada e utilizada, visto que não requisita motivos para que o sócio responda com seu patrimônio, quando a pessoa jurídica não paga os valores reconhecidos em juízo. Apenas de forma subsequente ou mesmo terciária para o processo do trabalho deverão ser utilizadas as normas processuais civis na execução, como prevê o art. 1º da lei de executivos fiscais.

Ou seja, não se faz necessário justificar ato ilícito ou mesmo abuso no exercício do direito para que seja possível a desconsideração da pessoa jurídica, como arremata o art. 50 do Código Civil, ou mesmo a norma especial consumerista, em seu art. 28, além de vários outros diplomas que tratam da matéria. Para o processo do trabalho se utiliza a responsabilidade objetiva da desconsideração, quando os sócios só respondem quando não há o pagamento da dívida, independentemente de motivos, visto que se beneficiaram pela prestação dos serviços.

Para isso, basta que profira decisão nos autos, reconhecendo a situação de inadimplência e inclua no polo passivo os sócios, intimando-os de tal decisão, de modo que possam ou indicar bens da empresa executada ou apresentar seus argumentos de defesa quanto à sua responsabilidade pela satisfação do crédito.

50. Publicado no DEJT de 24 de fevereiro de 2016. Disponível em: <http://www.tst.jus.br/consolidacao-dos-provimentos>. Acesso em: 14 jun. 2016.

51. Art. 78. Ao aplicar a teoria da desconsideração da personalidade jurídica, por meio de decisão fundamentada, cumpre ao juiz que preside a execução trabalhista adotar as seguintes providências:

I – determinar a reautuação do processo, a fim de fazer constar dos registros informatizados e da capa dos autos o nome da pessoa física que responderá pelo débito trabalhista;

II – comunicar imediatamente ao setor responsável pela expedição de certidões na Justiça do Trabalho a inclusão do sócio no polo passivo da execução, para inscrição no cadastro das pessoas com reclamações ou execuções trabalhistas em curso;

III – determinar a citação do sócio para que, no prazo de 48 (quarenta e oito) horas, indique bens da sociedade (art. 795 do CPC) ou, não os havendo, garanta a execução, sob pena de penhora, com o fim de habilitá-lo à via dos embargos à execução para imprimir, inclusive, discussão sobre a existência da sua responsabilidade executiva secundária.

Art. 79. Comprovada a inexistência de responsabilidade patrimonial do sócio por dívida da sociedade, mediante decisão transitada em julgado, o juiz que preside a Execução determinará ao setor competente, imediatamente, o cancelamento da inscrição no Cadastro das pessoas com reclamações ou execuções trabalhistas em curso. Disponível em: <http://www.tst.jus.br/documents/10157/553d2fd8-5268-4b78-b6ca-14909e054f17>. Acesso em: 14 jun. 2016.

52. Disponível em: <http://aplicacao.tst.jus.br/dspace/bitstream/handle/1939/82242/2016_ato0005_cgjt.pdf?sequence=1>. Acesso em: 14 jun. 2016.

O NCPC estabelece incidente de desconsideração da pessoa jurídica, em seus arts. 133 a 137, que impõe uma série de requisitos formais que vêm sendo admitidos no processo do trabalho, sobretudo após a expedição da Instrução Normativa n. 39 do TST, que admite o indigitado incidente para os conflitos judiciais trabalhistas, resguardando a execução de ofício albergada no art. 878 da CLT.

Em que pese a perspectiva de segurança jurídica para a aceitação do incidente com previsão no NCPC, entende-se com a máxima vênia que se estabelece uma ruptura com a especialidade do processo do trabalho, visto que admite a aplicação da norma processual comum, que deveria ser utilizada apenas após a aplicação da lei de executivos fiscais.

Em outro momento, prioriza-se o contraditório e a ampla defesa em detrimento da efetividade da execução. A aplicação das normas processuais civis, que foram pensadas para uma relação entre sujeitos com paridade de armas e teórica igualdade material, fruto de uma perspectiva neoliberal não pode ter guarida no processo do trabalho, a não ser que haja lacuna e compatibilidade, o que desde logo não se identifica no caso.

Em que pese haver a imperiosa observância ao processo legal, a prioridade ao procedimento deverá se coadunar com a efetividade do direito, ambos alicerçados na ordem jurídica justa.

A desconsideração da pessoa jurídica é situação extraordinária, não devendo ser tratada de forma ordinária, ao se mover reclamação trabalhista em face do sócio da empresa. Sendo assim, se descaracteriza a própria lógica e razão de existir da pessoa jurídica e do empregador, colocando em risco a medida então excepcional, ao utilizá-la na execução, dada a possibilidade de improcedência da reclamação contra os sócios, visto a assimetria de forças e capacidade de postergação da demanda que a empresa e seus sócios possuem em face do trabalhador.

O prazo de 15 (quinze) dias para que a defesa e instrução do incidente pela parte não se coaduna com os prazos no processo do trabalho, sendo ainda descabido a rediscussão da matéria.

De igual modo, com a utilização do referido incidente, há o sobrestamento do feito e a possibilidade de outro incidente para a antecipação da tutela, o que poderá se desdobrar em um sem-fim de recursos e outros incidentes mais.

A aplicação do NCPC com o incidente de desconsideração da pessoa jurídica na execução trabalhista descaracteriza vários princípios do processo laboral: da proteção, da efetividade, da celeridade, da desconsideração das obrigações decorrentes da relação de emprego, da simplificação das formas e procedimentos, por sua vez, da celeridade, da informalidade, da efetividade, da economicidade e da razoável duração do processo.

Advoga-se pela utilização da lei de executivos fiscais em detrimento da utilização do incidente de desconsideração da pessoa jurídica previsto no NCPC para a execução trabalhista, pela própria lógica sistemática que envolve a situação.

No mais, poderá o magistrado do trabalho já na execução, com decisão fundamentada, citar a pessoa jurídica, advertindo os sócios que uma vez não pagos os valores devidos, serão responsabilizados pela dívida, o que alberga a possibilidade de defesa e contraditório da medida.

Por fim, como o tema não pode ser conclusivo, tal e qual se tem a prudência e a própria advertência da mais alta corte laboral do país, a *imperativa necessidade de o Tribunal Superior do Trabalho posicionar-se, ainda que de forma não exaustiva, sobre as normas do Código de Processo Civil de 2015 aplicáveis e inaplicáveis ao Processo do Trabalho* é preciso reconhecer que a desconsideração da pessoa jurídica na execução trabalhista é uma situação em construção, sendo necessário um aprofundado debate e discussões para o aperfeiçoamento da prestação jurisdicional, mas assegurada a autonomia do processo do trabalho, por tudo o que representa para a sociedade. Essa foi a proposta deste artigo.

7. REFERÊNCIAS BIBLIOGÁRFICAS

ALMEIDA, Cleber Lúcio de. Incidente de Desconsideração da Personalidade Jurídica. Em: *O Novo Código de Processo Civil e seus Reflexos no Processo do Trabalho*, Organizado por Elisson Miessa. Salvador: Juspodivm, 2015.

BARROSO, Fábio Túlio e LIMA, Lucas Barbalho de. A Defesa do Reclamado em Face das Normas do Novo Código de Processo do Civil. Em: *Processo, Hermenêutica e Efetividade dos Direitos (II)*. Coordenadores: Alexandre Freire Pimentel, Fábio Túlio Barroso e Lúcio Grassi de Gouveia. Ed. Dos Organizadores, 2015.

BARROSO, Fábio Túlio e LIMA, Lucas Barbalho de. O Princípio do Contraditório e a Proibição da "Decisão Surpresa" no Novo Código de Processo do Civil. Em: *Processo, Hermenêutica e Efetividade dos Direitos (II)*. Coordenadores: Alexandre Freire Pimentel, Fábio Túlio Barroso e Lúcio Grassi de Gouveia. Ed. Dos Organizadores, 2015.

CARRION, Valentin. *Comentários à Consolidação das Leis do Trabalho*, 38. ed., Atualizada por Eduardo Carrion. São Paulo: Saraiva, 2013, p. 898.

CASTELO, Jorge Pinheiro. *O Direito Material e Processual do Trabalho e a Pós-modernidade. A CLT, o CDC e as repercussões do Novo Código Civil*. São Paulo: LTr, 2003.

CLAUS, Ben-Hur Silveira. A Execução Trabalhista não se Submete à regra Exceptiva da Execução Menos Gravosa — A Efetividade da Jurisdição como Horizonte Hermenêutico Constitucional. Em: ALVARENGA, Rúbia Zanotelli (Coordenadora). *Direito Constitucional do Trabalho.* São Paulo: LTr, 2015.

DELGADO, Maurício Godinho. Justiça do Trabalho e Sistema Trabalhista: Elementos para a Efetividade do Direito do Trabalho e do Direito Processual do Trabalho no Brasil. Em: DELGADO, Maurício Godinho e DELGADO, Gabriela Neves. *Constituição da República e Direitos Fundamentais.* Dignidade da Pessoa Humana, Justiça Social e Direito do Trabalho, 3. ed. São Paulo: LTr, 2015.

GARCIA, Gustavo Filipe Barbosa. *Curso de Direito Processual do Trabalho.* 1. ed., 2ª tiragem. Rio de Janeiro: Forense, 2012.

KLIPPEL, Bruno. O Incidente de Desconsideração da Personalidade Jurídica e suas Repercussões no Processo do Trabalho. Em: *Novo CPC. Repercussões no Processo do Trabalho,* organização de Carlos Enrique Bezerra Leite. São Paulo: Saraiva, 2015.

LEITE, Carlos Henrique Bezerra. *Curso de Direito Processual do Trabalho.* 10. ed. São Paulo: LTr, 2012.

LORENZETTI, Ari Pedro. A Responsabilidade dos Sócios e Dirigentes no Processo do Trabalho e o Incidente de Desconsideração. Em: *Execução Trabalhista. O Desafio da Efetividade.* Coordenação de Ben-Hur Silveira Claus e Rúbia Zanotelli de Alvarenga. São Paulo: LTr, 2015.

NOGUEIRA, Eliana dos Santos Alves e BENTO, José Gonçalves. Incidente de Desconsideração da Personalidade Jurídica. Em: *O Novo Código de Processo Civil e seus Reflexos no Processo do Trabalho,* Organizado por Elisson Miessa. Salvador: Juspodivm, 2015.

SOUTO MAIOR, Jorge Luiz. Relação entre o Processo Civil e o Processo do Trabalho. Em: *O Novo Código de Processo Civil e seus Reflexos no Processo do Trabalho,* Organizado por Elisson Miessa. Salvador: Juspdivm, 2015.

TEIXEIRA FILHO, Manoel Antônio. *Execução no Processo do Trabalho.* 8. ed. São Paulo: LTr, 2004.

WANDELLI, Leonardo Vieira. Dignidade e Valor Social do Trabalho na Constituição de 1988. Em: *Como Aplicar a CLT à Luz da Constituição, Alternativas para os que Militam no Foro Trabalhista.* Obra em Homenagem à Profa. Gabriela Neves Delgado. Organizada por Márcio Túlio Viana e Cláudio Jannotti da Rocha. São Paulo: LTr, 2016. p. 100.

Capítulo 6
Incidente de Resolução de Demandas Repetitivas e o Processo do Trabalho

Júlio César Bebber[*]

1. CONSIDERAÇÕES PRELIMINARES

Com base na ideologia dos precedentes obrigatórios, o legislador brasileiro, inspirado pelos direitos alemão (*musterverfahren*)[1] e inglês (*Group Litigation Order*), introduziu no ordenamento jurídico o *incidente de resolução de demandas repetitivas* (IRDR), disciplinando-o nos arts. 976 a 987 do CPC/2015.

Imediatamente à entrada em vigor do CPC, então, o TST antecipou-se a discussões judiciais e editou a Instrução Normativa n. 39, expressando no art. 8º o seu entendimento de que o instituto do IRDR é aplicável ao processo do trabalho.[2] Como a intenção foi apenas a de dar orientações iniciais,[3] não houve o regramento exaustivo do processamento do IRDR. Identificaram-se, assim, as primeiras adaptações necessárias do regramento legal, tendo em vista os princípios e as particularidades do processo do trabalho e a estrutura do Poder Judiciário Trabalhista.

Remanescem, entretanto, muitas dúvidas, seja do acerto dos apontamentos, seja da necessidade de adaptação de outros dispositivos do CPC, também em razão dos princípios e das particularidades do processo do trabalho e da estrutura do Poder Judiciário Trabalhista.

É desse tema, portanto, que pretendo me ocupar nas linhas seguintes, com o escopo de suscitar o debate. Não ignoro, por certo, que somente o enfrentamento na prática permitirá firmar entendimentos mais seguros.

2. O INSTITUTO DOS PRECEDENTES OBRIGATÓRIOS

As teses, consistentes em precedentes obrigatórios, são emitidas em súmulas vinculantes (CF, 103-A; Lei n. 11.417/2006), em demandas de controle concentrado de constitucionalidade (*ação direta de inconstitucionalidade – ADI; ação declaratória de constitucionalidade – ADC; ação direta de inconstitucionalidade por omissão – ADO e arguição de descumprimento de preceito fundamental – ADPF*), em recurso extraordinário e em recurso de revista submetidos a julgamento pelo sistema de recursos repetitivos (CPC, 1.036 a 1.041; CLT, 896-B e 896-C), em incidente de assunção de competência (CPC, 947), em incidente de resolução de demandas repetitivas (CPC, 976 a 987) e súmula e tese jurídica prevalecente de TRT (CLT, 896, §§ 3º e 6º).

O instituto dos precedentes obrigatórios tem como finalidades (consideradas a forma federativa adotada

---

(*) Juiz do Trabalho. Doutor em Direito do Trabalho.

1. "(...) criou-se, com inspiração no direito alemão, o já referido incidente de Resolução de Demandas Repetitivas, que consiste na identificação de processos que contenham a mesma questão de direito, que estejam ainda no primeiro grau de jurisdição, para decisão conjunta" (Exposição de motivos do anteprojeto apresentado pela comissão de juristas).
2. TST-IN-39, 8º. Aplicam-se ao Processo do Trabalho as normas dos arts. 976 a 986 do CPC que regem o incidente de resolução de demandas repetitivas (IRDR).
3. "(...) considerando o escopo de identificar apenas questões polêmicas e algumas das questões inovatórias relevantes para efeito de aferir compatibilidade ou não de aplicação subsidiária ou supletiva ao Processo do Trabalho do Código de Processo Civil de 2015; considerando a exigência de transmitir segurança jurídica aos jurisdicionados e órgão da Justiça do Trabalho, bem assim o escopo de prevenir nulidades processuais em detrimento da desejável celeridade" (considerandos da Instrução Normativa n. 39 do TST).

pelo Estado brasileiro e a incompatibilidade entre a litigiosidade e a incapacidade do Poder Judiciário de absorver tal demanda) garantir a isonomia e a segurança jurídica na interpretação e na aplicação do direito.[4]

Uma vez fixada certa interpretação jurídica (emitida uma tese) a partir de determinadas premissas (normalmente situações fáticas), todas as demandas (em curso e futuras) que contiverem premissas idênticas deverão ser solucionadas de acordo com aquela interpretação (CPC, 947, 985, 1.039 e 1.040), autorizando-se, inclusive, a emissão de sentença de improcedência liminar do pedido (CPC, 332), a dispensa de remessa necessária (CPC, 496, § 4º, II, III e IV), a emissão de tutela da evidência (CPC, 311, II), a decisão unipessoal do relator de recurso (CPC, 932, IV e V) e o uso da reclamação (CPC, 988, III e IV).

3. NATUREZA JURÍDICA

A natureza jurídica do incidente de resolução de demandas repetitivas é de *incidente ordinário autônomo de julgamento abstrato*. Disse:

a) *incidente* – porque se traduz num verdadeiro desvio acidental do processo principal, situando-se à margem de sua caminhada linear em direção ao provimento final;

b) *ordinário* – porque tem como destinatários exclusivos os TRTs (TJs e TRFs).[5] Não há possibilidade de instauração do IRDR no TST (STF e STJ).[6] Indicativo da ordinatoriedade do incidente é a previsão de impugnação de seu acórdão por meio de recursos especial ou extraordinário (CPC, 987).

c) *autônomo* – porque tem vida própria:

– destina-se a firmar uma tese diante de certas premissas que deverão ser observadas no julgamento do caso concreto de que se originou, bem como de todas as demandas que apresentarem as mesmas premissas;[7]

– sobrevive mesmo diante de abandono pela parte ou desistência da demanda de que se originou (CPC, 976, § 1º). Nesse caso, o Ministério Público assumirá a titularidade (CPC, 976, § 2º);

d) *de julgamento abstrato* – porque não se destina à resolução do caso concreto. Dele se extrai a questão jurídica que se repete em outras demandas e recursos para emissão de uma tese. Caberá ao juiz do caso concreto, depois disso, proferir decisão aplicando a tese (decidir aplicando o padrão decisório).

4. REQUISITOS

A instauração do incidente de resolução de demandas repetitivas pode partir de demandas que estejam tramitando em Vara do Trabalho ou em TRT (demanda de sua competência originária), bem como em recursos e remessas necessárias em curso em TRT (*infra*, n. 5), e se submete a três requisitos que devem coexistir. São eles:

a) *existência de efetiva repetição de processos que contenham controvérsia sobre a mesma questão unicamente de direito*. Compreende-se por:

– *efetiva* – a concreta (não potencial) repetição de processos (caráter não preventivo). "Ou seja, não basta que a questão de direito *tenda* a repetir-se em outras causas futuras. É necessário que a reprodução dessa

---

4 "A tendência à diminuição do número de recursos que devem ser apreciados pelos Tribunais de segundo grau e superiores é resultado inexorável da jurisprudência mais uniforme e estável. Proporcionar legislativamente melhores condições para operacionalizar formas de uniformização do entendimento dos Tribunais brasileiros acerca de teses jurídicas é concretizar, na vida da sociedade brasileira, o princípio constitucional da isonomia. Criaram-se figuras, no novo CPC, para evitar a dispersão excessiva da jurisprudência. Com isso, haverá condições de se atenuar o assoberbamento de trabalho no Poder Judiciário, sem comprometer a qualidade da prestação jurisdicional. Dentre esses instrumentos, está a complementação e o reforço da eficiência do regime de julgamento de recursos repetitivos, que agora abrange a possibilidade de suspensão do procedimento das demais ações, tanto no juízo de primeiro grau, quanto dos demais recursos extraordinários ou especiais, que estejam tramitando nos tribunais superiores, aguardando julgamento, desatreladamente dos afetados. Com os mesmos objetivos, criou-se, com inspiração no direito alemão, o já referido incidente de Resolução de Demandas Repetitivas" (Exposição de motivos do anteprojeto apresentado pela comissão de juristas). Alguns juristas incluem entre as finalidades do IRDR a racionalização da atuação do judiciário diante das demandas de massa. A racionalização, entretanto, não é finalidade, mas consequência das finalidades. É, portanto, efeito e não causa.
5 No mesmo sentido: MARINONI, Luiz Guilherme. ARENHART, Sérgio Cruz. MITIDIERO, Daniel. *O novo processo civil*. São Paulo: RT, 2015. p. 566.
6 Em sentido contrário, entendendo que também os tribunais superiores têm competência para instaurarem o IRDR: DIDIER Jr., Fredie. CUNHA, Leonardo Carneiro da. *Curso de direito processual civil: meios de impugnação às decisões judiciais e processo nos tribunais*. 13. ed. Salvador: Juspodivm, v. 3, 2016. p. 630-2.
7 "O incidente tem vida própria, conduzindo ao julgamento da questão comum de direito atacada do julgamento de qualquer recurso ou processo determinado. Nesse aspecto, o julgamento do incidente é mais abstrato do que os dos recursos repetitivos" (GRECO, Leonardo. *Instituições de processo civil: recursos e processos da competência originária dos tribunais*. Rio de Janeiro: Forense, 2015, v. III, p. 409).
8 MARINONI, Luiz Guilherme. ARENHART, Sérgio Cruz. MITIDIERO, Daniel. *O novo processo civil*. São Paulo: RT, 2015, p. 566.
No mesmo sentido: MELLO FILHO, Luiz Philippe Vieira de. MELLO NETO, Luiz Philippe Vieira de. *A Lei n. 13.015/2014 e o incidente de resolução de demandas repetitivas: uma visão*. In MIESSA, Élisson (Org.). *O novo código de processo civil e seus reflexos no processo do trabalho*. 2. ed. Salvador: Juspodivm, 2016, p. 1.191; DIDIER Jr., Fredie. CUNHA, Leonardo Carneiro da. *Curso de direito processual civil: meios de impugnação às decisões judiciais e processo nos tribunais*. 13. ed. Salvador: Juspodivm, v. 3, 2016, p. 627; TEIXEIRA FILHO, Manoel Antonio. *Comentários ao novo código de processo civil sob a perspectiva do processo do trabalho*. São Paulo: LTr, 2015. p. 1.176.

questão em outros processos seja concreta, efetiva, existente já no momento em que é instaurado o incidente";[8]

– *repetição de processos* – a multiplicidade de processos (demandas e recursos),[9] não importa em que graus de jurisdição se encontrem.[10] Como há "redução de eficácia das garantias fundamentais do processo, em especial do contraditório e da ampla defesa, em relação a cada um dos litigantes nos diversos processos atingidos pela coletivização do julgamento, somente um número elevado" de demandas e recursos que dificultem a administração da função judiciária e possa comprometer "a qualidade de suas decisões ou retardá-las de modo intolerável, justifica o incidente";[11]

– *mesma questão unicamente de direito* – o debate sobre o enquadramento jurídico dos mesmos fatos ou a hipótese de incidência da norma jurídica.[12] Pode ser uma questão de direito material ou de direito processual e pode dizer respeito a direito individual homogêneo ou a direito heterogêneo.[13] Não é admissível, apenas, discussão sobre questões fáticas. Estas, necessariamente, devem ser incontroversas;

b) *existência de risco de ofensa à isonomia e à segurança jurídica*. Esse risco tem de ser aferido em concreto. Vale dizer, é preciso que haja decisões com respostas conflitantes sobre a mesma questão de direito, uma vez que somente nesse caso haverá perda de referência sobre a conduta a ser seguida e, por conseguinte, risco de tratamento anti-isonômico e à segurança jurídica;[14]

c) *inexistência de afetação de recurso por tribunal superior para definição de tese sobre a mesma questão*. Diante da afetação de questão jurídica em recurso de revista repetitivo (CLT, 896-B e 896-C) ou de recurso extraordinário repetitivo (CPC, 1.036 a 1.041) e, também, de recurso extraordinário não repetitivo mas recebido com declaração de repercussão geral (CF, 102, § 3º; CPC, 1.035), ter-se-á a emissão de tese pelo órgão competente para dar a interpretação definitiva das questões de direito afetadas (infraconstitucionais e constitucionais, respectivamente), com caráter vinculativo no território nacional (TST-IN-38, 13 e 14; CPC, 1.039, 1.040 e 988, II). Como não cabe o IRDR diante do afetamento da questão jurídica, não cabe, igualmente se "o tribunal superior tiver já fixado tese no julgamento de algum recurso paradigma, em procedimento repetitivo"[15] ou em recurso extraordinário não repetitivo recebido com reconhecimento de repercussão geral.

Importante destacar, ainda, que o requerimento para instauração de IRDR não está sujeito a prazo próprio e seu processamento não exige o pagamento de custas processuais (CPC, 976, § 5º), inclusive em recursos.[16]

---

9. "Obviamente, se uma questão de direito não se repetir em várias demandas, de modo a potencialmente comprometer o princípio da isonomia e a racionalidade do sistema encarregado de administração da justiça, por mais relevante que seja, não admitirá a instauração do incidente de resolução de demandas repetitivas" (MARINONI, Luiz Guilherme. ARENHART, Sérgio Cruz. MITIDIERO, Daniel. *O novo processo civil*. São Paulo: RT, 2015, p. 566).

10. "O primeiro pressuposto de admissibilidade do incidente é que exista multiplicidade de processos ou de recursos, na primeira ou na segunda instância na área de competência de um mesmo tribunal de segundo grau, que versem sobre a mesma questão de direito" (GRECO, Leonardo. *Instituições de processo civil: recursos e processos da competência originária dos tribunais*. Rio de Janeiro: Forense, 2015, v. III, p. 409).

11. GRECO, Leonardo. *Instituições de processo civil: recursos e processos da competência originária dos tribunais*. Rio de Janeiro: Forense, 2015, v. III, p. 409.
    Em sentido contrário: "É preciso que haja efetiva repetição de processos. Não é necessária a existência de uma grande quantidade de processos; basta que haja repetição efetiva" (DIDIER Jr., Fredie. CUNHA, Leonardo Carneiro da. *Curso de direito processual civil: meios de impugnação às decisões judiciais e processo nos tribunais*. 13. ed. Salvador: Juspodivm, v. 3, 2016, p. 626).

12. "(...) questão de direito é aquela relacionada com as consequências jurídicas de determinado fato ou com a aplicação da hipótese de incidência prevista no texto normativo" (DIDIER Jr., Fredie. CUNHA, Leonardo Carneiro da. *Curso de direito processual civil: meios de impugnação às decisões judiciais e processo nos tribunais*. 13. ed. Salvador: Juspodivm, v. 3, 2016, p. 626-7).

13. "Os processos com efetiva repetição não devem necessariamente versar sobre um direito individual homogêneo. Ainda que os casos sejam heterogêneos, é possível haver um IRDR para definir a questão jurídica" (DIDIER Jr., Fredie. CUNHA, Leonardo Carneiro da. *Curso de direito processual civil: meios de impugnação às decisões judiciais e processo nos tribunais*. 13. ed. Salvador: JusPodivm, v. 3, 2016, p. 626).

14. "Por outras palavras, é inevitável que eventualmente instado a pronunciar-se a respeito de uma mesma questão de direito em vários processos, *inexistindo precedente a respeito do assunto*, a Justiça Civil produza decisões diferentes. Enquanto isso não afeta a visão de inevitabilidade da resposta jurisdicional única para aquela específica questão de direito, essa divergência é tida como normal, sendo internalizada pelo sistema. Todavia, quando essas respostas diferentes importem em risco de que se perca a referência a respeito de qual é a orientação jurisdicional sobre determinada conduta (...) aí se terá o risco à isonomia e à segurança jurídica" (MARINONI, Luiz Guilherme. ARENHART, Sérgio Cruz. MITIDIERO, Daniel. *O novo processo civil*. São Paulo: RT, 2015, p. 567).

15. DIDIER Jr., Fredie. CUNHA, Leonardo Carneiro da. *Curso de direito processual civil: meios de impugnação às decisões judiciais e processo nos tribunais*. 13. ed. Salvador: Juspodivm, v. 3, 2016. p. 628.

16. Em sentido contrário: DIDIER Jr., Fredie. CUNHA, Leonardo Carneiro da. *Curso de direito processual civil: meios de impugnação às decisões judiciais e processo nos tribunais*. 13. ed. Salvador: Juspodivm, v. 3, 2016. p. 635.

5. LEGITIMIDADE

Possuem legitimidade para requerer a instauração do incidente de resolução de demandas repetitivas:

a) *o juiz de Vara do Trabalho* (CPC, 977, I).[17] A legitimidade deste se apresenta controvertida, na medida em que se controverte sobre a necessidade ou não de a demanda em que será instaurado o incidente estar tramitando em TRT;

Aqueles que pensam que a demanda já deve estar em trâmite no TRT para que seja suscitado o IRDR[18] partem de uma interpretação isolada do parágrafo único do art. 978 do CPC, que estabelece que o órgão colegiado incumbido de julgar o incidente "julgará igualmente o recurso, a remessa necessária ou o processo de competência originária de onde se originou o incidente". Supõem, a partir daí, que a demanda já esteja tramitando no TRT.[19]

Referida interpretação, porém, acaba por fazer letra morta à referência a juiz no art. 977, I, do CPC e tortura a finalidade do instituto. Por isso, há quem tente minimizar o seu radicalismo sustentando que o juiz terá legitimidade para requerer a instauração do incidente após a interposição de apelação da sentença por ele proferida e enquanto os autos não tiverem sido encaminhados ao TRT.[20]

Tal interpretação não atende, igualmente, a lógica e a finalidade do sistema e a racionalidade (como efeito) que se deseja impor ao julgamento de demandas repetitivas, que supõe a suspensão (não julgamento), também, da demanda de que parte o requerimento para instauração do IRDR. Além disso, está mais adequada à versão do CPC aprovada na Câmara dos Deputados que à versão final, transformada na Lei n. 13.105/2015.

Como regra, o intérprete tem o dever de "entender a lei melhor do que aqueles que participaram da sua feitura e extrair dela mais do que aquilo que seus autores conscientemente lá introduziram".[21] Para isso, entretanto, é preciso entender qual foi a construção feita pelo legislador, a fim de aferir se realmente há mais a ser extraído interpretativamente.

O projeto de lei aprovado no Senado Federal (PL n. 166/2010, 895)[22] foi modificado na Câmara dos Deputados que inseriu um dispositivo para exigir como condição para instauração do IRDR que houvesse demanda pendente em tribunal (Substitutivo 8.046/2010, 988, § 2º).[23] Referida exigência, porém, foi suprimida pelo Senado Federal na versão final do CPC (Lei n. 13.105/2015), indicando o escopo objetivo da norma de permitir o requerimento e a instauração de IRDR também a partir de demandas que estejam tramitando em Vara do Trabalho.[24] "Se o IRDR busca evitar o

---

17. No mesmo sentido: GRECO, Leonardo. *Instituições de processo civil: recursos e processos da competência originária dos tribunais.* Rio de Janeiro: Forense, 2015, v. III, p. 410.
18. "(...) é preciso que haja um caso tramitando no tribunal. O incidente há de ser instaurado no caso que esteja em curso no tribunal" (DIDIER Jr., Fredie. CUNHA, Leonardo Carneiro da. *Curso de direito processual civil: meios de impugnação às decisões judiciais e processo nos tribunais.* 13. ed. Salvador: JusPodivm, v. 3, 2016, p. 625).
    "O incidente de resolução de demandas repetitivas pressupõe a existência de recurso a ser julgado pelo tribunal" (TEIXEIRA FILHO, Manoel Antonio. *Comentários ao novo Código de Processo Civil sob a perspectiva do processo do trabalho.* São Paulo: LTr, 2015, p. 1.178).
19. "Ao juiz confere-se legitimidade para suscitar o IRDR, mas não a qualquer juiz. Deve ser um juiz que tenha sob sua presidência uma causa que apresente uma questão de direito repetitiva, que merece ser submetida a um IRDR. É preciso, porém, (...) que haja uma causa pendente no tribunal. O juiz pode requerer ao tribunal, então, que suscite, numa das causas ali pendentes, o IRDR" (DIDIER Jr., Fredie. CUNHA, Leonardo Carneiro da. *Curso de direito processual civil: meios de impugnação às decisões judiciais e processo nos tribunais.* 13. ed. Salvador: JusPodivm, v. 3, 2016, p. 632).
20. Nesse sentido: MELLO FILHO, Luiz Philippe Vieira de. MELLO NETO, Luiz Philippe Vieira de. *A Lei n. 13.015/2014 e o incidente de resolução de demandas repetitivas: uma visão.* In MIESSA, Élisson (Org.). *O novo Código de Processo Civil e seus reflexos no processo do trabalho.* 2. ed. Salvador: Juspodivm, 2016. p. 1.193-4.
21. RADBRUCH, Gustav. *Filosofia do Direito.* 4. ed. Coimbra: Armênio Amado, 1961, v. 2, p. 186.
22. PL n. 166/2010, 895. É admissível o incidente de demandas repetitivas sempre que identificada controvérsia com potencial de gerar relevante multiplicação de processos fundados em idêntica questão de direito e de causar grave insegurança jurídica, decorrente do risco de coexistência de decisões conflitantes.
    § 1º. O pedido de instauração do incidente será dirigido ao Presidente do Tribunal:
    I – pelo juiz ou relator, por ofício;
23. PL n. 8.046/2010, 988. É admissível o incidente de resolução de demandas repetitivas quando, estando presente o risco de ofensa à isonomia e à segurança jurídica, houver efetiva ou potencial repetição de processos que contenham controvérsia sobre a mesma questão de direito ou de direito e de fato.
    § 1º. O incidente pode ser suscitado perante Tribunal de Justiça ou Tribunal Regional Federal.
    § 2º. O incidente somente pode ser suscitado na pendência de qualquer causa de competência do tribunal.
    § 3º. O pedido de instauração do incidente será dirigido ao presidente do tribunal:
    I – pelo relator ou órgão colegiado, por ofício;
24. "(...) criou-se, com inspiração no direito alemão, o já referido incidente de Resolução de Demandas Repetitivas, que consiste na identificação de processos que contenham a mesma questão de direito, que estejam ainda no primeiro grau de jurisdição, para decisão conjunta" (Exposição de motivos do anteprojeto apresentada pela comissão de juristas).

risco à isonomia e à segurança jurídica decorrentes do tratamento diverso da mesma questão de direito, seria um disparate imaginar que, só depois que a questão já estivesse submetida à análise do tribunal – e, portanto, já tivesse tramitado longamente em 1º grau – é que o incidente, poderia ser instaurado".[25] O risco à isonomia e à segurança jurídica pela ocorrência de interpretação disforme da mesma questão de direito "é o mesmo, seja se as causas estão todas pendentes de análise do 1º grau de jurisdição, seja quando as causas estão submetidas à competência do tribunal".[26]

Por isso, o que o art. 978, parágrafo único, do CPC estabelece, não é a exigência de que haja demanda pendente em TRT para instauração de IRDR. Trata-se de mera regra de prevenção do órgão que julgou o IRDR para julgar, também, o recurso, a remessa necessária ou o processo de competência originária de onde se originou o IRDR (infra, n. 10.3).[27]

b) o relator (CPC, 977, I). A legitimidade conferida ao relator para, unipessoalmente suscitar a instauração do IRDR, evidentemente, legitima, também, o colegiado por ele integrado. Assim, se o relator levar a demanda, o recurso ou a remessa necessária a julgamento poderá o colegiado, por provocação de qualquer um de seus integrantes, deliberar positivamente em suscitar o IRDR;[28]

c) as partes (CPC, 977, II);

d) o Ministério Público do Trabalho (CPC, 977, III). Essa legitimidade decorre da incumbência dada ao Ministério Público de defender a ordem jurídica (CF, 127). Trata-se, por isso, de uma legitimidade ampla;

e) a Defensoria Pública (CPC, 977, III). A legitimidade outorgada à defensoria pública não é ampla. Está limitada às suas funções institucionais de promoção dos direitos humanos e defesa dos direitos individuais e coletivos dos necessitados (CF, 134).

6. FORMA DE INSTAURAÇÃO E PROVA DOS REQUISITOS

O requerimento para a instauração do incidente de resolução de demandas será dirigido ao presidente do tribunal competente (CPC, 978, caput), por meio de ofício pelo juiz e pelo relator (CPC, 977, I) e por meio de petição pelas partes, pelo Ministério Público do Trabalho e pela Defensoria Pública (CPC, 977, II e III).

Tanto o ofício quanto a petição deverão ser fundamentados e instruídos com as provas que revelem a presença dos requisitos exigidos para a instauração do incidente. Como não há dilação probatória no IRDR, a única prova admissível será a prova documental.[29]

7. ADMISSIBILIDADE

O requerimento será distribuído para um dos membros integrantes do órgão competente para o julgamento de IRDR (tribunal pleno, órgão especial, seção especializada), em conformidade com as disposições do regimento interno (CPC, 978).

Caberá ao relator, então, submeter o requerimento ao órgão colegiado competente para deliberação sobre a admissibilidade do incidente (CPC, 981).

Nessa fase analisam-se unicamente o preenchimento dos requisitos necessários à instauração do incidente (CPC, 981). Não se trata de deliberação discricionária (conveniência e oportunidade), mas vinculativa, de modo que, concluindo-se pela:

a) inexistência dos requisitos – encerra-se o procedimento sem a instauração do incidente. Lavrado e publicado o acórdão intimam-se as partes dos autos do processo de que se originou o requerimento, bem como o requerente, se for o caso;

As partes do processo de que se originou o requerimento para instauração do IRDR, o MPT (como

---

25. MARINONI, Luiz Guilherme. ARENHART, Sérgio Cruz. MITIDIERO, Daniel. O novo processo civil. São Paulo: RT, 2015. p. 568.
26. Idem, p. 568-9.
27. No mesmo sentido: GRECO, Leonardo. Instituições de processo civil: recursos e processos da competência originária dos tribunais. Rio de Janeiro: Forense, 2015, v. III, p. 412.

    Em sentido contrário: o art. 978, parágrafo único, do CPC, "é fazer com que o próprio órgão que constituiu a tese fixe um padrão decisório a ser seguido, já amoldado ao caso concreto, para que os demais julgadores conheçam seus exatos limites e extensão (MELLO FILHO, Luiz Philippe Vieira de. MELLO NETO, Luiz Philippe Vieira de. A Lei n. 13.015/2014 e o incidente de resolução de demandas repetitivas: uma visão. In MIESSA, Élisson (Org.). O novo Código de Processo Civil e seus reflexos no processo do trabalho. 2. ed. Salvador: JusPodivm, 2016, p. 1.198).
28. No mesmo sentido: DIDIER Jr., Fredie. CUNHA, Leonardo Carneiro da. Curso de direito processual civil: meios de impugnação às decisões judiciais e processo nos tribunais. 13. ed. Salvador: Juspodivm, v. 3, 2016. p. 633.
29. "Desta forma, deve haver prova pré-constituída tanto da existência de múltiplas demandas com a mesma questão de direito (o que se comprova com a juntada de cópias integrais de peças processuais tratando da mesma questão de direito), quanto do risco de ofensa à isonomia e à segurança jurídica (demonstrado através da juntada de cópias de decisões conflitantes proferidas por órgão do judiciário" (MELLO FILHO, Luiz Philippe Vieira de. MELLO NETO, Luiz Philippe Vieira de. A Lei n. 13.015/2014 e o incidente de resolução de demandas repetitivas: uma visão. In: MIESSA, Élisson (Org.). O novo Código de Processo Civil e seus reflexos no processo do trabalho. 2. ed. Salvador: Juspodivm, 2016, p. 1.193).

requerente da instauração do incidente ou como defensor da ordem jurídica) e a Defensoria Pública (como requerente da instauração do incidente) poderão impugnar o acórdão por meio de recurso de revista fundado em violação literal de dispositivo de lei (CLT, 896, *c*), uma vez que a referida decisão ostenta capacidade de pôr termo ao incidente autônomo, sem possibilidade de impugnação por recurso diferido. A competência para decidir o recurso de revista será da SDI ou do Tribunal Pleno (*infra n. 11.1*).

Não interposto ou não provido o recurso, poderão os legitimados, desde que se façam presentes os requisitos, requerer novamente a instauração do incidente sobre a mesma questão jurídica.

b) *existência dos requisitos* – instaura-se o incidente, com identificação das premissas (como regra base fática) e dos dispositivos normativos sob debate. Nesse caso:

– caberá ao presidente do TRT ou ao relator (dependendo da regulamentação regimental) determinar a imediata (independentemente de publicação do acórdão), ampla e específica divulgação e publicidade, inclusive mediante inserção da informação no banco de dados eletrônicos do TRT, bem como comunicar o Conselho Nacional de Justiça para inclusão em cadastro eletrônico (CPC, 979, *caput* e § 1º);

– lavrado e publicado o acórdão intimam-se as partes dos autos do processo de que se originou o requerimento, bem como o requerente, se for o caso, não sendo admissível recurso autônomo de imediato (CLT, 893, § 1º).[30]

8. INSTRUÇÃO

Instaurado o incidente de resolução de demandas repetitivas, caberá ao relator:

a) *proferir decisão* – destinada a suspender todas as demandas e recursos (individuais e coletivas) pendentes na área geográfica de competência do TRT que tenham por objeto a questão objeto do incidente (CPC, 982, I; TST-IN-39, 8º, § 1º – *infra, n. 9*),[31] com pronta comunicação desse ato aos órgãos jurisdicionais competentes (CPC, 982, § 1º);

b) *instruir (preparar) o incidente para o julgamento*. A instrução compreende:

– *a admissão de manifestação* das partes do processo em que se originou o incidente e dos demais interessados (requerente da instauração do incidente quando não tenha sido uma das partes; partes em demandas e recursos que tenham por objeto a questão objeto do incidente), bem como de pessoas, órgãos e entidades com interesse na controvérsia (a admissibilidade destes dependerá da demonstração do interesse; vale dizer, depende da demonstração da vinculação entre a finalidade da sua existência e o direito objeto do IRDR; em outras palavras, depende da demonstração da existência de pertinência temática). Todos estes poderão requerer, no prazo de 15 dias, a juntada de documentos e a realização de diligências necessárias para a elucidação da questão de direito controvertida (CPC, 983, *caput*). Poderão, ainda, interpor recurso de agravo interno (CPC, 1.021) para impugnar a decisão que não admitir as suas manifestações;

– *a requisição de informações* no prazo de 15 dias, a órgãos em cujo juízo tramita demanda ou recurso no qual se discute o objeto do incidente (CPC, 982, II). Caberá a estes, então, encaminhar cópias de peças das demandas e dos recursos em trâmite, a fim de que o relator possa reunir a maior quantidade possível de fundamentos sobre a tese discutida;

– *a designação*, se julgar necessária, de data para, em audiência pública, ouvir depoimentos de pessoas com experiência e conhecimento na matéria (CPC, 983, § 1º);

– *a intimação do Ministério Público do Trabalho* (na hipótese em que não tenha sido ele o requerente da instauração do incidente) para emissão de parecer no prazo de 15 dias (CPC, 982, III e 983, *caput in fine*).

9. SUSPENSÃO DE DEMANDAS E RECURSOS

A decisão proferida pelo relator destinada a suspender de todas as demandas e recursos (individuais e coletivas) pendentes na área geográfica de competência do TRT que tenham por objeto a questão objeto do incidente (CPC, 982, I) será comunicada aos órgãos juris-

---

30. Leonardo Greco entende ser admissível recurso das decisões negativa e positiva de admissibilidade, por considerá-las finais, sendo a positiva agravada pela repercussão que produz em todos os processos pendentes (GRECO, Leonardo. *Instituições de processo civil: recursos e processos da competência originária dos tribunais*. Rio de Janeiro: Forense, 2015, v. III, p. 412).
    Didier e Cunha entendem ser inadmissível recurso (exceto embargos de declaração) das decisões negativa e positiva de admissibilidade (DIDIER Jr., Fredie. CUNHA, Leonardo Carneiro da. *Curso de direito processual civil: meios de impugnação às decisões judiciais e processo nos tribunais*. 13. ed. Salvador: JusPodivm, v. 3, 2016, p. 629).
31. TST-IN-39, 8º, § 1º Admitido o incidente, o relator suspenderá o julgamento dos processos pendentes, individuais ou coletivos, que tramitam na Região, no tocante ao tema objeto de IRDR, sem prejuízo da instrução integral das causas e do julgamento dos eventuais pedidos distintos e cumulativos igualmente deduzidos em tais processos, inclusive, se for o caso, do julgamento antecipado parcial do mérito.

dicionais regionais (CPC, 982, § 1º). A estes caberá dar cumprimento à decisão e intimar as partes que poderão participar do IRDR (como assistentes) ou exercer o direito de distinção (*distinguishing*), requerendo o prosseguimento de sua demanda ou recurso.³²

9.1. Suspensão parcial e suspensão a final

A suspensão poderá ser:

a) *parcial* – na hipótese de haver cumulação de pedidos autônomos e independentes. Nesse caso, somente os capítulos cuja decisão dependa da resolução da questão jurídica objeto do IRDR terá o procedimento paralisado. Segue-se com o procedimento em relação aos demais capítulos, podendo o juiz (exaurida a cognição) ou o tribunal proferir decisão interlocutória de mérito (CPC, 356; TST-IN-39, 8º, § 1º);³³

b) *a final* – se houver necessidade de instrução probatória que repercuta sobre o capítulo cuja decisão dependa da resolução da questão jurídica objeto do IRDR. Nesse caso, a suspensão impedirá unicamente o julgamento.³⁴

9.2. *Distinguishing*

Intimadas da suspensão, as partes poderão requerer o prosseguimento da demanda ou do recurso mediante a demonstração de distinção entre a questão a ser decidida no processo e aquela a ser julgada IRDR (CPC, 1.037, § 9º – aplicação analógica).

O requerimento será endereçado ao juiz no primeiro grau ou relator do recurso no TRT (CPC, 1.037, § 10, II e II – aplicação analógica). Facultado o contraditório no prazo de 5 dias (CPC, 1.037, § 11 – aplicação analógica) será proferida decisão, passível de impugnação por:

a) *mandado de segurança* (CLT, 893, § 1º; Súmula TST n. 414, II – aplicação analógica) – se o processo estiver em primeiro grau de jurisdição;

b) *recurso de agravo interno* (CPC, 1.021 e 1.037, § 13, II – aplicação analógica) – se o processo estiver no TRT.

9.3. Tutela provisória de urgência

A suspensão das demandas e recursos (individuais e coletivas) determinadas pelo relator não impede a emissão de decisões concessivas de tutelas provisórias de urgência (CPC, 300).

O requerimento da parte deverá ser dirigido e será decidido pelo juiz ou relator em que tramita a demanda ou o recurso cujo procedimento foi suspenso (CPC, 982, § 2º).

9.4. Extensão da suspensão

Durante a tramitação do IRDR no TRT poderá ser requerido ao TST, com fundamento na segurança jurídica, a extensão da suspensão para atingir todos os processos individuais ou coletivos em curso no território nacional sobre a questão objeto do incidente.

Possuem legitimidade para formular o pedido as partes, o Ministério Público do Trabalho e a Defensoria Pública (CPC, 982, § 3º), bem como aquele que for parte em processo em curso em outra região da Justiça do Trabalho em que se discuta a mesma questão objeto do incidente (CPC, 982, § 4º).

O requerimento será dirigido:

a) *ao presidente do TST* – na hipótese de ainda não ter sido interposto ou não ter havido a distribuição do recurso de revista. O requerimento será, então, distribuído para um relator para decisão, ficando ele prevento para o recurso (CPC, 1.012, § 3º, I – aplicação analógica);

b) *ao relator do recurso de revista* (CPC, 1.012, § 3º, II – aplicação analógica).

A decisão proferida poderá ser impugnada por recurso de agravo interno (CPC, 1.021).

9.5. Prazo de suspensão

O prazo de suspensão das demandas e recursos será de 1 ano, que é o prazo destinado ao julgamento do IRDR (CPC, 980, *caput* – *infra* n. 10).

9.5.1. Prorrogação do prazo de suspensão

O prazo de suspensão de 1 ano poderá ser prorrogado pelo relator, mediante decisão fundamentada (CPC, 980, parágrafo único).

---

32. No mesmo sentido: DIDIER Jr., Fredie. CUNHA, Leonardo Carneiro da. *Curso de direito processual civil: meios de impugnação às decisões judiciais e processo nos tribunais*. 13. ed. Salvador: Juspodivm, v. 3, 2016. p. 628.
33. TST-IN-39, 8º, § 1º Admitido o incidente, o relator suspenderá o julgamento dos processos pendentes, individuais ou coletivos, que tramitam na Região, no tocante ao tema objeto de IRDR, sem prejuízo da instrução integral das causas e do julgamento dos eventuais pedidos distintos e cumulativos igualmente deduzidos em tais processos, inclusive, se for o caso, do julgamento antecipado parcial do mérito.
34. Em sentido semelhante: DIDIER Jr., Fredie. CUNHA, Leonardo Carneiro da. *Curso de direito processual civil: meios de impugnação às decisões judiciais e processo nos tribunais*. 13. ed. Salvador: Juspodivm, v. 3, 2016. p. 636.

Embora não haja indicação legal, parece-me não ser possível a prorrogação do prazo pelo relator por tempo superior a 1 ano, sob pena de intolerável afronta à tempestividade processual (CF, 5º, LXXVIII).

A decisão do relator que prorrogar o prazo de suspensão de demandas e recursos é irrecorrível.

Findo o prazo sem prorrogação ou findo o prazo prorrogado, caberá ao presidente do órgão julgador requisitar os autos para julgamento do IRDR na sessão ordinária subsequente.

9.5.2. Prolongamento do prazo de suspensão

O recurso de revista interposto contra o acórdão resolutivo do IRDR, segundo o entendimento do TST, não estará dotado de efeito suspensivo (TST-IN-39, 8º, § 2º).[35] Assim, julgado o IRDR cessará a suspensão de todas as demandas e recursos cujo procedimento se havia paralisado.

Penso, entretanto, que o recurso de revista, excepcionalmente, possui efeito suspensivo automático (por aplicação analógica do art. 987, § 1º, do CPC), limitado a 1 ano (por aplicação analógica do art. 980, parágrafo único, do CPC), tendo em vista que a tese a ser adotada pelo TST repercutirá em todas as demandas e recursos que tratem da mesma questão jurídica (TST-IN-39, 8º, § 3º).[36]

Desse modo, se a tese do TST for diversa da tese adotada pelo TRT, não produzirá efeito algum se as demandas e recursos já tiverem sido decididos (com possível trânsito em julgado), o que atenta contra o escopo de tratamento anti-isonômico e de garantia de segurança jurídica.

Reforça esse pensamento, ainda, a constatação de que eventual recurso extraordinário interposto de acórdão proferido no recurso de revista estará dotado de efeito suspensivo (CPC, 987, § 1º), exatamente para permitir que a tese a ser adotada pelo STF seja aplicada a todas as demandas e recursos suspensos com a instauração do IRDR.

9.6. Cessação da suspensão

Cessa a suspensão das demandas e recursos (individuais e coletivas):

a) *pelo decurso do prazo de 1 ano* (no IRDR ou no RR) – salvo se tiver havido prorrogação do prazo pelo relator (CPC, 980, parágrafo único);

b) *pelo decurso do prazo de prorrogação*;

c) *pelo julgamento do IRDR*. Ressalva-se aqui o entendimento pessoal expressado acima (*supra, n. 9.5.2*) que, se prevalecesse, transmudaria a hipótese de cessação da suspensão decorrente do *julgamento do IRDR* para a hipótese de *ausência de interposição de recurso de revista* (CPC, 982, § 5º – aplicação analógica).

9.7. Multiplicidade de IRDRs

Caso sejam instaurados vários IRDRs sobre a mesma questão jurídica:

a) *no mesmo tribunal* – devem ser eles reunidos para julgamento em conjunto;

b) *em tribunais distintos* – tramitarão independentemente, salvo se houver pedido de extensão da suspensão para atingir todos os processos em curso no território nacional (*supra, n. 9.4*), compreendendo-se aí, também, os IRDRs, exceto um. "Seguindo a regra tradicional de prevenção nas ações coletivas, deve-se manter o processamento do primeiro IRDR que tenha sido admitido".[37]

10. JULGAMENTO

O julgamento do IRDR será realizado pelo mesmo órgão (órgão responsável pela uniformização de jurisprudência, como definido pelo regimento interno – tribunal pleno, órgão especial, seção especializada) que emitiu o juízo de admissibilidade (CPC, 978 – *supra n. 7*).

O incidente deverá ser julgado no prazo de 1 ano (ou dentro do prazo de prorrogação), contado da data do protocolo do requerimento,[38] e terá preferência sobre demandas e recursos (CPC, 980).

Concluída a instrução, caberá ao relator solicitar dia para o julgamento (CPC, 983, § 2º).

Na sessão, anunciado o julgamento o presidente dará a palavra ao relator para que exponha o objeto do incidente (CPC, 984, I).

---

35. TST-IN-39, 8º, § 2º. Do julgamento do mérito do incidente caberá recurso de revista para o Tribunal Superior do Trabalho, dotado de efeito meramente devolutivo, nos termos dos arts. 896 e 899 da CLT.
36. TST-IN-39, 8º, § 3º. Apreciado o mérito do recurso, a tese jurídica adotada pelo Tribunal Superior do Trabalho será aplicada no território nacional a todos os processos, individuais ou coletivos, que versem sobre idêntica questão de direito.
37. DIDIER Jr., Fredie. CUNHA, Leonardo Carneiro da. *Curso de direito processual civil: meios de impugnação às decisões judiciais e processo nos tribunais*. 13. ed. Salvador: Juspodivm, v. 3, 2016. p. 638.
38. Para Didier e Cunha o termo inicial de contagem do prazo ocorre "com a publicação da decisão do relator que declara a suspensão dos processos" (DIDIER Jr., Fredie. CUNHA, Leonardo Carneiro da. *Curso de direito processual civil: meios de impugnação às decisões judiciais e processo nos tribunais*. 13. ed. Salvador: Juspodivm, v. 3, 2016, p. 638).

Em seguida, poderão as partes do processo de que se originou o incidente e o Ministério Público do Trabalho sustentarem oralmente as suas razões, pelo prazo de 30 minutos para cada um (CPC, 984, II, *a*). Também poderão sustentar oralmente as suas razões os demais interessados, pelo prazo de 30 minutos (que poderá ser ampliado) entre eles divididos, desde que façam as suas inscrições com 2 dias de antecedência (CPC, 984, II, *b* e § 1º).

Finda as sustentações orais colhem-se os votos dos integrantes do colegiado, iniciando-se pelo relator.

10.1. Conteúdo do acórdão

No julgamento deverão ser examinados todos os fundamentos favoráveis e contrários à tese jurídica discutida, devendo o acórdão retratar com fidelidade esse exame (CPC, 984, II, *b* e § 1º).

10.2. Publicidade

Julgado o IRDR caberá ao presidente do TRT ou ao relator (dependendo da regulamentação regimental) determinar a imediata (independentemente de publicação do acórdão), ampla e específica divulgação e publicidade, inclusive mediante inserção da informação no banco de dados eletrônicos do TRT, bem como comunicar o Conselho Nacional de Justiça para inclusão em cadastro eletrônico (CPC, 979, *caput* e § 1º).

O registro eletrônico da tese jurídica deverá conter, no mínimo, os seus fundamentos determinantes e os dispositivos normativos a ela relacionados (CPC, 979, § 2º).

10.3. Efeitos

Julgado o IRDR exsurgem alguns efeitos. São eles:

a) *cessação da suspensão das demandas e recursos* (*supra*, n. 9.6) *e julgamento com aplicação da tese* – mesmo diante da interposição de recurso de revista (*infra*, n. 11),[39] a tese jurídica adotada será aplicada (terá caráter vinculante) na área de jurisdição do TRT às demandas e recursos (individuais e coletivas) suspensos (ou em curso) e às demandas futuras que versem sobre idêntica questão de direito (CPC, 985, I e II; TST-IN-39, 8º, § 3º). Não observada (ou aplicada indevidamente) a tese, poderá a parte lançar mão da reclamação (independentemente do cabimento de recurso e enquanto não houver trânsito em julgado) para obter a cassação da decisão, agregada de ordem para emissão de nova decisão que a observe (CPC, 985, § 1º e 988, IV);

Fiel ao entendimento acima exposto (*supra*, n. 9.5.2), penso que os efeitos acima descritos somente se produzem se não houver interposição de recurso de revista.

b) *o órgão que julgar o IRDR ficará prevento* – para julgar o recurso, a remessa necessária ou o processo de competência originária de onde se originou o incidente (CPC, 978, parágrafo único).

11. RECURSOS

O acórdão que decide incidente, como regra, não é suscetível de impugnação por recurso. Somente o acórdão que decidir o caso concreto pode ser objeto de recurso.

O acórdão resolutivo de IRDR, entretanto, poderá ser impugnado por meio de recurso (CPC, 987, *caput*). A exceção legalmente prevista parte da premissa de que os tribunais regionais (exceto diante de questões jurídicas local) não possuem competência para dar a interpretação em caráter definitivo das questões jurídicas. Assim, permitir recursos unicamente da resolução dos casos concretos compromete a finalidade de solução de demandas em massa e pode representar risco à isonomia e à segurança jurídica.

Possuem legitimidade recursal as partes (CPC, 977, II), o Ministério Público do Trabalho e a Defensoria Pública (CPC, 977, III). "Também parece razoável conferir legitimidade para recorrer aos interessados a que alude o art. 983, aí certamente incuídos aqueles que tiveram seus processos suspensos, por força do que dispõe o art. 982, I".[40]

11.1. Recurso de revista

O acórdão resolutivo de IRDR proferido por TRT poderá ser objeto de impugnação por recurso de revista (CPC, 987, *caput* – aplicação analógica; CLT, 896; TST-IN-39, 8º, § 2º)[41] que:

a) *deverá ser julgado pela SDI ou pelo Tribunal Pleno* (*do mesmo modo que os recursos de revista repetitivos*) – que são os órgãos do TST responsáveis pela uniformização da jurisprudência;

---

39. TST-IN-39, 8º, § 2º. Do julgamento do mérito do incidente caberá recurso de revista para o Tribunal Superior do Trabalho, dotado de efeito meramente devolutivo, nos termos dos arts. 896 e 899 da CLT.
40. MARINONI, Luiz Guilherme. ARENHART, Sérgio Cruz. MITIDIERO, Daniel. *O novo processo civil*. São Paulo: RT, 2015. p. 571.
41. TST-IN-39, 8º, § 2º. Do julgamento do mérito do incidente caberá recurso de revista para o Tribunal Superior do Trabalho, dotado de efeito meramente devolutivo, nos termos dos arts. 896 e 899 da CLT.

b) *salvo se intempestivo* – será conhecido (CLT, 896, § 11) e julgado no prazo de 1 ano, tendo preferência sobre demandas e recursos (CPC, 980 – a aplicação analógica);

c) *não estará dotado de efeito suspensivo automático* (TST-IN-39, 8º, § 3º).[42]

Considerando, mais uma vez, o entendimento acima exposto (*supra*, n. 9.5.2), penso o recurso de revista *estará dotado de efeito suspensivo automático*, diante da repercussão e da vinculação em âmbito nacional da tese jurídica a ser adotada pelo TST (TST-IN-39, 8º, § 3º).

Julgado o recurso de revista, salvo se interposto recurso extraordinário (CF, 102, III; CPC, 987, § 1º), a tese jurídica adotada pelo TST será aplicada (terá caráter vinculante) no território nacional às demandas e recursos (individuais e coletivas) suspensos (ou em curso) e às demandas futuras que versem sobre idêntica questão de direito (CPC, 987, § 2º; TST-IN-39, 8º, § 3º).

Não observada (ou aplicada indevidamente) a tese, poderá a parte lançar mão da reclamação (independentemente do cabimento de recurso e enquanto não houver trânsito em julgado) para obter a cassação da decisão, agregada de ordem para emissão de nova decisão que a observe (CPC, 988, IV).

11.2. Recurso extraordinário

O acórdão do julgamento do recurso de revista em IRDR poderá ser impugnado por meio de recurso extraordinário (CF, 102, III), que:

a) *terá presumida a repercussão geral* – da questão constitucional discutida (CPC, 987, § 1º);

b) *salvo se intempestivo* – será conhecido (CPC, 1.029, § 3º) e julgado no prazo de 1 ano, tendo preferência sobre as demais demandas e recursos, ressalvados os que envolvam réu preso e os pedidos de *habeas corpus* (CPC, 1.035, § 3º);

c) *estará dotado de efeito suspensivo automático* (CPC, 987, § 1º).

Julgado o recurso extraordinário, a tese jurídica adotada pelo STF será aplicada (terá caráter vinculante) no território nacional às demandas e recursos (individuais e coletivas) suspensos (ou em curso) e às demandas futuras que versem sobre idêntica questão de direito (CPC, 987, § 2º).

Não observada (ou aplicada indevidamente) a tese, poderá a parte lançar mão da reclamação (independentemente do cabimento de recurso e enquanto não houver trânsito em julgado) para obter a cassação da decisão, agregada de ordem para emissão de nova decisão que a observe (CPC, 988, IV).

12. REVISÃO DA TESE (*OVERRULING*)

A tese jurídica firmada no IRDR (e em recursos subsequentes) poderá ser revista (*in abstrato*) pelo mesmo tribunal que a emitiu (TRT, TST, STF), de ofício ou a requerimento do Ministério Público ou da Defensoria Pública (CPC, 986).

Os requisitos e o procedimento de revisão de tese jurídica deverão ser objetos de regulamentação no regimento interno dos tribunais.

Penso, entretanto, que:

a) *somente é admissível a revisão*:

– *nos TRTs* – se tese divergente for adotada pelo TST ou pelo STF;

– *no TST* – se tese divergente for adotada pelo STF;

– *nas hipóteses de alteração da situação econômica, social ou jurídica* (CLT, 896-C, § 17 – aplicação analógica).[43]

b) *a proposta de revisão* – não autoriza a suspensão dos processos em que se discuta a mesma questão (Lei n. 11.417/2006, 6º);[44]

c) *revista a tese jurídica* – deverá ser respeitada a segurança jurídica das relações firmadas sob a égide da decisão anterior, mediante modulação de efeitos (CLT, 896-C, § 17 – aplicação analógica).[45]

---

42. TST-IN-39, 8º, § 3º. Apreciado o mérito do recurso, a tese jurídica adotada pelo Tribunal Superior do Trabalho será aplicada no território nacional a todos os processos, individuais ou coletivos, que versem sobre idêntica questão de direito.
43. CLT, 896-C, § 17. Caberá revisão da decisão firmada em julgamento de recursos repetitivos quando se alterar a situação econômica, social ou jurídica, caso em que será respeitada a segurança jurídica das relações firmadas sob a égide da decisão anterior, podendo o Tribunal Superior do Trabalho modular os efeitos da decisão que a tenha alterado.
44. Lei n. 11.417/2006, 6º. A proposta de edição, revisão ou cancelamento de enunciado de súmula vinculante não autoriza a suspensão dos processos em que se discuta a mesma questão.
45. CLT, 896-C, § 17. Caberá revisão da decisão firmada em julgamento de recursos repetitivos quando se alterar a situação econômica, social ou jurídica, caso em que será respeitada a segurança jurídica das relações firmadas sob a égide da decisão anterior, podendo o Tribunal Superior do Trabalho modular os efeitos da decisão que a tenha alterado.

Capítulo 7
A Fundamentação das Decisões Judiciais Trabalhistas e o CPC de 2015

Luiz Eduardo Gunther[(*)]

1. OS SIGNIFICADOS DOS VOCÁBULOS "MOTIVAÇÃO" E "FUNDAMENTAÇÃO"

No dia a dia da prática forense utilizam-se as expressões *motivação* e *fundamentação* como se fossem sinônimas. Pode-se concordar com isso? Ou essas palavras possuem sentidos diversos?

Na obra multicitada de Piero Calamandrei, "Eles, os juízes, vistos por nós, os advogados", a fundamentação da sentença é tratada como uma "grande garantia de justiça". Para que assim seja considerada, no entanto, deve conseguir reproduzir, de forma exata, "como num levantamento topográfico, o itinerário lógico que o juiz percorreu para chegar à sua conclusão". Esclarece esse autor que se a decisão for errada, "pode facilmente encontrar-se, através dos fundamentos, em que altura do caminho o magistrado se desorientou"[1]. Nessa obra, indaga: "quantas vezes a fundamentação é a reprodução fiel do caminho que levou o juiz até aquele ponto de chegada?". Pergunta, ainda, de outra forma: "quantas vezes pode, ele próprio (o juiz!), saber os motivos que o levaram a decidir assim?"[2].

Em seu Dicionário Jurídico, Maria Helena Diniz explica os significados desses dois vocábulos. Para o direito processual, segundo essa autora, *motivação* quer dizer "o conjunto de fundamentos de fato e de direito, invocados pelo magistrado, que justificam uma decisão judicial"[3]. Para explicar a fundamentação da sentença, afirma constituir "a base da parte decisória da sentença", vale dizer, como a "motivação do convencimento do magistrado no que concerne às questões de fato ou de direito, em relação ao caso *sub judice*"[4]. Saliente-se que, no verbete *motivação* da sentença judicial, o dicionário citado iguala esse vocábulo à *fundamentação de decisão judicial*[5].

Para o Dicionário Jurídico da Academia Brasileira de Letras Jurídicas, o vocábulo *fundamento*, substantivo masculino, origina-se do latim *fundamentum*, significando *base*. Diz-se também *fundamentação*, com sentido, para o direito processual, de "requisito essencial da decisão judicial, no qual o julgador analisa as questões de fato e de direito"[6]. Essa palavra relaciona-se a outra, *motivação*, substantivo feminino, originária de *motivo*, indicativa "das razões que deram lugar a certo ato, partindo do efeito para a causa"[7].

(*) Professor do Centro Universitário Curitiba – UNICURITIBA. Desembargador do Trabalho no TRT-9. Doutor pela UFPR e Pós-doutorando pela PUC-PR. Integrante da Academia Nacional de Direito do Trabalho, da Academia Paranaense do Direito do Trabalho, do Conselho Editorial do Instituto Memória, do Instituto Histórico e Geográfico do Paraná, do Centro de Letras do Paraná e da Associação Latino-Americana de Juízes do Trabalho. Coordenador do Grupo de Pesquisa que edita a Revista Eletrônica do TRT9.

1. CALAMANDREI, Piero. *Eles, os juízes, vistos por nós, os advogados*. Tradução de Ary dos Santos. 3. ed. Lisboa: Livraria Clássica, 1997. p. 143.
2. *Ibidem*, p. 143.
3. DINIZ, Maria Helena. *Dicionário jurídico*. v. 3. 2. ed. rev. atual. e aum. São Paulo: Saraiva, 2005. p. 357.
4. *Ibidem*, v. 2, p. 716.
5. *Ibidem*, v. 3, p. 357.
6. SIDOU, J. M. Othon. *Dicionário jurídico*. 3. ed. Rio de Janeiro: Forense Universitária, 1995. p. 362.
7. *Ibidem*, p. 511.

Para outro dicionário, de Pedro Nunes, a palavra *fundamentação* diz respeito ao ato e efeito de *fundamentar*: fundamentação da sentença. *Fundamentar* seria, então, "justificar, procurar demonstrar, com fortes razões e apoio na lei, na doutrina, na jurisprudência, ou em documentos ou outras provas". Também significa *expor*, "baseado no direito e nas provas, as razões de julgamento da causa, ou de um pedido, ou contestação"[8]. Para esse autor, *motivação* tem o mesmo significado de *fundamentação*. Corresponde a motivação à segunda parte, imprescindível, da sentença "na qual o juiz aduz os fundamentos, de fato e de direito, e circunstâncias ocorrentes, que determinaram o seu convencimento e o levaram a proferir a sua decisão"[9].

O Direito se desenvolve "equilibrando uma dupla exigência", segundo Chaïm Perelman: a) por um lado, uma "ordem sistemática", isto é, a elaboração de uma ordem coerente; b) por outro lado, uma "ordem pragmática", vale dizer, a busca de soluções aceitáveis pelo meio, porque "conforme ao que lhe parece justo e razoável"[10].

Não se pode esquecer, também, segundo esse doutrinador, que as decisões da justiça devem sempre satisfazer "três auditórios diferentes": a) de um lado, as partes em litígio; b) a seguir, os profissionais do Direito; c) e, por fim, a opinião pública, "que se manifestará pela imprensa e pelas reações legislativas às decisões dos tribunais"[11].

Aquele que decide, Ministro, Desembargador ou Juiz "tem necessariamente de explicar o porquê do seu posicionamento". O significado de fundamentar encontra-se em "dar as razões, de fato e de direito, pelas quais se justifica a procedência ou improcedência do pedido". Nesse sentido, não basta, ou é insuficiente, que a autoridade jurisdicional escreva "denego a liminar", ou "ausentes os pressupostos legais, revogo a liminar". A denominada "motivação implícita" não é admitida, exigindo-se que o julgado evidencie "um raciocínio lógico, direto, explicativo e convincente da postura adotada". Não basta, para que uma decisão seja motivada, "a menção pura e simples aos documentos da causa, às testemunhas ou a transcrição dos argumentos dos advogados". Somente será considerada fundamentada ou motivada a decisão se "existir análise concreta de todos os elementos e demais provas dos autos, exaurindo-lhes a substância e verificando-lhes a forma"[12].

Enfatize-se que a garantia da motivação compreende, de forma específica, o seguinte:

> 1) o enunciado das escolhas do juiz quanto à individuação das normas aplicáveis e às consequências jurídicas que delas decorrem; 2) os nexos de implicação e coerência entre os referidos enunciados; 3) a consideração atenta dos argumentos e provas trazidas aos autos.[13]

Registre-se que o vocábulo *fundamentação* significa "não apenas explicitar o fundamento legal/constitucional da decisão". Quando se diz que "todas as decisões devem estar justificadas", essa afirmação deve ser compreendida no sentido de que "tal justificação deve ser feita a partir da invocação de razões e oferecimento de argumentos de caráter jurídico". O limite mais importante das decisões reside precisamente "na necessidade da motivação/justificação do que foi dito". Em outras palavras, pode-se afirmar que se trata "de uma verdadeira 'blindagem' contra julgamentos arbitrários"[14].

Trata-se, portanto, de garantir às partes o direito de verem examinadas pelo órgão julgador "as questões, de fato e de direito, que houverem suscitado, reclamando do juiz a consideração atenta dos argumentos e provas trazidos"[15].

Saliente-se sempre, por causa disso, que "a motivação da decisão se torna o melhor ponto de referência para verificar se a atividade das partes foi efetivamente respeitada". Na configuração do juízo do fato, na verdade, é que se torna mais relevante o dever de motivar, uma vez que é "no campo da valoração das provas que se deixa ao juiz margem maior de discricionariedade"[16].

---

8. NUNES, Pedro. *Dicionário de tecnologia jurídica*. v. I. 9. ed. corrig., ampl. e atual. Rio de Janeiro: Freitas Bastos, 1976. p. 463.
9. *Ibidem*, v. II, p. 603.
10. PERELMAN, Chaïm. *Lógica jurídica*: nova retórica. Tradução de Vergínia K. Pupi. 2. ed. São Paulo: Martins Fontes, 2004. p. 238.
11. *Ibidem*. p. 238.
12. BULOS, Uadi Lammêgo. *Constituição Federal anotada*. 8. ed. rev. e atual. até a Emenda Constitucional n. 56/2007. São Paulo: Saraiva, 2008. p. 946.
13. GRINOVER, Ada Pellegrini; GOMES FILHO, Antônio Magalhães; FERNANDES, Antonio Scarance. *As nulidades no processo penal*. 11. ed. rev. atual. e ampl. São Paulo: Revista dos Tribunais, 2009. p. 199.
14. MENDES, Gilmar Ferreira; STRECK, Lenio Luiz. Comentários ao artigo 93. In CANOTILHO, J. J. Gomes; MENDES, Gilmar F.; SARLET, Ingo W.; STRECK, Lenio L. (Coords.). *Comentários à Constituição do Brasil*. São Paulo: Saraiva/Almedina, 2013. (p. 1318-1326). p. 1.324.
15. GRINOVER, Ada Pellegrini; GOMES FILHO, Antônio Magalhães; FERNANDES, Antonio Scarance. *As nulidades no processo penal*. 11. ed. rev. atual. e ampl. São Paulo: Revista dos Tribunais, 2009. p. 119.
16. *Ibidem*, p. 119.

Normalmente afirma-se que a fundamentação direciona-se, de modo especial, à própria parte interessada no que foi decidido. Não se pense, contudo, que o destinatário da motivação é somente a parte. Esse princípio não é tão restrito assim. Considera-se-o, na verdade, "uma garantia para o Estado, os cidadãos, o próprio juiz e a opinião pública em geral"[17].

Não é apenas o vencedor da demanda que precisa saber as razões pelas quais venceu a causa. Também o perdedor necessita conhecer esses fundamentos. Segundo Luiz Guilherme Marinoni e Sérgio Cruz Arenhart, "a motivação é mais importante para o perdedor do que para o vencedor". Isso ocorre não apenas porque é ele que pode recorrer, mas sim porque é o perdedor que pode não se conformar com a decisão, e desse modo "ter a necessidade de buscar conforto na justificação judicial"[18].

Os terceiros, o público, também têm o direito de conhecer os fundamentos da decisão judicial. Não se pode deixar de reconhecer, dessa forma, que a motivação se dirige aos terceiros também. Destina-se ao público, que "tem o direito de conhecer as exatas razões do juiz, além de ser imprescindível para o controle do seu poder"[19].

Indicam-se, assim, as justificativas para entender-se que os vocábulos *fundamentação* e *motivação* podem ser utilizados como se sinônimos fossem para o efeito da exigência de completude das decisões judiciais.

2. A PREVISÃO CONSTITUCIONAL EM 1988

A importância do tema da exigência da fundamentação das decisões judiciais é tanta que o constituinte originário de 1988 estabeleceu a obrigatoriedade de todos os julgamentos dos órgãos do Poder Judiciário serem públicos e "fundamentadas todas as decisões, sob pena de nulidade" (inciso IX do art. 93 da CF/1988).

Em certa época da história do Direito, tratava-se o princípio da motivação das decisões judiciais como uma garantia técnica do processo. Atribuíam-se-lhe "finalidades endoprocessuais", isto é, "propiciar às partes o conhecimento do veredito judicial, para que elas pudessem se defender em juízo, pleiteando aos órgãos judiciários o exame da legalidade e da justiça de uma decisão". Esse princípio, contudo, modernamente, é concebido como uma "garantia de ordem política" ou "garantia da própria jurisdição". Mudaram-se os rumos consideravelmente, pois, agora, o "pórtico constitucional" não é mais apenas dirigido às partes e aos juízes de segundo grau, mas "também à comunidade como um todo". Conhecida, assim, a decisão, poderá verificar-se "se o juiz foi imparcial em sua sentença, se decidiu com conhecimento de causa"[20].

Constitui a fundamentação, sem dúvida, pressuposto de legitimidade das decisões judiciais. Qualifica-se a fundamentação dos atos decisórios "como pressuposto constitucional de validade e eficácia das decisões emanadas do Poder Judiciário". Traduzindo grave transgressão de natureza constitucional, a inobservância do dever imposto pela CF, art. 93, IX, "afeta a legitimidade jurídica da decisão e gera, de maneira irremissível, a consequente nulidade do pronunciamento judicial"[21].

Pode-se afirmar, com segurança, que "o princípio da motivação das decisões judiciais é um consectário lógico da cláusula do devido processo legal". Mesmo se esse princípio não viesse inscrito nos incisos IX e X do art. 93, "a obrigatoriedade de sua observância decorreria da exegese do art. 5º, LIV". O constituinte de 1988 prescreveu que as decisões judiciais devem ser motivadas sob pena de nulidade porque em um Estado Democrático de Direito "não se admite que os atos do Poder Público sejam expedidos em desapreço às garantias constitucionais, dentre elas a imparcialidade e a livre convicção do magistrado"[22].

Ao analisar esse dispositivo constitucional (art. 93, IX), Luiz Guilherme Marinoni e Daniel Mitidiero explicam que o dever de motivação das decisões judiciais é inerente ao Estado Constitucional e constitui "verdadeiro banco de prova do direito ao contraditório das partes". Ligam-se, por isso, "de forma muito especial, contraditório, motivação e direito ao processo justo". Asseveram que a decisão judicial sem motivação perde duas características centrais: "a justificação da norma jurisdicional para o caso concreto e a capacidade de orientação de condutas sociais". Em síntese, perde "o seu próprio caráter jurisdicional"[23].

---

17. PORTANOVA, Rui. *Princípios do processo civil*. Porto Alegre: Livraria do Advogado, 1997. p. 250.
18. MARINONI, Luiz Guilherme; ARENHART, Sérgio Cruz. *Prova*. São Paulo: Revista dos Tribunais, 2009. p. 267-268.
19. *Ibidem*, p. 268.
20. BULOS, Uadi Lammêgo. *Constituição Federal anotada*. 8. ed. rev. e atual. até a Emenda Constitucional n. 56/2007. São Paulo: Saraiva, 2008. p. 947.
21. NERY JUNIOR, Nelson; NERY, Rosa Maria de Andrade. *Constituição Federal comentada e legislação constitucional*. 2. ed. rev. ampl. e atual. São Paulo: Revista dos Tribunais, 2009. p. 458.
22. BULOS, Uadi Lammêgo. *Constituição Federal anotada*. 8. ed. rev. e atual. até a Emenda Constitucional n. 56/2007. São Paulo: Saraiva, 2008. p. 946.
23. MARINONI, Luiz Guilherme; MITIDIERO, Daniel. Direito fundamental à motivação das decisões. *In*: SARLET, Ingo Wolfgang; MARINONI, Luiz Guilherme; MITIDIERO, Daniel. *Curso de direito constitucional*. São Paulo: Revista dos Tribunais, 2012. p. 665-666.

Consoante os esclarecimentos de Lenio Streck, "é possível dizer que o Direito não é Moral. Direito não é Sociologia". Pode-se afirmar, com ele, que "Direito é um conceito interpretativo e é aquilo que é emanado pelas instituições jurídicas". Desse modo, as questões relacionadas ao Direito encontram, necessariamente, "respostas nas leis, nos princípios constitucionais, nos regulamentos e nos precedentes que tenham DNA constitucional, e não na vontade individual do aplicador"[24].

Ronald Dworkin assevera, de forma eloquente, não importar o que os juízes pensam sobre o direito, mas, sim, o ajuste (*fit*) e a justificativa (*justification*) da interpretação que eles oferecem das práticas jurídicas em relação ao direito da comunidade política[25].

A exigência constitucional da obrigatoriedade de fundamentar todas as decisões quer dizer que "o julgador deverá explicar as razões pelas quais as prolatou". Considera-se, assim, "um autêntico direito a uma *accontability*, contraposto ao respectivo dever de (*has a duty*) de prestação de contas". Essa determinação constitucional, portanto, transforma-se em um autêntico dever fundamental[26].

Não há dúvida possível, relativamente ao que se entende pelo princípio inscrito no inciso IX do art. 93 da Constituição da República Federativa do Brasil: constitui dupla garantia, de ordem política e da própria jurisdição. Através de sentenças fundamentadas e descomprometidas com interesses espúrios, num Estado Democrático de Direito, é que se "avalia a atividade jurisdicional". Nesse sentido, as partes podem averiguar se as suas razões foram respeitadas e examinadas "pela autoridade jurisdicional, com imparcialidade e senso de justiça"[27].

Quando se analisa a motivação da sentença, encontram-se diversos aspectos, como "a necessidade de comunicação judicial, exercício de lógica e atividade intelectual do juiz". Localizam-se, igualmente, "sua submissão, como ato processual, ao estado de direito e às garantias constitucionais estampadas na CF, art. 5º". Consequentemente, trazem a exigência de "imparcialidade do juiz, a publicidade das decisões judiciais, a legalidade da mesma decisão". Verifica-se, nesse percurso, "o princípio constitucional da independência jurídica do magistrado, que pode decidir de acordo com sua livre convicção, desde que motive as razões de seu convencimento (princípio do livre convencimento motivado)"[28].

Percebe-se, assim, que a incidência do princípio da Constituição, quanto à obrigatoriedade de fundamentar/motivar as decisões judiciais, tem grande importância na atividade jurisdicional em um Estado Democrático de Direito.

3. O ALCANCE DA EXPRESSÃO "NÃO SE CONSIDERA FUNDAMENTADA QUALQUER DECISÃO JUDICIAL" – OS SEIS INCISOS DO § 1º E OS §§ 2º E 3º DO ART. 489 DO CPC DE 2015 – A QUESTÃO DA APLICABILIDADE AO PROCESSO DO TRABALHO

O tema da motivação/fundamentação das decisões é de grande importância para a credibilidade do Poder Judiciário e para a garantia do próprio Estado Democrático de Direito. O novo CPC expõe o problema ao detalhar quando não se consideram fundamentadas as decisões judiciais. A indagação que se faz é se essa disposição do § 1º do art. 489 do novo CPC, em seus incisos, aplica-se ao processo do trabalho.

No sistema de livre convencimento, a necessidade de motivação é imprecisa, pois "abandonados os sistemas de prova legal e da íntima convicção do juiz", o magistrado tem "liberdade na seleção e valoração dos elementos de prova para proferir a decisão, mas deve, obrigatoriamente, justificar o seu pronunciamento"[29].

A ideia de "motivação como garantia" assenta-se em três pontos básicos: a) garantia de uma atuação equilibrada e imparcial do magistrado; b) garantia de controle da legalidade das decisões judiciárias; c) "garantia das partes, pois permite que elas possam constatar" se o juiz levou em conta os argumentos e a prova que produziram[30].

Também no processo do trabalho, por força da aplicação do princípio constitucional (art. 93, IX) e

---

24. STRECK, Lenio. *Crítica hermenêutica do direito*. Porto Alegre: Livraria do Advogado, 2014. p. 64.
25. DWORKIN, Ronald. *Levando os direitos a sério*. Tradução de Nelson Boeira. 3. ed. São Paulo: Martins Fontes, 2011. p. 127-203.
26. MENDES, Gilmar Ferreira; STRECK, Lenio Luiz. Comentários ao artigo 93. In CANOTILHO, J. J. Gomes; MENDES, Gilmar F.; SARLET, Ingo W.; STRECK, Lenio L. (Coords.). *Comentários à Constituição do Brasil*. São Paulo: Saraiva/Almedina, 2013. (p. 1.318-1.326). p. 1.324.
27. BULOS, Uadi Lammêgo. *Constituição Federal anotada*. 8. ed. rev. e atual. até a Emenda Constitucional n. 56/2007. São Paulo: Saraiva, 2008. p. 947.
28. NERY JUNIOR, Nelson. *Princípios do processo na Constituição Federal*: processo civil, penal e administrativo. 10. ed. rev. ampl. e atual. com as novas súmulas do STF (simples e vinculantes) e com análise sobre a relativização da coisa julgada. São Paulo: Revista dos Tribunais, 2010. p. 290-291.
29. GRINOVER, Ada Pellegrini; GOMES FILHO, Antônio Magalhães; FERNANDES, Antonio Scarance. *As nulidades no processo penal*. 11. ed. rev. atual. e ampl. São Paulo: Revista dos Tribunais, 2009. p. 198.
30. *Ibidem*. p. 198.

do processo civil (art. 131, CPC 73), se entende que "o juiz deve motivar sua decisão, fundamentá-la, dizer por que decide desta forma e não de outra"[31]. Isso quer dizer que a motivação "serve para verificar os argumentos utilizados pelo juiz como razões de decidir"[32]. Não sendo apresentada a fundamentação, "não se sabe por que a parte não faz jus ao direito, e ela não tem como discordar para poder recorrer"[33].

Segundo Renato Saraiva, o juiz deve indicar suas razões de decidir, vale dizer, apresentar "os fatores que contribuíram para a formação do seu convencimento mediante a análise das questões processuais, as alegações das partes e as provas produzidas"[34]. Insiste esse doutrinador no sentido de que "o juiz deve examinar de forma exaustiva todas as questões suscitadas pelas partes, sob pena de nulidade por ausência de prestação jurisdicional"[35]. Registra, com percuciência, que, muitas vezes, a falta de análise pelo magistrado de todas as questões levantadas pelos litigantes pode impedir a parte de recorrer às Cortes Superiores "em função do imperativo do prequestionamento, necessário ao acesso à instância extraordinária, violando, pois, o princípio da ampla defesa"[36].

O Tribunal Superior do Trabalho enfrentou esse tema, em um dos seus acórdãos, assentando a "necessidade de avaliação de todos os argumentos regularmente oferecidos pelas partes litigantes, sob risco de nulidade". Registra o aresto que a completa prestação jurisdicional se faz pela resposta "a todos os argumentos regulares postos pelos litigantes, não podendo o julgador resumir-se àqueles que conduzem ao seu convencimento". Desse modo, a omissão quanto aos pontos relevantes pelas partes pode conduzir a prejuízos consideráveis, "não só pela possibilidade de sucesso ou derrota, mas também em face das imposições dos desdobramentos da competência funcional"[37].

José Alexandre Barra Valente, no artigo já mencionado, debruçou-se sobre a aplicabilidade do § 1º do art. 489 do NCPC ao processo do trabalho. Assinalou que, apesar do seu importante viés constitucional, essa disposição não poderá ser aplicada ao processo do trabalho, que possui "um dispositivo legal específico já tratando do tema (CLT, art. 832, *caput*)". Segundo esse autor, essa regra da CLT está perfeitamente adequada ao "sistema processual trabalhista, baseando-se na ideia de tutela jurisdicional diferenciada e especial, voltada para amparar os direitos trabalhistas, com forte viés em duas premissas – oralidade e simplicidade"[38].

O § 1º do art. 489 do novo CPC indica as hipóteses em que a decisão judicial não é considerada fundamentada, "exigindo do julgador que peculiarize o caso julgado e a respectiva fundamentação diante das especificidades que lhe são apresentadas". Não serão mais aceitas "fundamentações padronizadas e sem que sejam apresentados os argumentos e as teses trazidas pelas partes"[39].

O novo CPC também inova ao prever, no art. 1.022, parágrafo único, II, o uso dos embargos de declaração "para suprir omissão de decisão que incorra em qualquer das condutas descritas no art. 489, § 1º"[40].

A novidade do § 1º do art. 489 estabelece que a garantia da fundamentação das decisões judiciais, "de índole constitucional, não se tem por satisfeita, se a fundamentação não atende a certos parâmetros de qualidade"[41].

O inciso I, do § 1º, do art. 489, afirma não se considerar fundamentada qualquer decisão que "se limitar à indicação, à reprodução ou a paráfrase de ato normativo, sem explicar sua relação com a causa ou a questão decidida". Interpretando esse novo dispositivo, afirmam Teresa Arruda Alvim Wambier, Maria Lúcia Lins Conceição, Leonardo Ferres da Silva Ribeiro e Rogério Licastro Torres de Mello, em seus "Primeiros comentários ao novo Código de Processo Civil: artigo por artigo – Lei n. 13.105, de 16 de março de 2015":

---

31. MARTINS, Sergio Pinto. *Direito processual do trabalho*. 34. ed. atual. até 3.12.2012. São Paulo: Atlas, 2013. p. 379.
32. *Ibidem*, p. 379.
33. *Ibidem*, p. 379.
34. SARAIVA, Renato. *Curso de direito processual do trabalho*. 5. ed. São Paulo: Método, 2008. p. 339.
35. *Ibidem*, p. 339-340.
36. *Ibidem*, p. 440.
37. BRASIL. *Tribunal Superior do Trabalho*. 2ª T. RR 684.428. Rel. Min. Conv. Alberto Luiz Bresciani Pereira – DJU 24.5.2001. p. 427.
38. VALENTE, José Alexandre Barra. A fundamentação das decisões judiciais no novo Código de Processo Civil e sua aplicação no processo do trabalho. *Revista Eletrônica do TRT9*. v. 4. n. 39. abril de 2015. (p. 171-220). p. 217. Disponível em: <http://www.mflip.com.br/pub/escolajudicial/?numero=39>. Acesso em: 10 jun. 2015.
39. BUENO, Cassio Scarpinella. *Novo Código de Processo Civil* anotado. São Paulo: Saraiva, 2015. p. 325.
40. *Ibidem*, p. 325.
41. WAMBIER, Teresa Arruda Alvim; CONCEIÇÃO, Maria Lúcia Lins; RIBEIRO, Leonardo Ferres da Silva; MELLO, Rogério Licastro Torres de. *Primeiros comentários ao novo Código de Processo Civil*: artigo por artigo. São Paulo: Revista dos Tribunais, 2015. p. 793.

De acordo com a nova lei, considera-se não haver fundamentação em qualquer decisão judicial se esta, pura e simplesmente, repetir a lei, com outras palavras, sem dizer expressamente porque a norma se aplica ao caso concreto decidido (art. 489, § 1º, I). Assim, se na decisão se diz: a decisão é X, porque a norma diz Y, esta decisão carece de fundamentação, pois não se fez o *link* entre o texto da lei dito de outra forma – e os fatos da causa.[42]

Para Luiz Guilherme Marinoni, Sérgio Cruz Arenhart e Daniel Mitidiero, o alcance da regra do inciso I, do § 1º, do art. 489, fixa-se em que "a necessidade de individualização das normas aplicáveis repele a possibilidade de o juiz se limitar à indicação, à reprodução ou a paráfrase de ato normativo". O vocábulo *paráfrase* significa, aqui, a simples reelaboração do texto legal com outras palavras. Enfatizam os autores que, para a individualização das normas aplicáveis, é necessário explicar as razões pelas quais "as normas aplicadas servem para a solução do caso concreto", isto é, "mostrar por quais motivos as normas devem ser aplicadas". Nesse sentido, "a simples transcrição do texto legal", sem menção ao caso concreto, "não serve para individualização do direito que deve ser aplicado"[43].

Analisando essa mesma disposição legal do novo CPC, Nelson Nery Junior e Rosa Maria de Andrade Nery registram: "o texto coíbe a utilização, pelo juiz, de fundamento que caberia para embasar qualquer decisão". Em outras palavras, exemplificando, o modelo pronto, "chapinha", nunca foi e agora, mais clara e expressamente, "não será tolerado como decisão fundamentada". Veda-se, também, a utilização de paráfrase, isto é, "transcrever texto de lei mudando as palavras ou sua ordem na frase". Deve, portanto, a decisão, fundamentada em texto de lei, "mencionar os fatos da causa que estariam sujeitos à incidência do texto normativo"[44].

Motivações judiciais que serviriam para justificar qualquer outra não se apresentam corretas, como mostra julgado do STF:

Não satisfaz a exigência constitucional de que sejam fundamentadas todas as decisões do Poder Judiciário (CF, art. 93, IX) a afirmação de que a alegação deduzida pela parte é "inviável juridicamente, uma vez que não retrata a verdade dos compêndios legais": não servem à motivação de uma decisão judicial afirmações que, a rigor, se prestariam a justificar qualquer outra.[45]

O inciso II, do § 1º, do art. 489, considera desfundamentada a decisão judicial que "empregar conceitos jurídicos indeterminados, sem explicar o motivo concreto de sua incidência no caso". Refere-se a regra aos casos em que o debate do caso real envolve a concretização de termos vagos, presentes, por exemplo, "nos conceitos jurídicos indeterminados e nas cláusulas gerais". Como exemplo de conceito jurídico indeterminado pode-se apresentar o de justa causa "para efeito de restituição de prazo processual" (art. 223). A cláusula geral pode ser exemplificada com o art. 5º: "aquele que de qualquer forma participa do processo deve comportar-se de acordo com a boa-fé"[46]. Não se outorgando sentido ao termo vago e não se mostrando a razão pela qual pertine ao caso concreto, "a indeterminação normativa do texto impede que se tenha por individualizada a norma que será aplicada para solução da questão debatida entre as partes"[47].

Nelson Nery Junior e Rosa Maria de Andrade Nery explicam que o texto não permite que se faça "mera referência aos conceitos legais indeterminados, como, por exemplo, boa-fé, má-fé, justo título, duração razoável do processo etc.". Para esses autores, é indispensável que o juiz preencha o conceito indeterminado, explicando, no caso concreto e especificamente, no que consistem as expressões e institutos mencionados. Afirmam que a mera indicação do conceito legal indeterminado, "sem esclarecimento sobre sua aplicabilidade ao caso, dá margem à nulidade da sentença por falta de fundamento". Esclarecem, no entanto, que "a fundamentação concisa não pode ser confundida com a não fundamentação"[48].

---

42. WAMBIER, Teresa Arruda Alvim; CONCEIÇÃO, Maria Lúcia Lins; RIBEIRO, Leonardo Ferres da Silva; MELLO, Rogério Licastro Torres de. *Primeiros comentários ao novo Código de Processo Civil*: artigo por artigo. São Paulo: Revista dos Tribunais, 2015. p. 794.
43. MARINONI, Luiz Guilherme; ARENHART, Sérgio Cruz; MITIDIERO, Daniel. *Novo curso de processo civil*: tutela dos direitos mediante procedimento comum, volume II. São Paulo: Editora Revista dos Tribunais, 2015. p. 443.
44. NERY JUNIOR, Nelson; NERY, Rosa Maria de Andrade. *Comentários ao Código de Processo Civil*: novo CPC – Lei 13.105/2015. São Paulo: Revista dos Tribunais, 2015. p. 1.155.
45. BRASIL. *Supremo Tribunal Federal*. 1ª T. RE 217631-GO, Rel. Min. Sepúlveda Pertence, v.u., j: 9.9.1997, DJU 24.10.1997.
46. MARINONI, Luiz Guilherme; ARENHART, Sérgio Cruz; MITIDIERO, Daniel. *Novo curso de processo civil*: tutela dos direitos mediante procedimento comum, volume II. São Paulo: Revista dos Tribunais, 2015. p. 443.
47. *Ibidem*, p. 443-444.
48. NERY JUNIOR, Nelson; NERY, Rosa Maria de Andrade. *Comentários ao Código de Processo Civil*: novo CPC – Lei 13.105/2015. São Paulo: Revista dos Tribunais, 2015. p. 1155.

Motivação sucinta pode significar decisão motivada, como já entendeu a mais alta Corte do País:

> Decisão fundamentada: o que a CF 93, IX, exige é que o juiz ou o tribunal dê as razões de seu convencimento, não se exigindo que a decisão seja amplamente fundamentada, dado que a decisão com motivação sucinta é decisão motivada.[49]

Sobre essa situação, registra a história oral da Justiça do Trabalho do Paraná um caso peculiar, de uma sucinta sentença que foi mantida pelo Tribunal. Discutia-se, em reclamatória trabalhista, perante uma Junta de Conciliação e Julgamento do interior do Paraná, se o autor era empregado ou não. Disse a sentença: "aquele que compra o leite no sítio e, por sua conta e risco, revende na cidade, não é empregado". Está essa decisão suficientemente motivada? Seria exemplo de sentença concisa? O Tribunal Regional do Trabalho examinou o recurso apresentado em setenta páginas e manteve a decisão. Agiu corretamente o Tribunal? A síntese de uma decisão, por vezes, conduz a dúvidas. Nesse caso, parece, mesmo, que a decisão justificou, de forma fundamentada/motivada, porque o reclamante não era empregado.

Saliente-se que a indeterminação dos conceitos "admite graus", sendo também evidente que, quanto mais vago for o conceito contido na norma aplicada para resolver o caso concreto, certamente "maior necessidade haverá de "o juiz explicar porque entendeu que a norma deveria incidir na hipótese fática dos autos". Assim, quando se basear "em princípios jurídicos, em cláusulas gerais e em normas que contenham, em sua redação, conceitos indeterminados", deve a decisão judicial possuir densidade de fundamentação[50].

O inciso III, do § 1º, do art. 489, não considera fundamentada a decisão judicial que "invocar motivos que se prestariam a justificar qualquer outra decisão". Essa norma já está compreendida nos incisos I e II, examinados, considerando não motivada a decisão "que se prestaria a justificar qualquer *decisum*, como, por exemplo, concedo a liminar porque presentes os seus pressupostos". Não há dúvida que a fundamentação "deve ser expressa e especificamente relacionada ao caso concreto que está sendo resolvido". Não se admite, em hipótese alguma, a decisão "vestidinho preto", que significa, segundo uso corrente, "algo que se pode usar em diferentes situações, sem risco de incidir em grave erro"[51].

Registram, enfaticamente, Luiz Guilherme Marinoni, Sérgio Cruz Arenhart e Daniel Mitidiero "a necessidade de efetivo diálogo entre o juiz e as partes, tendo em conta o caráter lógico argumentativo da interpretação do direito", o que repele se possa considerar como fundamentada uma decisão que invoca motivos que se prestariam a justificar qualquer decisão[52].

Exemplifica-se a vedação do texto do novo CPC, asseverando-se que quando determinada decisão apresenta fundamentação que serve para justificar qualquer outra, na verdade não particulariza o caso concreto. Por isso, respostas padronizadas, idealizadas para servir indistintamente a qualquer caso, "justamente pela ausência de referências às particularidades do caso, demonstram a inexistência de consideração pela demanda proposta pela parte". Em síntese, quanto ao inciso III, com a fundamentação padrão, "desligada de qualquer aspecto da causa, a parte não é ouvida, porque o seu caso não é considerado"[53].

O inciso IV, do § 1º, do art. 489, não considera fundamentada a decisão judicial que deixar de "enfrentar todos os argumentos deduzidos no processo capazes de, em tese, infirmar a conclusão adotada pelo julgador".

Ao considerar desmotivada a decisão, quando não enfrentados todos os argumentos deduzidos no processo, o dispositivo refere-se aos "argumentos de fato e de direito que teriam o condão de levar o magistrado a decidir de outra forma". Dito de outra maneira, uma vez não acolhidos os argumentos, devem, obrigatoriamente, ser afastados. Aqui se trata de levar em conta a "noção contemporânea do princípio do contraditório". Não se pode mais admitir, como antigamente, o contraditório resumido à atividade das partes, com "a oportunidade de afirmar e demonstrar o direito que alegam ter". Entende-se, agora, o contraditório como supondo a existência de "um observador neutro, no sentido de imparcial, que assista ao diálogo entre as partes

---

49. BRASIL. *Supremo Tribunal Federal*. 2ª T. Ag. Rg RE 285052-SC, Rel. Min. Carlos Velloso, v.u., j. 11.6.2002, DJU 28.6.2002.
50. WAMBIER, Teresa Arruda Alvim; CONCEIÇÃO, Maria Lúcia Lins; RIBEIRO, Leonardo Ferres da Silva; MELLO, Rogério Licastro Torres de. *Primeiros comentários ao novo Código de Processo Civil*: artigo por artigo. São Paulo: Revista dos Tribunais, 2015. p. 794.
51. *Ibidem*, p. 795.
52. MARINONI, Luiz Guilherme; ARENHART, Sérgio Cruz; MITIDIERO, Daniel. *Novo curso de processo civil*: tutela dos direitos mediante procedimento comum, volume II. São Paulo: Revista dos Tribunais, 2015. p. 444.
53. *Ibidem*, p. 444-445.

(alegações + provas) para depois decidir". Quando fundamenta a decisão, o juiz demonstra que "participou do contraditório". O juiz tem obrigação de ouvir as partes, embora possa não acolher suas alegações, uma vez que "pode decidir com base em fundamentos não mencionados por nenhuma das partes (*iura novit curia*)". Somente nos autos em que foi proferida, uma decisão pode (ou não) ser considerada fundamentada. Além da sua coerência *interna corporis*, é fundamental que a decisão se refira a elementos externos, "afastando-os, de molde até mesmo a reforçar o acerto da decisão tomada"[54].

Houve um período, na história do Direito, no qual se entendia o contraditório como algo que dizia respeito somente às partes. Nesse sentido, pois, afirmava-se que o dever de motivação das decisões judiciais não poderia ter como parâmetro, para aferir a correção, "a atividade desenvolvida pelas partes em juízo". Considerava-se suficiente, assim, que o órgão jurisdicional, para que fosse considerada motivada sua decisão, demonstrasse "quais as razões que fundavam o dispositivo". Tratava-se, apenas, de levar em conta "um critério intrínseco para aferição da completude do dever de motivação", vale dizer, "bastava a não contradição entre as proposições constantes da sentença". Esse entendimento antigo encontra-se em total descompasso com a nova visão a respeito do direito ao contraditório. Registre-se que o contraditório significa o direito de influir, tendo como contrapartida o "dever de debate – dever de consulta, de diálogo, de consideração". Desse modo, tem-se como certo que "não é possível aferir se a influência foi efetiva se não há dever judicial de rebate aos fundamentos levantados pelas partes". Essa é a razão pela qual, além de não ser contraditória, a fundamentação tem a sua completude pautada também por um "critério extrínseco – a consideração pelos argumentos desenvolvidos pelas partes em suas manifestações processuais". Uma explicação importante, ainda, esclarece que o inciso IV, do § 1º, do art. 489, "não visa fazer com que o juiz rebata todo e qualquer argumento invocado pelas partes no processo". Existe, sim, dever de diálogo do juiz, do Poder Judiciário, com a parte, sobre os "argumentos capazes de determinar por si a procedência de um pedido", ou, ainda, "de determinar por si só o conhecimento, não conhecimento, provimento ou desprovimento de um recurso". Todos os demais argumentos, contudo, só precisam ser considerados pelo juiz, com a finalidade de demonstrar "que não são capazes de determinar conclusão diversa daquela adotada pelo julgador"[55].

Nelson Nery Junior e Rosa Maria de Andrade Nery, em análise ao inciso IV, do § 1º, do art. 489, do novo CPC, asseveram que "havendo omissão do juiz, que deixou de analisar fundamento constante da alegação da parte, terá havido omissão suscetível de correção pela via dos embargos de declaração". Não se pode mais, agora, rejeitar embargos declaratórios "ao argumento de que o juiz não está obrigado a pronunciar-se sobre todos os pontos da causa". Desse modo, deve o juiz pronunciar-se sobre todos os pontos levantados pelas partes, "que sejam capazes de alterar a conclusão adotada na decisão". Distinguem, no entanto, os autores citados, fundamentação sucinta de fundamentação deficiente. Para eles, o juiz "não tem obrigação de responder a todos os argumentos das partes", mas tem o dever de "examinar as questões que possam servir de fundamento essencial à acolhida ou rejeição do pedido do autor". Recordam, ainda, com base no inciso I, art. 1022, do novo CPC, que "a motivação contraditória dá ensejo a que a parte prejudicada oponha embargos de declaração"[56].

O inciso V, do § 1º, do art. 489, não considera fundamentada a decisão judicial "que se limitar a invocar precedentes ou enunciados de súmula, sem identificar seus fundamentos determinantes, nem demonstrar que o caso sob julgamento se ajusta àqueles fundamentos". Considera-se essa norma "substancialmente idêntica à do inciso I", vale dizer, quando se aplica "uma regra ao caso concreto, devem-se explicar as razões que tornam a regra adequada para resolver aquele caso concreto específico". Igualmente, ao aplicar-se uma súmula ou precedente, leva-se em conta "a tese jurídica adotada pelo precedente e formulada na súmula". Dessa maneira, deve-se demonstrar, na fundamentação da decisão, "a relação de pertinência ao caso concreto"[57].

A exigência do novo CPC consiste em que a menção a precedente, ou enunciado de súmula de tribunal (vinculante ou simples), venha acompanhada "da análise dos fatos e do direito da causa, que se amoldaram

---

54. WAMBIER, Teresa Arruda Alvim; CONCEIÇÃO, Maria Lúcia Lins; RIBEIRO, Leonardo Ferres da Silva; MELLO, Rogério Licastro Torres de. *Primeiros comentários ao novo Código de Processo Civil*: artigo por artigo. São Paulo: Revista dos Tribunais, 2015. p. 795.
55. MARINONI, Luiz Guilherme; ARENHART, Sérgio Cruz; MITIDIERO, Daniel. *Novo curso de processo civil*: tutela dos direitos mediante procedimento comum, volume II. São Paulo: Revista dos Tribunais, 2015. p. 445-446.
56. NERY JUNIOR, Nelson; NERY, Rosa Maria de Andrade. *Comentários ao Código de Processo Civil*: novo CPC – Lei 13.105/2015. São Paulo: Revista dos Tribunais, 2015. p. 1155-1156.
57. WAMBIER, Teresa Arruda Alvim; CONCEIÇÃO, Maria Lúcia Lins; RIBEIRO, Leonardo Ferres da Silva; MELLO, Rogério Licastro Torres de. *Primeiros comentários ao novo Código de Processo Civil*: artigo por artigo. São Paulo: Revista dos Tribunais, 2015. p. 796.

àquele enunciado ou precedente". A mesma exigência está no inciso I, do § 1º, do art. 489. O juiz deve indicar "quais as circunstâncias do caso concreto que fariam com que se amoldasse ao precedente ou enunciado de súmula de tribunal". Apenas indicar, mencionar, o precedente ou o enunciado da súmula não é suficiente, "não é circunstância que caracterize a decisão como fundamentada". Desse modo, tal como acontece na simples indicação de texto de lei, a mera indicação de precedente ou enunciado de súmula significa "decisão nula por falta de fundamentação (CF, 93, IX)"[58].

Ao realizar a exegese do inciso V, do § 1º, do art. 489, Luiz Guilherme Marinoni, Sérgio Cruz Arenhart e Daniel Mitidiero especificam que "também são problemas ligados à ausência de identificação das normas aplicáveis ao caso concreto" aqueles oriundos de "invocação de precedente sem a devida justificação da identidade ou semelhança entre os casos"[59].

O último dos incisos do § 1º, VI, do art. 489, considera não fundamentada a decisão judicial que "deixar de seguir enunciado de súmula, jurisprudência ou precedente invocado pela parte, sem demonstrar a existência de distinção no caso em julgamento ou a superação do entendimento".

É possível considerar que, de certo modo, as razões do inciso VI encontram-se também no inciso V, isto é, quando a jurisprudência, ou o precedente, invocado pela parte, é desconsiderado, "devem ser explicadas as razões pelas quais teriam sido afastados". De duas uma: ou não se trata de caso análogo, "ou a tese jurídica constante da súmula, da jurisprudência ou do precedente não devem ser acatados, porque superados"[60].

Registram Luiz Guilherme Marinoni, Sérgio Cruz Arenhart e Daniel Mitidiero, quanto ao inciso VI, da mesma forma como havia feito em relação ao inciso V, como problemas ligados à ausência de identificação das normas aplicáveis ao caso concreto, vale dizer, decorrentes da omissão de justificativa capaz de levar à distinção "entre o caso sentenciado e o caso invocado como precedente ou capaz de mostrar a superação do precedente invocado pela parte, mas não aplicado"[61].

Observações de extrema pertinência aduzem Nelson Nery Junior e Rosa Maria de Andrade Nery relativamente à possibilidade de não aplicação de súmula vinculante e o controle de constitucionalidade. Ressaltam que a aplicação da súmula vinculante não é imediata nem automática, "pois é necessário o exercício da interpretação". Enfatizam que o juiz, ao decidir, dado o caráter geral e abstrato da súmula vinculante do STF, pode ou não aplicá-la, pois, como a lei, também é "geral e abstrata e de cumprimento e aplicação obrigatórios (CF, 5º, III)". Entretanto, para não aplicar a súmula vinculante do STF, ao caso concreto, é necessário afastar sua constitucionalidade. Em caso contrário, o juiz está obrigado a cumpri-la e aplicá-la. No momento que afastar essa incidência deverá reconhecer tratar-se de "texto normativo inconstitucional"[62]. Nelson Nery Junior, em obra que escreveu sozinho, menciona o verbete vinculante n. 5 do STF que estabelece: "a falta de defesa técnica por advogado no processo administrativo disciplinar não ofende a Constituição". Considera essa súmula inconstitucional por ferir a dignidade da pessoa humana (CF, 1º, III), o direito de ação (CF, 5º, XXXV), o devido processo legal (CF, 5º, LIV), a ampla defesa (CF, 5º, LV) e os predicamentos da advocacia (CF, 133). Registra, por isso, que essa súmula "não poderá produzir efeitos nos processos administrativos e judiciais". Caberia, então, ao julgador administrativo (processo administrativo) ou ao juiz (processo judicial) exercer o controle concreto e difuso de constitucionalidade da súmula vinculante n. 5 e, ao reconhecê-la inconstitucional, deixar de aplicá-la[63].

Quanto à não aplicação de jurisprudência e súmula simples de tribunal, consideram Nelson Nery Junior e Rosa Maria de Andrade Nery que "a vinculação do juiz nas hipóteses previstas no CPC, 927, III, IV e V, é inconstitucional, pois não existe autorização expressa na CF, como seria de rigor, para que haja essa vinculação". Com efeito, determina o *caput* do art. 927 do novo

---

58. NERY JUNIOR, Nelson; NERY, Rosa Maria de Andrade. *Comentários ao Código de Processo Civil*: novo CPC – Lei 13.105/2015. São Paulo: Revista dos Tribunais, 2015. p. 1.156.
59. MARINONI, Luiz Guilherme; ARENHART, Sérgio Cruz; MITIDIERO, Daniel. *Novo curso de processo civil*: tutela dos direitos mediante procedimento comum, volume II. São Paulo: Revista dos Tribunais, 2015. p. 444.
60. WAMBIER, Teresa Arruda Alvim; CONCEIÇÃO, Maria Lúcia Lins; RIBEIRO, Leonardo Ferres da Silva; MELLO, Rogério Licastro Torres de. *Primeiros comentários ao novo Código de Processo Civil*: artigo por artigo. São Paulo: Revista dos Tribunais, 2015. p. 796.
61. MARINONI, Luiz Guilherme; ARENHART, Sérgio Cruz; MITIDIERO, Daniel. **Novo curso de processo civil**: tutela dos direitos mediante procedimento comum, volume II. São Paulo: Revista dos Tribunais, 2015. p. 444.
62. NERY JUNIOR, Nelson; NERY, Rosa Maria de Andrade. *Comentários ao Código de Processo Civil*: novo CPC – Lei 13.105/2015. São Paulo: Revista dos Tribunais, 2015. p. 1.156.
63. *Idem*. *Princípios do processo na Constituição Federal*: processo civil, penal e administrativo. 10. ed. rev. ampl. e atual. com as novas súmulas do STF (simples e vinculantes) e com análise sobre a relativização da coisa julgada. São Paulo: Revista dos Tribunais, 2010. p. 254-255.

CPC que os juízes e os tribunais observarão: a) as decisões do Supremo Tribunal Federal em controle concentrado de constitucionalidade (I); b) os enunciados de súmula vinculante (II); c) os acórdãos em incidente de assunção de competência ou de resolução de demandas repetitivas e em julgamento de recurso extraordinário e especial repetitivos (III); d) os enunciados das súmulas do Supremo Tribunal Federal em matéria constitucional e do Superior Tribunal de Justiça em matéria infraconstitucional (IV); e) a orientação do plenário ou do órgão especial aos quais estiverem vinculados (V). Mencionam esses autores, quanto a súmula do STF, para que pudesse vincular juízes e tribunais, "foi necessária a edição de emenda constitucional incluindo a CF 103-A (EC n. 45/2004)". Do mesmo modo, consideram exigível emenda constitucional "para autorizar o Poder Judiciário a legislar". Asseveram que, somente nas hipóteses previstas no CPC, 927, I e II, a vinculação é possível, "pois para isso há expressa autorização constitucional (CF, 102, § 2º e 103-A, *caput*)"[64].

Tratando-se de novidade, as disposições específicas do novo CPC sobre a fundamentação judicial, considera-se importante trazer as explicações doutrinárias sobre a denominada "carência de motivação", que poderia manifestar-se em pelo menos três situações diversas:

> a) quando o juiz omite as razões de seu convencimento; b) quando as tenha indicado incorrendo em evidente erro lógico-jurídico, de modo que as premissas de que extraiu sua decisão possam ser consideradas *sicut non essent* – carência de motivação intrínseca; ou, c) quando, embora no seu contexto a sentença pareça motivada, tenha omitido o exame de um fato decisivo para o juízo que leve a crer que, se o juiz o tivesse examinado, teria alcançado uma decisão diversa – carência de motivação extrínseca.[65]

Quanto à carência de motivação extrínseca, que se caracteriza "quando o juiz deixa de apreciar provas ou questões de fato ou de direito decisivas para o julgamento", têm os tribunais, nessa hipótese, "fulminado a sentença por insanável nulidade"[66].

O § 2º, do art. 489, estabelece que, "no caso de colisão entre normas, "o juiz deve justificar o objeto e os critérios gerais da ponderação efetuada, enunciando as razões que autorizam a interferência da norma afastada e as premissas fáticas que fundamentam a conclusão". Diferentes finalidades normativas podem apontar soluções diversas, e até mesmo opostas, para resolução de determinados casos, conforme o exemplo do § 2º do art. 489. O novo CPC chama a esse fenômeno de "colisão entre normas". Embora o Código fale em ponderação, "pode ser o caso de o conflito normativo ser resolvido com o emprego da proporcionalidade". No caso de ponderação, o juiz deve justificar o objeto e os critérios gerais, enunciando "as razões que autorizam a interferência na norma afastada e as premissas fáticas que fundamentam a conclusão". Na hipótese de proporcionalidade, "deve o juiz retratar a relação entre meio e fim e justificar argumentativamente a adequação e necessidade"[67].

De forma contundente, Nelson Nery Junior e Rosa Maria Andrade Nery explicitam haver uma impropriedade "na menção à técnica de ponderação", no § 2º do art. 489, dando margem à interpretação de que "toda e qualquer antinomia pode ser resolvida por esse meio". Essa técnica, como ressaltam, desenvolveu-se e sustentou-se "para a solução dos conflitos entre direitos fundamentais e entre princípios constitucionais, que não se resolvem pelas regras da hermenêutica jurídica clássica". Esse dispositivo deve, portanto, ser interpretado apenas "no sentido de que se refere às normas relacionadas a direitos fundamentais e princípios constitucionais"[68].

Em sociedades pluralistas, como a em que vivemos, a orientação do § 2º tem sua função, pois cada vez mais "o Judiciário deve enfrentar questões complexas que exigem densa fundamentação". Em algumas situações, considera-se indispensável "decidir qual princípio deve prevalecer em detrimento de outro, muitas vezes, da mesma hierarquia". Pode-se exemplificar com

---

64. NERY JUNIOR, Nelson; NERY, Rosa Maria de Andrade. *Comentários ao Código de Processo Civil*: novo CPC – Lei n. 13.105/2015. São Paulo: Revista dos Tribunais, 2015. p. 1.156 e 1.835.
65. GRINOVER, Ada Pellegrini; GOMES FILHO, Antônio Magalhães; FERNANDES, Antonio Scarance. *As nulidades no processo penal*. 11. ed. rev. atual. e ampl. São Paulo: Revista dos Tribunais, 2009. p. 119.
66. Idem, p. 119.
67. MARINONI, Luiz Guilherme; ARENHART, Sérgio Cruz; MITIDIERO, Daniel. *Novo curso de processo civil*: tutela dos direitos mediante procedimento comum, volume II. São Paulo: Revista dos Tribunais, 2015. p. 449.
68. NERY JUNIOR, Nelson; NERY, Rosa Maria de Andrade. *Comentários ao Código de Processo Civil*: novo CPC – Lei 13.105/2015. São Paulo: Revista dos Tribunais, 2015. p. 1.156 e 1.157.

dois casos julgados pelo STF Pleno: a) a ADPF 132/RJ, sobre a garantia de igualdade de direitos para as uniões homoafetivas; b) a ADPF 54/DF, sobre a descriminalização da antecipação terapêutica do parto em caso de feto anencefálico[69].

O § 3º, do art. 489, diz que: "a decisão judicial deve ser interpretada a partir da conjugação de todos os seus elementos e em conformidade com o princípio da boa-fé". Trata-se de uma "regra interpretativa das decisões judiciais", que devem ser compreendidas "em função do conjunto de elementos que contêm e de acordo com o princípio da boa-fé". Corresponde esse dispositivo ao § 2º do art. 322 do NCPC, "que diz respeito ao pedido". Correlacionar pedido e sentença é inevitável, já se tendo dito que aquele é um rascunho desta, "quando a ação é tida como procedente"[70].

Em crítica a esse texto, pode-se dizer que "se não há harmonia entre relatório, fundamentação e dispositivo, não há como a sentença ser devidamente interpretada". Soa óbvia, assim, "a previsão de interpretação mediante a conjugação dos elementos da decisão", tornando-se ainda mais desnecessária no que diz respeito à sentença, "tendo em vista que os seus elementos constitutivos não foram aleatoriamente indicados pelo legislador". Condena-se à inutilidade a previsão do *caput* do art. 489 do NCPC quando ignora "um desses fatores no processo interpretativo". Quanto à boa-fé, considera-se "referência fundamental para todos aqueles que atuam no processo", sendo, entretanto, a rigor, desnecessária a inclusão no texto legal. Naturalmente a interpretação da decisão judicial não deve se pautar pela distorção do que foi dito pelo juiz, pois isso "caracterizaria litigância de má-fé por desvirtuamento da verdade dos fatos (CPC, 80, II)"[71].

Ao fim desse item, considera-se que, sim, os seis incisos do § 1º do art. 489 do NCPC podem, e devem, ser aplicados ao processo do trabalho. Com relação ao § 2º, aplica-se quando disser respeito a direitos fundamentais e princípios constitucionais. E o § 3º, embora desnecessário, reforça a relevância de interpretar-se a decisão judicial "a partir da conjugação de todos os seus elementos", e também levando em conta a boa-fé. O dispositivo talvez possa se justificar apenas como alerta.

4. ENTENDIMENTO DO TST, ENFAM, TRTS DA 10ª E 18ª REGIÃO E 18º CONAMAT SOBRE O TEMA

A Resolução n. 203 do Tribunal Superior do Trabalho, de 15.3.2016, editou a Instrução Normativa n. 39, que dispõe, de forma não exaustiva, sobre as normas do Código de Processo Civil de 2015 aplicáveis e inaplicáveis ao Processo do Trabalho. O art. 1º dessa Instrução considera aplicável o CPC de 2015 "subsidiariamente e supletivamente ao Processo do Trabalho, em caso de omissão e desde que haja compatibilidade com as normas e princípios do Direito Processual do Trabalho". Invoca, para essa orientação, o contido nos arts. 769 e 889 da CLT e art.15 da Lei n. 13.105 de 17.3.015[72].

Naquilo que diz respeito ao tema deste artigo, a Instrução Normativa n. 39/2016 do TST considera aplicável ao Processo do Trabalho, em face de omissão e compatibilidade, o art. 489 (fundamentação da sentença), conforme assevera em seu art. 3º, inciso IX. Ressalta, contudo, no art. 15, que o atendimento à exigência legal de fundamentação das decisões judiciais (NCPC, § 1º do art. 489), no que diz respeito ao Processo do Trabalho, deve-se observar certas premissas, a seguir explicitadas de forma especificada.

Premissa número um (inciso I do art. 15 da IN n. 39/2016 do TST): tendo em vista os arts. 332 e 927 do NCPC, adaptados ao Processo do Trabalho, para efeitos dos incisos V e VI do § 1º do art. 489, considera-se "precedente" tão somente:

a) acórdão proferido pelo STF ou pelo TST em julgamento de recursos repetitivos (CLT, art. 896-B e NCPC, art. 1.046, § 4º);

b) entendimento firmado em incidente de resolução de demandas repetitivas ou de assunção de competência;

c) decisão do STF em controle concentrado de constitucionalidade;

d) tese jurídica prevalecente em Tribunal Regional do Trabalho (TRT) e não conflitante com súmula ou orientação jurisprudencial do TST (CLT, art. 896, § 6º);

e) decisão do plenário, do órgão especial ou de seção especializada competente para uniformizar a jurisprudência do tribunal a que o juiz estiver vinculado ou do TST.

---

69. WAMBIER, Teresa Arruda Alvim; CONCEIÇÃO, Maria Lúcia Lins; RIBEIRO, Leonardo Ferres da Silva; MELLO, Rogério Licastro Torres de. *Primeiros comentários ao novo Código de Processo Civil:* artigo por artigo. São Paulo: Revista dos Tribunais, 2015. p. 796-797.
70. *Idem*, p. 797.
71. NERY JUNIOR, Nelson; NERY, Rosa Maria de Andrade. *Comentários ao Código de Processo Civil:* novo CPC – Lei n. 13.105/2015. São Paulo: Revista dos Tribunais, 2015. p. 1157.
72. BRASIL. Tribunal Superior do Trabalho. Resolução TST n. 203, de 15 de março de 2016. *Revista LTr*, v. 80, n. 03, março de 2016. p. 365-368.

Premissa número dois (inciso II do art. 15 da IN n. 39/2016 do TST): *para os fins do art. 489, § 1º, incisos V e VI do NCPC, serão considerados apenas, como precedentes, as súmulas do STF, orientação jurisprudencial e súmula do TST e súmula de TRT não conflitante com súmula ou orientação jurisprudencial do TST, que contenham explícita referência aos fundamentos determinantes da decisão (ratio decidendi).*

Premissa número três (inciso III do art. 15 da IN n. 39/2016 do TST): *não ofende o art. 489, § 1º, inciso IV do NCPC, a decisão que deixar de apreciar questões cujo exame haja ficado prejudicado em razão da análise anterior de questão subordinante.*

Premissa número quatro (inciso IV do art. 15 da IN n. 39/2016 do TST): *o art. 489, § 1º, IV, do NCPC, não obriga o juiz ou o Tribunal a enfrentar os fundamentos jurídicos invocados pela parte, quando já tenham sido examinados na formação dos precedentes obrigatórios ou nos fundamentos determinantes de enunciado de súmula.*

Premissa número cinco (inciso V do art. 15 da IN n. 39/2016 do TST): *decisão que aplica a tese jurídica firmada em precedente (nos termos do item I), não precisa enfrentar os fundamentos já analisados na decisão paradigma, sendo suficiente, para fins de atendimento das exigências constantes no art. 489, § 1º, do NCPC, a correlação fática e jurídica entre o caso concreto e aquele apreciado no incidente de solução concentrada.*

Premissa número seis (inciso VI do art. 15 da IN n. 39/2016 do TST): *para os fins do estabelecido nos incisos V e VI do art. 489, § 1º, do NCPC, é ônus da parte identificar os fundamentos determinantes ou demonstrar a existência de distinção no caso em julgamento ou a superação do entendimento, sempre que invocar precedente ou enunciado de súmula.*[73]

Como resultado do Seminário intitulado "O Poder Judiciário e o Novo Código de Processo Civil", a Escola Nacional de Formação e Aperfeiçoamento de Magistrados – ENFAM divulgou 62 enunciados. Relativamente ao tema examinado (art. 489 do NCPC), mencionam-se os seguintes:

Enunciado n. 7: *O acórdão, cujos fundamentos não tenham sido explicitamente adotados como razões de decidir, não constitui precedente vinculante.*

Enunciado n. 8: *Os enunciados das súmulas devem reproduzir os fundamentos determinantes do precedente.*

Enunciado n. 9: *É ônus da parte, para os fins do disposto no art. 489, § 1º, V e VI, do CPC/2015, identificar os fundamentos determinantes ou demonstrar a existência de distinção no caso em julgamento ou a superação do entendimento, sempre que invocar jurisprudência, precedente ou enunciado de súmula.*

Enunciado n. 10: *A fundamentação sucinta não se confunde com a ausência de fundamentação e não acarreta a nulidade da decisão se forem enfrentadas todas as questões cuja resolução, em tese, influencie a decisão da causa.*

Enunciado n. 11: *Os precedentes a que se referem os incisos V e VI do § 1º do art. 489 do CPC/2015 são apenas os mencionados no art. 927 e no inciso IV do art. 332.*

Enunciado n. 12: *Não ofende a norma extraível do inciso IV do § 1º do art. 489 do CPC/2015 a decisão que deixar de apreciar questões cujo exame tenha ficado prejudicado em razão da análise anterior de questão subordinante.*

Enunciado n. 13: *O art. 489, § 1º, IV, do CPC/2015, não obriga o juiz a enfrentar os fundamentos jurídicos invocados pela parte, quando já tenham sido enfrentados na formação dos precedentes obrigatórios.*

Enunciado n. 19: *A decisão que aplica a tese jurídica firmada em julgamento de casos repetitivos não precisa enfrentar os fundamentos já analisados na decisão paradigma, sendo suficiente, para fins de atendimento das exigências constantes no art. 489, § 1º, do CPC/2015, a correlação fática e jurídica entre o caso concreto e aquele apreciado no incidente de solução concentrada.*

Enunciado n. 20: *O pedido fundado em tese aprovada em IRDR deverá ser julgado procedente, respeitados o contraditório e a ampla defesa, salvo se for o caso de distinção ou se houver superação do entendimento pelo tribunal competente.*

Enunciado n. 40: *Incumbe ao recorrente demonstrar que o argumento reputado omitido é capaz de infirmar a conclusão adotada pelo órgão julgador.*

Enunciado n. 42: *Não será declarada a nulidade sem que tenha sido demonstrado o efetivo prejuízo por ausência de análise de argumento deduzido pela parte.*[74]

O Tribunal Regional do Trabalho da 10ª Região (Brasília-DF) e sua Escola Judicial (EJUD 10), por sua vez, também aprovaram Enunciados sobre a aplicabilidade do NCPC ao Processo do Trabalho. Aqueles aplicáveis ao tema que se aprecia são os seguintes:

Enunciado n. 30: NECESSIDADE DE FUNDAMENTAÇÃO DAS DECISÕES. *Aplica-se ao processo do*

---

73. BRASIL. Tribunal Superior do Trabalho. Resolução TST n. 203, de 15 de março de 2016. *Revista LTr*, v. 80, n. 3, março de 2016 (p. 365-368), p. 366-367.
74. BRASÍLIA. *Escola Nacional de Formação e Aperfeiçoamento de Magistrados*. Seminário o Poder Judiciário e o Novo Código de Processo Civil. Disponível em: <http://www.enfam.jus.br/wp-content/uploads/2015/09/ENUNCIADOS-VERSÃO-DEFINITIVA-.pdf>. Acesso em: 3 mai. 2016.

trabalho o disposto nos incisos II e III do § 1º do art. 489 do CPC (desfundamentação da decisão mediante o uso inexplicado de conceitos jurídicos indeterminados e de motivação absolutamente genérica) por representarem hipóteses de ausência total de fundamentação.

Enunciado n. 31: REQUISITOS EXTRAVAGANTES DE FUNDAMENTAÇÃO. OFENSA AO PRINCÍPIO DA PROPORCIONALIDADE. INCOMPATIBILIDADE COM A SIMPLICIDADE DO PROCESSO DO TRABALHO. Não se aplica ao processo do trabalho o disposto nos incisos I, IV, V e VI do § 1º do art. 489 do CPC, por afronta ao princípio da proporcionalidade (exigência desnecessária e inadequada), pela incompatibilidade com a simplicidade do processo do trabalho (CLT, art. 769) e, no caso do inciso VI, ainda por afrontar o princípio da independência do juiz.[75]

Também o Tribunal Regional do Trabalho da 18ª Região e sua Escola Judicial, na Primeira Jornada sobre o Novo Código de Processo Civil, editaram Enunciados. Aqueles que se referem ao tema da fundamentação/motivação das decisões judiciais, são os seguintes:

Enunciado n. 12: DISCIPLINA DA FUNDAMENTAÇÃO. CPC, ART. 489, § 1º E CF, ART. 93, IX. DEVER CONSTITUCIONAL. FUNDAMENTAÇÃO SUFICIENTE: CLARA, PRECISA E ESPECÍFICA. A premissa maior do Código de Processo Civil repousa em observar a Constituição, de modo que uma lei infraconstitucional não tem o poder de alterar o significado das normas constitucionais, por uma questão de hierarquia. O dever de fundamentar é constitucional (art. 93, IX) e o STF já decidiu que não há necessidade de rebater, de forma pormenorizada, todas as alegações e provas. A fundamentação, que pode ser concisa, será suficiente quando for clara – acerca da análise do direito, específica – quanto ao caso proposto e precisa – quando indicar com exatidão a adequação dos fatos ao direito.

Enunciado n. 13: AINDA QUE SE REPUTE POR CONSTITUCIONAL, REVELA-SE MANIFESTAMENTE INAPLICÁVEL AO PROCESSO DO TRABALHO O DISPOSITIVO DO NOVO CPC QUE EXIGE FUNDAMENTAÇÃO SENTENCIAL EXAURIENTE, COM O ENFRENTAMENTO DE TODOS OS ARGUMENTOS DEDUZIDOS NO PROCESSO PELAS PARTES. O inciso IV, do § 1º, do art. 489, do novo CPC, ao exigir fundamentação sentencial exauriente, é inaplicável ao processo trabalhista, seja pela inexistência de omissão normativa, diante do caput do art. 832, da CLT, seja pela flagrante incompatibilidade com os princípios da simplicidade e da celeridade, norteadores do processo laboral, sendo-lhe bastante, portanto, a clássica fundamentação sentencial suficiente.[76]

O 18º Congresso Nacional dos Magistrados do Trabalho, realizado na cidade de Salvador-BA nos dias 27 a 30 de abril de 2016, em sua Comissão n. 4, que tratou da Independência da Magistratura e Ativismo Judicial à Luz do Novo CPC, aprovou ementas que dizem respeito ao assunto aqui mencionado.

Quanto a Instrução Normativa do TST e seu alcance, aprovou-se uma ementa principal, aglutinando-se dois enunciados, cujo sentido, em síntese, é de que: "A EDIÇÃO DE INSTRUÇÃO NORMATIVA PELO TRIBUNAL SUPERIOR DO TRABALHO, VERSANDO A APLICAÇÃO DOS DISPOSITIVOS DO NOVO CÓDIGO DE PROCESSO CIVIL AO PROCESSO DO TRABALHO, NÃO VINCULA OS JUÍZES E TRIBUNAIS REGIONAIS DO TRABALHO, PRODUZINDO EFEITO DE MERA RECOMENDAÇÃO POIS DO CONTRÁRIO HAVERIA VIOLAÇÃO AOS PRINCÍPIOS DA INDEPENDÊNCIA DOS MAGISTRADOS E DO LIVRE CONVENCIMENTO"[77].

No que diz respeito à fundamentação da sentença e o novo CPC, aprovou-se ementa sugerida pelas AMATRAS 3, 4 e 15, com o seguinte teor: "1. A NORMA DO ART. 489 DO NCPC NÃO É APLICÁVEL AO PROCESSO DO TRABALHO, EM FACE DO DISPOSTO NO ART. 93, IX, DA CF E NOS ARTS. 769 C/C 832 DA CLT. 2. A CLT POSSUI REGRAS PRÓPRIAS SOBRE OS REQUISITOS DA SENTENÇA NO ÂMBITO DO PROCESSO DO TRABALHO (ARTS. 832 E 852-I). 3. NÃO HÁ, POR CONSEGUINTE, OMISSÃO LITERAL QUANTO AOS ELEMENTOS ESSENCIAIS DA SENTENÇA, AÍ INCLUÍDA A FUNDAMENTAÇÃO. HÁ, AO REVÉS, TRATAMENTO EXAUSTIVO NO TEXTO CELETÁRIO, QUE TAMPOUCO FOI SUPERADO PELO TEMPO (LACUNA ONTOLÓGICA) OU SE TORNOU INCOMPATÍVEL COM PRINCÍPIOS CONSTITUCIONAIS OU LEGAIS (LACUNA AXIOLÓGICA)"[78].

---

75. BRASÍLIA. *Tribunal Regional do Trabalho da 10ª Região*. Enunciados sobre a aplicabilidade do CPC ao Processo do Trabalho. Disponível em: <http://escolajudicial.trt10.jus.br/>. Acesso em: 3 mai. 2016.
76. GOIÁS. *Tribunal Regional do Trabalho da 18ª Região*. Primeira Jornada sobre o Novo Código de Processo Civil. Disponível em: <http://www.trt18.jus.br/portal/arquivos/2015/07/relatorio-final.pdf>. Acesso em: 3 mai. 2016.
77. BRASÍLIA. *Associação Nacional dos Magistrados do Trabalho – ANAMATRA*. 18º CONAMAT. Salvador-BA, 27 a 30 de abril de 2016. Teses da Comissão 4 – Independência da Magistratura e Ativismo Judicial à Luz do Novo CPC. Disponível em: <http://www.conamat.com.br/listagem--teses-aprovado.asp?ComissaoSel=4>. Acesso em: 4 mai. 2016.
78. Idem.

São essas, em síntese, as principais contribuições oferecidas pelo Tribunal Superior do Trabalho, a Escola Nacional de Formação e Aperfeiçoamento de Magistrados (ENFAM), os Tribunais Regionais do Trabalho da 10ª (Brasília) e 18ª Regiões (Goiás) e o 18º CONAMAT.

Naturalmente, o tema comportará, ainda, muitas reflexões e passará pelo crivo da doutrina e da jurisprudência, mas desde logo as orientações apresentadas poderão contribuir para a aplicação (ou não!) do novel § 1º do art. 489 do NCPC, que expressamente regulamenta o tema da fundamentação das decisões judiciais.

Capítulo 8

O CPC 2015 e o Depósito Recursal Trabalhista

Maria do Perpetuo Socorro Wanderley de Castro[*]

1. INTRODUÇÃO

As inovações da teoria do processo se aliam à visão atual do diálogo das fontes, em que os sistemas jurídicos diferentes se relacionam. Com a recente promulgação de Código de Processo Civil que incorpora as novas diretrizes do pensamento processual, abre-se a discussão em torno de aplicação de suas normas no processo do trabalho, qual sua extensão e intensidade. Sendo múltiplos os aspectos, a análise ora realizada fica restrita à exigência do depósito processual que constitui uma peculiaridade do processo do trabalho.

2. O PROCESSO TRABALHISTA E O ART. 15 DO CPC/2015

É importante ter em conta a unidade do direito processual, marcada pela existência de um corpo de conhecimentos comuns e aplicáveis a todos os ramos do direito processual e encimada pelo modo constitucional do processo. Na construção de uma teoria geral do processo, o Código de Processo Civil de 2015 afirma a aplicação de suas disposições ao processo trabalhista[1].

Ao tempo das modificações dos anos de 2005 e 2006 no Código de Processo Civil de 1973, Athayde Chaves[2] apontou a interdependência entre os sistemas processuais comum e trabalhista ressaltando que ela se apresenta, em parte, pelo fato de o processo comum ser fonte subsidiária do processo do trabalho, na dicção do art. 769 da CLT e que reclama um diálogo entre as inovações do processo civil e seus reflexos no direito processual do trabalho. Deixou claro seu entendimento de que a heterointegração ocorre não apenas quanto à lacuna em seu sentido normativo, mas vai além para alcançar as frequentes situações em que a norma processual trabalhista sofre de ancilosamento em face de institutos processuais semelhantes, mais modernos e eficazes.

Em dias atuais, Laurino[3] expressa o entendimento de que a aplicação do processo civil decorre de um imperativo jurídico para atender à omissão do processo do trabalho em relação a temas que expressam valores constitucionais sobre os quais se estruturam o acesso à justiça e o devido processo legal; e de um juízo de conveniência para o aprimoramento do processo do trabalho.

3. O PROCEDIMENTO RECURSAL TRABALHISTA

O recurso é instrumento previsto em lei para que as partes, diante da decisão judicial, possam postular sua anulação, reforma ou, ainda, integração. Entre seus princípios informativos, tem-se a taxatividade, pelo

---

(*) Desembargadora Federal do Trabalho, TRT 21. Mestre em Direito, Processo e Cidadania, na UNICAP, Recife, PE.

1. Art. 15. Na ausência de normas que regulem processos eleitorais, trabalhistas ou administrativos, as disposições deste Código lhe serão aplicadas supletiva e subsidiariamente.

2. CHAVES ATHAYDE, Luciano. *Da incompletude do Direito Judiciário do Trabalho e do percurso para a compreensão de um método válido de heterointegração de seu microssistema de regras*. In: A recente reforma no processo comum. Reflexos no Direito Judiciário do Trabalho. São Paulo: LTr, 2006. P. 21/29.

3. LAURINO, Salvador Franco de Lima. *O art. 15 do novo Código de Processo Civil e os limites da autonomia do processo do trabalho*. In: O novo CPC e o processo do trabalho. Estudos em Homenagem ao Ministro Walmir Oliveira da Costa. MARTINS, Sérgio Pinto (coord.) São Paulo: Atlas, 2016. p. 10.

qual somente são cabíveis os recursos expressamente previstos na legislação, ainda que mitigado pelo princípio da fungibilidade recursal em que desponta a instrumentalidade.

A CLT versa no Título X sobre o Processo Judiciário do Trabalho, no Capítulo VI – Dos recursos, sobre os recursos admissíveis, arrolando no art. 893, os embargos; recurso ordinário; recurso de revista e agravo. Estatui a irrecorribilidade das decisões interlocutórias e o efeito meramente devolutivo dos recursos.

A atividade recursal exige o preenchimento de pressupostos, que são requisitos de admissibilidade a serem preenchidos pelo recorrente a fim de que o recurso tenha processamento, com conhecimento e julgamento pelo Tribunal *ad quem*.

Ao lado dos pressupostos subjetivos correspondentes à legitimidade, capacidade e interesse recursal, estão os pressupostos objetivos que são requisitos extrínsecos e envolvem aspectos externos do recurso. Consistem em: tempestividade e preparo. De sua vez, o preparo compreende o pagamento de custas e, em havendo condenação em pecúnia, o depósito recursal.

4. O DEPÓSITO RECURSAL COMO REQUISITO DO RECURSO TRABALHISTA

O depósito previsto no art. 899, §§ 1º, 2º e 6º da CLT[4], é um requisito extrínseco da admissibilidade do recurso trabalhista, ao lado das custas, constituindo, os dois, o preparo. Está vinculado às sentenças condenatórias nos dissídios individuais e, com o trânsito em julgado, seu valor é objeto de ordem de imediato levantamento pela parte vencedora.

Sobre essa exigência, o Supremo Tribunal Federal se pronunciou em exame de medida liminar requerida em face do art. 40, § 3º, da Lei n. 8.177/1991, nas ADIns ns. 836-6 e 884-6 e asseverou que essa exigência não atenta contra a prerrogativa assegurada na Constituição quanto do direito dos litigantes à ampla defesa com todos os recursos a ela inerentes. Assim, afastou as alegações de negativa de prestação da jurisdição e de obstáculo à ampla defesa e vedação de acesso à instância superior, como direitos fundamentais processuais enunciados nos incisos XXXV e LV do art. 5º da Constituição da República.

Na decisão, proferida em sessão realizada em 8.10.1993, o Supremo Tribunal Federal afirmou, ante a nova norma então impugnada, que as alterações havidas foram "de índole quantitativa a um arcabouço preexistente". Considerou, segundo as palavras do Ministro Francisco Rezek, o Relator, que: "Não me parece que a exigência de depósito recursal atente contra a prerrogativa que a Constituição assegura. Mesmo quando o depósito que se exige dentro de determinada trilha processual não seja estritamente destinado a garantir a execução. Ele pode não ter esse propósito, mas não há de ser entendido, pelo só fato de existir, como um obstáculo à fluência normal dos recursos". Aduziu ainda, o Ministro Relator: "O que aqui temos não são valores de depósitos. São limites. Na realidade, o depósito está sempre vinculado ao valor da condenação. Como esse em geral é indeterminado, o que se leva em conta é aquele valor arbitrado para o cálculo das custas, quase sempre inferior ao conteúdo econômico das lides."

Em razão desse entendimento, parte da doutrina considerou que o depósito fora tido como pressuposto recursal especial. Nessa linha, ademais, ele se destina à execução, o que, na sistemática do processo do trabalho acarreta, com o trânsito em julgado da sentença condenatória, a imputação do valor respectivo à execução e sua atribuição ao trabalhador; vencedor, o empregador, o valor lhe é liberado, por nada haver a pagar.

Consolidando esse entendimento, o Tribunal Superior do Trabalho, na Instrução Normativa n. 3/93, que, conforme sua ementa, interpreta o art. 40 da Lei n. 8.542/1992, explicitou, no item I, que o depósito recursal constitui *garantia do Juízo recursal, que pressupõe decisão condenatória ou executória de obrigação de pagamento em pecúnia, com valor líquido ou arbitrado*. Ainda, ao editar a Súmula n. 128, sobre o depósito recursal, explicitou a vinculação e limite do depósito ao valor da condenação:

DEPÓSITO RECURSAL (incorporadas as Orientações Jurisprudenciais ns. 139, 189 e 190 da SBDI) – Res. n. 129/2005, DJ 20, 22 e 25.4.2005.

---

4. Art. 899 – Os recursos serão interpostos por simples petição e terão efeito meramente devolutivo, salvo as exceções previstas neste Título, permitida a execução provisória até a penhora.

§ 1º. Sendo a condenação de valor até 10 (dez) vezes o salário mínimo regional, nos dissídios individuais, só será admitido o recurso inclusive o extraordinário, mediante prévio depósito da respectiva importância. Transitada em julgado a decisão recorrida, ordenar-se-á o levantamento imediato da importância de depósito, em favor da parte vencedora, por simples despacho do juiz.

§ 2º. Tratando-se de condenação de valor indeterminado, o depósito corresponderá ao que for arbitrado, pra efeito de custas, pela Junta ou Juízo de Direito, até o limite de 10 (dez) vezes o salário mínimo da região.

§ 6º. Quando o valor da condenação, ou o arbitrado para fins de custas, exceder o limite de 10 (dez) vezes o salário mínimo da região, o depósito para fins de recursos será limitado a esse valor.

I – É ônus da parte recorrente efetuar o depósito legal integralmente em relação a cada novo recurso interposto, sob pena de deserção. Atingido o valor da condenação, nenhum depósito mais é exigido para qualquer recurso (ex-Súmula n. 128 – alterada pela Res. n. 2003, DJ 21.11.03, que incorporou a OJ n. 139 da SBDI-1 – inserida em 27.11.1998).

II – Garantido o juízo, na fase executória, a exigência de depósito para recorrer de qualquer decisão viola os incisos II e LV do art. 5º da CF/1998. Havendo, porém, elevação do valor do débito, exige-se a complementação da garantia do juízo recurso (ex-OJ n. 189 da SBDI-1 – inserida em 08.11.2000).

III – Havendo condenação solidária de duas ou mais empresas, o depósito recursal efetuado por uma delas aproveita as demais, quando a empresa que efetuou o depósito não pleiteia sua exclusão da lide. (ex-OJ n. 190 da SBDI-1 – inserida em 08.11.2000).

Em corroboração, na Súmula n. 161, o TST expressou a inexigibilidade do depósito, se a condenação não implica pagamento; nas letras do verbete: DEPÓSITO. CONDENAÇÃO A PAGAMENTO EM PECÚNIA. Se não há condenação a pagamento em pecúnia, descabe o depósito de que tratam os §§ 1º e 2º do art. 899 da CLT.

Assim, sobre ser um requisito recursal extrínseco e objetivo, o depósito recursal tem a finalidade de atender à condenação em pecúnia, constituindo dessa forma meio que concorre para a eficácia das decisões e para a eficiência do serviço judiciário. Logo, ele se realiza no processo mas tem viés de direito material, uma vez que servirá à satisfação do credor, como meio de pagamento.

Sendo requisito recursal, a sua ausência acarreta o não conhecimento do recurso, que é afetado pela deserção.

5. A COMPLEMENTAÇÃO DE PREPARO NO PROCESSO CIVIL E O PROCESSO DO TRABALHO

O Código de Processo Civil de 2015 traz, no art. 277, a regra da sanabilidade dos vícios. Na análise de sua aplicabilidade, Alvim Wambier e outros aludem à possibilidade da incidência de seu comando nos vícios de forma e de fundo, ressaltando, na fase recursal, a existência de norma genérica, como o art. 1.029, § 3º, ao lado de casos específicos, como o art. 1.007, § 7º. Acrescentam, esses autores, que o art. 277 expressa uma diretriz geral no sentido de que o processo nasce para realizar sua vocação que é a de gerar sentença de mérito, constituindo exceções às decisões de inadmissibilidade[5].

Miranda de Oliveira averba que o espírito do novo Código de Processo Civil reside em estabelecer no mérito do recurso o foco do magistrado, como decorrência do princípio da instrumentalidade das formas[6] e afirma que houve uma mitigação da regra do preparo, com um redimensionamento do seu peso e importância para o conhecimento do recurso. Reputa haver um avanço na norma do art. 1.007, § 2º, quanto ao impedimento do tribunal de decretar a deserção do recurso sem, antes, dar oportunidade ao recorrente de comprovar o pagamento do preparo.

Diante da recente codificação e de sua vigência iniciada neste ano, o Tribunal Superior do Trabalho editou a Instrução Normativa n. 103, de março de 2016, em que afirma a aplicabilidade, ao processo do trabalho das novas normas processuais e, no âmbito dos recursos, refere o parágrafo único do art. 932, dos §§ 1º a 4º do art. 938, dos §§ 2º e 7º do art. 1.007 do Código de Processo Civil de 2015, mas exclui desse alcance, o depósito recursal, afastando a possibilidade de sua complementação[7].

A Instrução Normativa é uma técnica que se destina a dissipar a natural poeira das dúvidas iniciais na prática da nova legislação. Como assinalou Athayde Chaves[8], logo após a Emenda Constitucional n. 45, quando o Tribunal Superior do Trabalho publicou a Instrução Normativa n. 27/2005, ali estava o objetivo de reduzir a discrepância de entendimento entre os Juízes do Trabalho quanto à aplicação ou não de dispositivos do processo comum reformado no âmbito do foro trabalhista.

Inserida nessa linha, a recente Instrução Normativa n. 36/2016 que trata, entre outras disposições do

---

5. WAMBIER, Teresa Arruda Alvim; Conceição, Maria Lucia Lins; Ribeiro, Leonardo Ferres da Silva; e Mello, Rogério Licastro Torres de Mello. Primeiros Comentários ao Novo Código de Processo Civil, artigo por artigo. São Paulo: Editora Revista dos Tribunais, 2015. pp. 461/463.
6. OLIVEIRA, Pedro Miranda de. *Apontamentos sobre o novíssimo sistema recursal*. IN: Revista de Processo, Ano 40, volume 250, dezembro de 2015. São Paulo: Revista dos Tribunais, pp. 271 e 275-276.
7. Instrução Normativa n. 39/2016, do TST. Art. 10. Aplicam-se ao processo do trabalho as normas do parágrafo único do art. 932, §§ 1º a 4º do CPC, do art. 938, e §§ 2º e 7º do art. 1.007. Parágrafo único. A insuficiência do valor do preparo no recurso, no Processo do Trabalho, para os efeitos do § 2º do art. 1.007 do CPC, concerne unicamente às custas processuais, não ao depósito recursal.
8. CHAVES ATHAYDE, Luciano. *Da incompletude do Direito Judiciário do Trabalho e do percurso para a compreensão de um método válido de heterointegração de seu microssistema de regras*. In: A recente reforma no processo comum. Reflexos no Direito Judiciário do Trabalho. São Paulo: LTr, 2006. p. 27/28.

novo CPC, daquela que se refere ao preparo como requisito dos recursos e à possibilidade de sua correção ou efetivação tardia, exclui desse alcance o depósito recursal. Assim, reproduz o entendimento enunciado na Orientação Jurisprudencial n. 140, da Subseção 1 Especializada de Dissídios Individuais, quanto à inviabilidade de conhecimento do recurso quando insuficiente, ainda que por diferença ínfima, o valor do pagamento a título de custas ou de depósito recursal.

A matéria exige reflexão, dada a relevância do depósito recursal no processo do trabalho, quer como requisito recursal, quer por sua finalidade de garantir a execução. Ademais, trata-se de uma peculiaridade do processo do trabalho e se distingue do preparo, que tem por objeto encargos processuais destinados, assim, ao andamento do processo ou aos encargos e multas surgidas durante ele.

Miessa[9], tendo como ponto de partida a nova sistemática recursal trabalhista dada pela Lei n. 13.015/2014, pondera que o § 11 do art. 896 da CLT permite que, no recurso de revista em que haja defeito formal que não se repute grave, o TST poderá desconsiderar o vício ou mandar saná-lo.

É oportuno assinalar, contudo, que o Tribunal Superior do Trabalho vem proferindo julgados à luz dessa norma e dos quais se identifica o sentido conferido ao § 11 do art. 896 da CLT, como concernente à elementos formais de comprovação, uma vez que esses julgados se referem, ora à não apresentação da guia de recolhimento do depósito recursal com a juntada apenas do comprovante da operação bancária[10]; ora à juntada apenas do comprovante de pagamento *on line*[11]; à apresentação da guia GFIP sem autenticação e posterior juntada do comprovante do recolhimento do depósito recursal com autenticação bancária cuja data indica a realização ainda no prazo recursal[12], ou ainda à apresentação de guia de depósito recursal em que não consta autenticação bancária, mas a parte posteriormente comprova a existência da autenticação mecânica reclamada[13]. Ou seja, situações em que não se trata da insuficiência do depósito, mas de falha no procedimento de comprovação do efetivo depósito realizado. O defeito, em tais casos, era de ordem formal e não substancial.

Portanto, a nova norma dos recursos trabalhistas tem por campo de incidência os recursos ao Tribunal Superior do Trabalho e como hipótese de aplicação a existência de defeito na forma em que atendido o requisito extrínseco relativo ao depósito. A questão que surge agora tem o próprio conteúdo do preparo, isto é, sua insuficiência ou até, a não realização.

Em vista do Código de Processo Civil de 2015, Miessa[14] reputa superada a OJ n. 140, SBDI-1, afirmando como embasamento que a ordem processual instaurada com o novo CPC adota o princípio da primazia da decisão de mérito. Assevera que o art. 1.007, § 2º, do NCPC, autorizador da complementação do recolhimento do preparo tem efeitos para o processo do trabalho, porque a CLT é omissa quanto à possibilidade de complementação e há compatibilidade entre ela e o processo do trabalho, porque nele também há primazia da tutela jurisdicional efetiva. Nessa linha, ressalta a aparente compatibilidade com o processo do trabalho e aplicabilidade da regra.

Também Cassar[15] entende que deverá ser concedido prazo para a parte realizar o preparo em dobro, se não o fez, pagar a diferença se ele for insuficiente, suportando ainda a dobra se houver abuso por pagamento ínfimo; portanto, não será possível acolher de ofício a deserção.

Na Instrução Normativa n. 39/2016, TST, em que são consideradas as hipóteses mais frequentes de ocorrência de aplicação de normas do processo civil no processo do trabalho consta a explicitação, no art. 10, parágrafo único, de que a insuficiência no valor do preparo do recurso não alcança o depósito recursal.

---

9. MIESSA, Élisson. Impactos do Novo CPC nas Súmulas e Orientações Jurisprudenciais do TST. Salvador: Editora Juspodivm, 2016. p. 97.
10. TST – AIRR-1005-59.2013.5.09.0088, Data de julgamento: 16.12.2015, Relator Ministro Vieira de Mello Filho, 7ª Turma, Data de Publicação: DEJT 18.12.2015.
11. TST – AIRR-37-59.2014.5.08.0108, Data de julgamento: 3.2.2016, Relatora Ministra Kátia Magalhães Arruda, 6ª Turma, Data de Publicação: DEJT 12.2.2016.
12. TST – AIRR-438-66.2013.5.03.0097, Data de julgamento: 21.10.2015, Relatora Ministra Kátia Magalhães Arruda, 6ª Turma, Data de Publicação: DEJT 6.11.2015.
13. TST – AIRR-42400-70.2013.5.17.0003, Data de julgamento: 15.4.2015, Relator Ministro Aloysio Corrêa da Veiga, 6ª Turma, Data de Publicação: DEJT 17.4.2015.
14. MIESSA, Élisson. *Impactos do Novo CPC nas Súmulas e Orientações Jurisprudenciais do TST*. Salvador: Editora Juspodivm, 2016. p. 98.
15. CASSAR, Vólia Bonfim. *Novo Código de Processo Civil e o processo do trabalho: uma visão panorâmica e superficial de alguns dos artigos aplicáveis e inaplicáveis*. In: O novo CPC e o processo do trabalho. Estudos em Homenagem ao Ministro Walmir Oliveira da Costa. MARTINS, Sérgio Pinto (coord.) São Paulo: Atlas, 2016. p. 230.

Atentando para o pensamento de Laurino[16], importa considerar que o processo civil tem aplicação no processo do trabalho quando há um imperativo jurídico de integração que envolve matérias essenciais ao exercício da jurisdição; ou quando está em causa um juízo de conveniência, situação em que é necessária a existência de compatibilidade com a lógica formal dos procedimentos do processo do trabalho.

Já não se pode falar, de forma precisa, no que tange aos recursos, em ancilosamento do processo do trabalho, haja vista que houve uma recente alteração da disciplina dos recursos trabalhistas. Por meio da Lei n. 13.015 de 2014, foi disposto sobre o processamento dos recursos no âmbito da Justiça do Trabalho e apontada a superação de defeito formal que não seja grave[17]. Nada diz sobre a substância do depósito, ou seja, a exatidão ou suficiência do respectivo *quantum*.

Ainda que não se trate de aplicar o critério da posterioridade da norma, a existência de norma permissiva de saneamento de defeito formal, quanto ao recurso trabalhista, constitui ausência de omissão. Com efeito, a norma delimita a possibilidade de superação de defeito no recurso trabalhista, tanto ao exigir o preenchimento do requisito processual da tempestividade, como ao apontar que o defeito objeto da superação seja formal e não seja reputado grave. Todavia, ela estabeleceu seu âmbito, e o restringiu aos recursos perante o TST, recurso de revista, agravo de instrumento e embargos[18]. Como Dalazen[19] explicou, em artigo a respeito, a lei não visa à totalidade do sistema pois seu objeto precípuo são os recursos da competência funcional do Tribunal Superior do Trabalho, em especial o recurso de revista. Adiante, esse autor, Ministro do TST, ao analisar a norma do § 11 do art. 896 da CLT, de forma incisiva, crava[20] que o entendimento poderia e deveria evoluir para *relevar a diferença ínfima ou determinar que seja sanada, em prazo assinado, para propiciar o julgamento do mérito de certos recursos de revista, quando seja do interesse público o julgamento do mérito (pela relevância da matéria), ou para afastar uma clamorosa iniquidade a empregado ou a empregador.* Em sentido oposto, Brandão[21] afirma que o depósito recursal realizado em valor inferior ao devido configura *ausência de cumprimento de pressuposto específico* e acarreta o não conhecimento do recurso, argumentando que a segurança jurídica determina a prevalência do elemento objetivo.

O que é evidente da reforma recursal trabalhista é sua limitação a alguns recursos de modo que não enuncia regra geral e incidente sobre a totalidade do sistema recursal.

Assim, denota uma escolha do legislador que limita o procedimento ao recurso no Tribunal Superior. Não se trata de regra de imperativo jurídico, mas de juízo de conveniência, ao excluir de sua aplicação o recurso na instância ordinária e reservá-la à instância uniformizadora.

De sua vez, a norma do art. 1.007, § 2º, CPC/2015[22], está inserida nas disposições gerais sobre os recursos e tem recorte específico, pois tem em vista o preparo e sua insuficiência ou sua própria inexistência, situação em que é imposto o recolhimento em dobro do respectivo valor.

Ora, o depósito recursal é uma espécie dentro do preparo. Ele é tanto um requisito especial do recurso trabalhista, como tem por finalidade atender à execução, pois seu montante pode ser utilizado como pagamento. Disso decorre que ele é limitado ao valor da condenação, e, embora exigível a cada recurso, sua exigibilidade cessa quando é atingido o valor, líquido ou arbitrado, da sentença condenatória. Essa sistemática

---

16. LAURINO, Salvador Franco de Lima. *O art. 15 do novo Código de Processo Civil e os limites da autonomia do processo do Trabalho.* In: *O novo CPC e o processo do trabalho.* Estudos em Homenagem ao Ministro Walmir Oliveira da Costa. MARTINS, Sérgio Pinto (coord.) São Paulo: Atlas, 2016. p. 15.
17. Lei n. 13.015, de 21 de julho de 2014. Altera a Consolidação das Leis do Trabalho (CLT), aprovada pelo Decreto-Lei n. 5.452, de 1º de maio de 1943, para dispor sobre o processamento dos recursos no âmbito da Justiça do Trabalho.
18. Lei n. 13.015, de 21 de julho de 2014. Art. 1º. Os arts. 894, 896, 897-A e 899 da Consolidação das Leis do Trabalho (CLT), aprovada pelo Decreto-Lei n. 5.452, de 1º de maio de 1943, passam a vigorar com as seguintes alterações: (omissis). Art. 896 (...) § 11. Quando o recurso tempestivo contiver defeito formal que não se repute grave, o Tribunal Superior do Trabalho poderá desconsiderar o vício ou mandar saná-lo, julgando o mérito.
19. DALAZEN, João Oreste. *Apontamentos sobre a Lei n. 13.015 e impactos no sistema recursal trabalhista.* :Revista Eletrônica do Tribunal Regional do Trabalho da 9ª Região – V. 4, n. 40 – maio de 2014, p. 9. Disponível em: <ead.trt9.jus.br>. Acesso em: 25 mar. 2016, 12h07.
20. *Idem,* p. 49. Disponível em: <ead.trt9.jus.br>. Acesso em: 25 mar. 2016, 12h07.
21. BRANDÃO, Cláudio. *O defeito formal nos recursos de revista e de embargos – possibilidade de correção.* Revista Eletrônica do Tribunal Regional do Trabalho da 9ª Região – V. 4, n. 40 – maio de 2014, p. 77. Disponível em: <ead.trt9.jus.br>. Acesso em: 25 mar. 2016, 12h17.
22. Código de Processo Civil, 2015. Art. 1.007. No ato de interposição do recurso, o recorrente comprovará, quando exigido pela legislação pertinente, o respectivo preparo, inclusive porte de remessa e de retorno, sob pena de deserção. (...) § 2º. A insuficiência no valor do preparo, inclusive porte de remessa e de retorno, implicará deserção se o recorrente, intimado na pessoa de seu advogado, não vier a supri-lo no prazo de 5 (cinco) dias. (...) § 4º. O recorrente que não comprovar, no ato da interposição do recurso, o recolhimento do preparo, inclusive porte de remessa e de retorno, será intimado na pessoa de seu advogado, para realizar o recolhimento em dobro, sob pena de deserção.

se põe em dissonância prática com a norma processual, em que há previsão da dobra, na inexistência do preparo. Com efeito, aplicada a norma do processo civil, pode ocorrer excesso do depósito em face do valor da condenação.

A aplicação da norma não pode abstrair as características do processo do trabalho, e a finalidade que, nele, é atribuída ao depósito recursal. Enquanto preparo e outros valores decorrentes de penas impostas aos litigantes, como a multa em embargos de declaração, têm natureza processual, o depósito trabalhista se aproxima do direito material, haja vista que se torna pagamento do débito, ou de parte dele. Daí que, embora à primeira vista e mesmo atentando à finalidade de garantia da execução, a possibilidade de complementação ou de satisfação do depósito seja sedutora, a realidade processual mostra que sua implementação somente pode ocorrer de forma seletiva quanto às hipóteses e sistemática do próprio dispositivo processual civil.

Assinala-se, ainda, que a lei processual civil tem subjacente, no dispositivo em referência, regramento de duas situações práticas, o justo impedimento para o recolhimento do preparo e o equívoco no preenchimento[23], a primeira das quais retorna ao conceito de justo impedimento para a prática de ato[24] enquanto o segundo recai no âmbito do defeito meramente formal.

A lógica do procedimento recursal trabalhista quanto ao preparo, no qual tem um elemento peculiar, correspondente ao depósito do valor da condenação, infirma a aplicação, nele, da disposição do processo civil. Os enfoques da subsidiariedade e supletividade não vicejam em terreno inadequado ao transplante de sua cultura, como o depósito recursal em que, para aplicar a complementação ou realização previstas no processo civil, se torna necessário promover sucessivas e instantes adaptações, que terminam por desfigurar a exigência em suas peculiaridades.

6. CONCLUSÃO

A peculiaridade do depósito recursal no processo do trabalho torna esse requisito recursal infenso à superação da omissão de sua feitura. Ele não se destina apenas aos atos processuais mas tem como escopo a garantia da execução, do que lhe decorrem limites de valor e até mesmo sua inexigibilidade quando o valor da condenação, determinado ou arbitrado, é alcançado. Uma vez que o sentido de preparo, no processo civil, é menor, pois se refere às custas e as despesas de porte de remessa e de retorno, enquanto no processo do trabalho ele inclui ainda o depósito recursal, exigível do empregador, a diferença existente que ocorre ainda quanto à finalidade do depósito, constitui óbice a que o art. 1007, § 2º do CPC/2015, seja aplicado no âmbito do processo trabalhista.

7. REFERÊNCIAS BIBLIOGRÁFICAS

BRANDÃO, Cláudio. *O defeito formal nos recursos de revista e de embargos – possibilidade de correção*. Revista Eletrônica do Tribunal Regional do Trabalho da 9ª Região – V. 4, n. 40 – Maio de 2014. p. 53/80. Disponível em: <ead.trt9.jus.br>. Acesso em: 25 mar. 2016, 12h17.

BRASIL. Decreto-Lei n. 5.452, de 1º de maio de 1943. Aprova a Consolidação das Leis do Trabalho. Disponível em: <www.planalto.gov.br>.

_____. Lei n. 13.015, de 21 de julho de 2014. Altera a Consolidação das Leis do Trabalho (CLT), aprovada pelo Decreto-Lei n. 5.452, de 1º de maio de 1943, para dispor sobre o processamento de recursos no âmbito da Justiça do Trabalho. Disponível em: <www.planalto.gov.br>.

_____. Lei n. 13.105, de 16 de março de 2015. Código de Processo Civil. Disponível em: <www.planalto.gov.br.

_____. Tribunal Superior do Trabalho. Resolução n. 203, de 15 de março de 2016. Aprova a Instrução Normativa n. 39/2016. Disponível em: <www.tst.jus.br>.

_____. Supremo Tribunal Federal. Ação Direta de Inconstitucionalidade n. 884-6. Disponível em: <www.st7.jus.br>.

_____. Tribunal Superior do Trabalho. Disponível em: <www.tst.jus.br>.

CASSAR, Vólia Bonfim. *Novo Código de Processo Civil e o processo do trabalho: uma visão panorâmica e superficial de alguns dos artigos aplicáveis e inaplicáveis*. In: MARTINS, Sérgio Pinto (coord.) *O novo CPC e o processo do trabalho*. Estudos em Homenagem ao Ministro Walmir Oliveira da Costa. São Paulo: Atlas, 2016. p. 21-35.

CHAVES ATHAYDE, Luciano. *Da incompletude do Direito Judiciário do Trabalho e do percurso para a compreensão de um método válido de heterointegração de seu microssistema de*

---

23. Código de Processo Civil, 2015. Art. 1007. (...) § 6º. Provando o recorrente justo impedimento, o relator relevará a pena de deserção, por decisão irrecorrível, fixando-lhe prazo de 5 (cinco) dias para efetuar o preparo. (...) § 7º. O equívoco no preenchimento da guia de custas não implicará a aplicação da pena de deserção, cabendo ao relator, na hipótese de dúvida quanto ao recolhimento, intimar o recorrente para sanar o vício, no prazo de 5 (cinco) dias.
24. Código de Processo Civil, 2015. Art. 223. Decorrido o prazo, extingue-se o direito de praticar ou de emendar o ato processual, independentemente de declaração judicial, ficando assegurado, porém, à parte provar que não o realizou por justa causa. § 1º. Considera-se justa causa o evento alheio à vontade da parte e que a impede de praticar o ato por si ou por mandatário. § 2º. Verificada a justa causa, o juiz permitirá à parte a prática do ato no prazo que lhe assinar.

regras. In: *A recente reforma no processo comum. Reflexos no Direito Judiciário do Trabalho*. São Paulo: LTr, 2006.

DALAZEN, João Oreste. *Apontamentos sobre a Lei n. 13.015 e impactos no sistema recursal trabalhista*. Revista Eletrônica do Tribunal Regional do Trabalho da 9ª Região. V. 4, n. 40 – maio de 2014. p. 7-59. Disponível em: <ead.trt9.jus.br>. Acesso em: 25 mar. 2016, 12h07.

LAURINO, Salvador Franco de Lima. *O art. 15 do novo Código de Processo Civil e os limites da autonomia do processo do trabalho*. In: MARTINS, Sérgio Pinto (coord.). *O novo CPC e o processo do trabalho*. Estudos em Homenagem ao Ministro Walmir Oliveira da Costa. São Paulo: Atlas, 2016. p. 1-20.

MIESSA, Élisson. *Impactos do Novo CPC nas Súmulas e Orientações Jurisprudenciais do TST*. Salvador: Juspodivm, 2016.

OLIVEIRA, Pedro Miranda de. *Apontamentos sobre o novíssimo sistema recursal*. In: Revista de Processo, Ano 40, volume 250, dezembro de 2015. São Paulo: Revista dos Tribunais, p. 265-288.

WAMBIER, Teresa Arruda Alvim; Conceição, Maria Lucia Lins; Ribeiro, Leonardo Ferres da Silva; e Mello, Rogério Licastro Torres de Mello. *Primeiros Comentários ao novo Código de Processo Civil*, artigo por artigo. São Paulo: Editora Revista dos Tribunais, 2015.

Capítulo 9

Aspectos Relevantes da Teoria Geral da Prova no Processo do Trabalho à Luz do Novo CPC

Mauro Schiavi[*]

1. DO CONCEITO E FINALIDADE DA PROVA

Diante da importância da prova para o processo, Carnelutti chegou a afirmar que as provas são *o coração do processo*, pois é por meio delas que se definirá o destino da relação jurídico-processual.

No nosso sentir, provas são os instrumentos admitidos pelo Direito como idôneos, a demonstrar um fato ou um acontecimento, ou, excepcionalmente, o direito que interessa à parte no processo, destinados à formação da convicção do órgão julgador da demanda.

O direito à prova transcende o aspecto individual para adquirir feição publicista, pois não interessa somente às partes do processo, mas também a toda a sociedade que os fatos discutidos em juízo sejam esclarecidos. Além disso, na fase probatória do processo, devem ser observados, com muita nitidez, os princípios do contraditório, da ampla defesa e do acesso à justiça.

Portanto, o direito à prova constituiu garantia fundamental processual e também um direito fundamental da cidadania para efetividade do princípio do acesso à justiça e, acima de tudo, o acesso a uma ordem jurídica justa.

O Código de Processo Civil não define o conceito de prova, apenas o art. 369 assevera: "As partes têm direito de empregar todos os meios legais, bem como os moralmente legítimos, ainda que não especificados neste Código, para provar a verdade dos fatos em que se funda o pedido ou a defesa e influir eficazmente na convicção do juiz."[1]

Desse modo, além dos meios legais de prova elencados no Código de Processo Civil, há a admissão de qualquer meio moralmente legítimo de prova, vale dizer: o meio probatório que não atente contra a moral e os bons costumes. Com isso, nota-se a amplitude probatória que consagra o Código de Processo Civil, a fim de facilitar o acesso do cidadão à Justiça e a possibilidade de demonstrar a veracidade de suas alegações em juízo. De outro lado, como é princípio fundamental da nova codificação processual civil, o contraditório deve ser observado com ênfase na fase probatória, possibilitando às partes o direito de influir eficazmente na convicção do juiz.

Conforme vem sustentando a moderna doutrina processual civil, o art. 369 do CPC consagra o princípio da *atipicidade das provas*, permitindo que sejam aceitos no processo outros meios processuais, além dos nominados no Código de Processo Civil, desde que não sejam contrários à lei, à moral e aos bons costumes.

O Código de Processo Civil fala em demonstração *da verdade dos fatos* em que se funda o pedido ou a defesa. Entretanto, a verdade dos fatos alegados pelas partes são simples proposições, não significam, necessariamente, que correspondam à realidade. Somente após ampla dilação probatória será possível verificar a verossimilhança das alegações das partes. Muitas vezes, as alegações das partes, na inicial, e na defesa, não são verdadeiras, sendo certo que a atividade probatória das partes será no sentido de demonstrar em juízo que pareçam verossímeis.

(*) Juiz Titular da 19ª Vara do Trabalho de São Paulo. Doutor e Mestre em Direito pela PUC-SP. Professor nos Cursos de Especialização do Mackenzie-SP e da PUC-SP.

1. Tampouco a CLT, no art. 818 e seguinte, traz o conceito de prova.

Enquanto os meios de prova são os instrumentos legais ou admissíveis em Direito para se demonstrar a veracidade das alegações em juízo, as fontes da prova são os fatos naturais ou humanos que tenham relevância na esfera jurídica, bem como as coisas corpóreas ou incorpóreas existentes na natureza ou criadas pelo homem, das quais se originam os meios de prova.

O direito à prova decorre do princípio do devido processo legal consubstanciado no art. 5º, LIV, da CF. Entretanto, a atividade probatória das partes no processo deve observar não só os ditames da lei processual, como da moral, segundo preconiza o art. 369 do CPC.

Os objetos da prova são os fatos, pois o Direito deve ser conhecido pelo juiz (*juria novit curia*), exceto as exceções do art. 367 do CPC.

O fato a ser provado deve ser relevante e pertinente ao esclarecimento do processo, ou seja, que possa influir na convicção do juiz. Além disso, há necessidade de que haja controvérsia sobre sua existência. Vale dizer: que o fato seja afirmado por uma parte e contestado pela outra. A finalidade da prova é formar a convicção do juiz sobre os fatos relevantes e pertinentes da causa[2].

Como bem adverte Manoel Antonio Teixeira Filho[3], "a prova não tem apenas a finalidade de convencer, mas, sobretudo, constringir e nortear a formação do seu convencimento, pois sabemos que, por força de disposição legal, o julgador não pode decidir contra a prova existente nos autos, sob pena de nulidade da sentença". O princípio da persuasão racional, adotado pelo CPC vigente, desautoriza o juiz a julgar segundo a sua íntima convicção, impondo-lhe que o faça de maneira fundamentada; a fundamentação, no caso, é feita com vistas à prova produzida e traduz uma exigência constitucional (art. 93, IX).

A obtenção da verdade tem sido colocada como o motivo e a finalidade última da prova no processo. Nesse sentido, é expressivo o já referido art. 369, do CPC.

No dizer de Mittermaier, "a verdade é a concordância entre um ato ocorrido na realidade sensível e a ideia que fazemos dele".

Na clássica visão de Carrara, "a certeza está em nós; a verdade está nos fatos".

Pensamos que a definição de verdade para fins processuais significa: *acontecimento que ocorreu na realidade, o qual não fora objeto de alteração por vontade humana ou alterado em razão de erro na sua percepção*.

A doutrina clássica costuma realizar uma divisão da verdade em *real* (também chamada substancial) e *formal* (também chamada processual ou verossimilhança). Verdade real é aquilo que aconteceu na realidade, independentemente da vontade humana. Verdade formal é a verossimilhança, ou seja, a verdade que se extrai dos autos do processo.

Durante muito tempo, a doutrina defendeu que no processo penal se persiga a verdade real (ou substancial), pois os interesses envolvidos são indisponíveis. Já no processo civil, que lida, em regra, com interesses disponíveis (patrimoniais), é suficiente ao julgamento a verdade formal. Desse modo, na esfera cível, o juiz poderá julgar, com base em regra de ônus da prova, presunções, sem a necessidade de investigação mais profunda da verdade.

Tanto o processo civil como o trabalhista lidam com direitos fundamentais do cidadão como o patrimônio e, muitas vezes, os próprios direitos da personalidade, o que justifica também a busca da verdade real.

A obtenção da verdade real, inegavelmente, atende aos princípios de justiça e efetividade do processo, sendo, portanto, um dos escopos da jurisdição que é pacificar o conflito com justiça. Desse modo, a moderna doutrina defende a tese da superação da diferenciação entre verdade real e formal, dizendo que a verdade é uma só, a real, mas esta é praticamente impossível de ser atingida. Não obstante, todos que atuam no processo, principalmente o julgador, devem envidar esforços para se chegar ao acertamento mais próximo da realidade (verdade substancial).

De outro lado, diante do princípio da inafastabilidade da jurisdição e da necessidade de se proferir uma decisão no processo, pois o atual sistema constitucional não admite o chamado *non liquet*, não é possível que o processo fique aguardando a obtenção da verdade real. Caso tal fosse autorizado, comprometeria a duração razoável do processo e inviabilizaria a tomada de decisão. Além disso, diante das divergências dos fatos invocados no processo pelas partes, das vicissitudes que enfrenta o processo e da falibilidade humana na interpretação dos fatos, é tarefa das mais difíceis para o julgador apurar a verdade real. De outro lado, o próprio julgador realiza valoração subjetiva dos fatos e da realidade.

---

2. Como bem destaca Márcio Túlio Viana: "Se o juiz tem de conhecer os fatos, é a ele que a prova se destina. Afinal, como nota Russomano, a prova 'é o pilar da sentença'. Mas ela também diz respeito aos outros personagens do processo, como as partes e o Ministério Público. Em última análise, afeta a sociedade por inteiro, pois é do interesse de todos a solução dos conflitos" (Aspectos gerais da prova no processo do trabalho. In: *Compêndio de direito processual do trabalho*. Estudos em homenagem a Celso Agrícola Barbi. Coord. Alice Monteiro de Barros. 3. ed. São Paulo: LTr, 2002. p. 340).
3. TEIXEIRA FILHO, Manoel Antonio. *A prova no processo do trabalho*. 8. ed. São Paulo: LTr, 2003. p. 65.

2. DAS MÁXIMAS DE EXPERIÊNCIA E A PROVA NO PROCESSO DO TRABALHO

As máximas de experiência são conhecimentos adquiridos pelo juiz, pela sua cultura e pelo seu exercício funcional que o fazem presumir a existência de determinadas situações ou coisas. O Código de Processo Civil não disciplinou as presunções, mas tratou das máximas de experiência, o que denota a importância de tal instituto no campo probatório. Com efeito, diz o art. 375 do CPC:

> "O juiz aplicará as regras de experiência comum subministradas pela observação do que ordinariamente acontece e, ainda, as regras de experiência técnica, ressalvado, quanto a estas, o exame pericial."

O presente dispositivo constitui inovação em face do anterior, uma vez que o art. 335 do CPC/73 somente permitia a aplicação de regras de experiência na ausência de normas jurídicas particulares. Doravante, a utilização das regras de experiência não está submetida a ausência de normas, incidindo, diretamente, na valoração dos fatos do processo.

No mesmo sentido, o art. 852-D da CLT:

> "O juiz dirigirá o processo com ampla liberdade para determinar as provas a serem produzidas, considerado o ônus probatório de cada litigante, podendo limitar ou excluir as que considerar excessivas, impertinentes ou protelatórias, bem como para apreciá-las e dar especial valor às regras de experiência comum ou técnica."

Conforme os referidos dispositivos, no nosso sentir, as máximas de experiência constituem o conhecimento adquirido pelo juiz durante sua vida e também pelo que normalmente acontece, considerando-se o padrão médio da sociedade. Esse conhecimento também pode advir de determinado comportamento ou fato que se repetem nos processos. Tais dispositivos são de grande utilização no Processo do Trabalho, cujas matérias discutidas em juízo são eminentemente fáticas.

Segundo a melhor doutrina, as regras de experiência se destinam tanto à interpretação do direito, suprimento de lacunas da legislação (art. 140, do CPC), como à interpretação do material probatório no processo. Atuam, principalmente, na interpretação de conceitos genéricos, como "amizade íntima", "inimigo capital", "duração razoável do procedimento probatório" etc., bem como na valoração da prova do processo, em compasso com os ditames de justiça e razoabilidade.

No nosso sentir, o Juiz do Trabalho poderá utilizar-se das regras de experiência como as poderosas aliadas para valorar e interpretar a prova dos autos, principalmente se esta se encontrar dividida, se mostrar inverossímil ou fora da razoabilidade. O referido art. 852-D da CLT realça a possibilidade de o juiz dar valor especial às *regras de experiência comum ou técnica*.

Por fim, adverte-se que o juiz, mesmo possuindo conhecimentos técnicos, se a matéria exige a prova pericial, ele não poderá dispensá-la.

No aspecto, relevante destacar a ementa que segue:

> "PROVA. Regras de experiência do que ordinariamente acontece. Convicção livre do juiz. RECURSO ORDINÁRIO — VALORAÇÃO DO CONTEÚDO DO DEPOIMENTO DA ÚNICA TESTEMUNHA OUVIDA. A MM. Juíza afastou a veracidade do depoimento da única testemunha trazida pelo autor, sob o fundamento de que faltara com a verdade, uma vez que no mesmo dia a mesma MM. Juíza realizara audiência em diversa ação trabalhista patrocinado pelo mesmo patrono que representa o reclamante nestes autos, em face também da reclamada, na qual aquela testemunha afirmara sobre o mesmo fato informação diametralmente oposta. Em oportunidade anterior, instruindo outra reclamação trabalhista, patrocinada pelo mesmo causídico, em face da mesma reclamada, a então testemunha já proferira declaração contrária a dada nestes autos e alinhando-se à dada pela alienígena. Cediço é que no campo de atuação do processo do trabalho vige o princípio da verdade real em contraponto ao princípio da verdade formal. O juiz na atividade judicante vai adquirindo experiência, conhecimento e com isso aprimorando o próprio exercício do seu múnus público. Não se trata de prejulgamento ou quebra do dever de imparcialidade, mas tão somente utilização da prerrogativa conferida pelo do art. 335 do CPC o 'juiz aplicará as regras de experiência comum subministradas pela observação do que ordinariamente acontece'. Não vislumbro nenhuma mácula ao procedimento adotado pela MM. Juíza prolatora da r. sentença. Essa adotou sua experiência de trabalho, e com ela concluiu pela inveracidade dos termos do depoimento da testemunha destes autos. Considerando que a única prova que o recorrente intencionou produzir foi a testemunhal e que a validade desta foi afastada, a manutenção do julgado é medida que se impõe." (TRT/SP – 01041009420085020373 (01041200837302002) – RO – Ac. 12ª T. 20110314195 – rel. Francisco Ferreira Jorge Neto – DOE 25.3.2011)

As regras de experiência também constituem um poderoso aliado na fixação do convencimento para o deferimento das tutelas de urgência (cautelar e antecipatória) no processo do trabalho, a fim de se demonstrar a probabilidade do direito invocado.

O art. 300 do CPC exige para a concessão da tutela de urgência, a presença de elementos que evidenciem que o direito seja provável. Vale dizer: que exista probabilidade de ser acolhido em juízo. Em princípio, sempre há probabilidade da pretensão do autor ser acolhida, entretanto, há situações em que a probabilidade é remota, a exemplo do pedido juridicamente impossível, ou aquele que contraria entendimento jurisprudencial já sumulado. A avaliação da probabilidade do direito será realizada pelo Juiz em cognição sumária, segundo o conjunto probatório dos autos e também segundo as máximas de experiência do que ordinariamente acontece. O magistrado poderá determinar a produção de provas para firmar sua convicção sobre a probabilidade do direito.

Para bem valorar a probabilidade do direito, deve também o Juiz do Trabalho considerar: "i) o valor do bem jurídico ameaçado ou violado; ii) a dificuldade de o autor provar a sua alegação; iii) a credibilidade da alegação, de acordo com as regras de experiência; e iv) a própria urgência alegada pelo autor"[4].

3. A PROVA EMPRESTADA

Segundo Moacyr Amaral Santos[5], prova emprestada é a "prova de um fato, produzida num processo, seja por documentos, testemunhas, confissão, depoimento pessoal ou exame pericial, que pode ser trasladada para outro, por meio de certidão extraída daquele."

Por outras palavras, a prova emprestada consiste no aproveitamento do material probatório produzido em outro processo, para o processo em questão (atual), desde que presentes determinados requisitos.

Muitos se mostram contrários à utilização da prova emprestada, em razão de esta violar alguns princípios probatórios, quais sejam:

a) imediatidade do juiz na colheita da prova;

b) princípio da identidade física do juiz;

c) contraditório imediato na produção da prova.

Os argumentos mencionados não são, salvo melhor juízo, obstáculos para se evitar a utilização da prova emprestada, uma vez que o Tribunal, ao apreciar a prova produzida em primeiro grau, não a colhe diretamente, inobservando os princípios da imediatidade e da identidade física do juiz. Além disso, a prova documental também é produzida antecipadamente, não havendo o contraditório na sua colheita, mas somente após sua juntada aos autos.

Pensamos não ser possível impedir a utilização da prova emprestada, que foi legitimamente produzida em processo anterior, sob o argumento de ela desconsiderar, em tese, alguns princípios processuais na colheita da prova, pois não se pode obstar, a quem tem um direito, prová-lo em juízo por todos os meios legais, bem como moralmente legítimos, como decorrência lógica dos princípios constitucionais do acesso real e efetivo à Justiça, bem como do devido processo legal. Em razão disso, indeferir a produção da prova emprestada, por ser incompatível com alguns princípios processuais da prova, configura manifesto cerceamento de defesa.

Por outro lado, sempre que possível, a produção ou renovação da prova no processo atual deve ser deferida. Entretanto, nos casos em que não há possibilidade de se produzir a prova ou esta se tornar excessivamente dificultada, a prova emprestada é um recurso que não pode ser sonegado à parte.

A Consolidação das Leis do Trabalho nada dispõe sobre a prova emprestada, entretanto, tal meio de prova é perfeitamente compatível com o Direito Processual do Trabalho em razão da omissão da Consolidação e compatibilidade com a sistemática processual trabalhista (art. 769 da CLT), uma vez que a prova emprestada propicia, no Processo do Trabalho, o acesso real do trabalhador à Justiça, efetividade processual e busca da verdade real[6].

No Processo do Trabalho, é comum a utilização da prova pericial emprestada quando o local de trabalho estiver desativado[7] ou se alterarem as condições ambientais, e também dos depoimentos, tanto pessoais como de

---

4. MARINONI, Luiz Gulherme; ARENHART, Sérgio Cruz; MITIDIERO, Daniel. *Novo Curso de Processo Civil*. Vol. 2. São Paulo: RT, 2015. p. 203.
5. SANTOS, Moacyr Amaral. *Primeiras linhas de direito processual civil*. Vol. II. 17. ed. São Paulo: Saraiva, 1995. p. 365.
6. No Direito Material do Trabalho, este princípio é definido como *princípio da primazia da realidade*. Carnelutti dizia que prestigiar a realidade é prestar um tributo à verdade.
7. Nesse sentido, destaca-se a seguinte ementa: "PROVA EMPRESTADA — INSALUBRIDADE — PERÍCIA — DESATIVAÇÃO DO LOCAL DE TRABALHO — PROVA EMPRESTADA — Embora a regra do art. 195, § 2º, da CLT, determine a realização de perícia para a aferição de insalubridade no local de trabalho, é certo que, na hipótese em que se encontre este desativado e não ofereça as mínimas condições de reprodução das condições ambientais imperantes quando em atividade, pode referido meio de prova ser satisfatoriamente suprido pela juntada de laudos emprestados de outros processos, desde que estabelecida perfeita correspondência entre a situação periciada e o caso *sub judice*, flagrando-se comprovadamente as mesmas condições ambientais a que estava o autor submetido" (TRT 2ª R. – RO 19990441149 – Ac. 20000541086 – 8ª T., relª Juíza Wilma Nogueira de Araújo Vaz da Silva – DOESP 16.1.2001).
8. Prova testemunhal — Juntada pertinente — Depoimento testemunhal indeferido — Livre condução do processo pelo juiz — Cerceamento de defesa — Nulidade não configurada. A pertinência da prova emprestada, face à harmonia entre o seu teor e os limites da *litiscontestatio*, autoriza o juiz a anexá-la aos autos, podendo inclusive importar o encerramento da instrução processual, sem oitiva das testemunhas presentes, se

testemunhas produzidos em processo anterior[8], quando a prova oral não pode ser renovada no processo atual.

As partes, conjuntamente, podem pactuar a utilização da prova emprestada, como acontece, muitas vezes, quando há muitas ações com o mesmo objeto em face de uma mesma empresa.

A prova emprestada pode ser requerida por qualquer das partes, por estas em conjunto, e até mesmo de ofício pode ser determinada pelo juiz, à luz dos arts. 370 do CPC e 765 da CLT.

Destaca-se, em razão do princípio da unidade da jurisdição, que a prova emprestada pode ser produzida no Processo do Trabalho, mesmo que tenha sido colhida nas esferas criminal ou cível ou mesmo na Justiça Federal.

Nesse sentido, destacamos a seguinte ementa:

"Prova emprestada. Possibilidade de que sejam consideradas as produzidas no processo criminal, relativo ao mesmo fato, pois perfeitamente resguardado o contraditório." (RSTJ n. 104/304)

Como toda prova produzida no processo, a prova emprestada deve preencher alguns requisitos para que possa ser utilizada no processo.

A doutrina e jurisprudência têm fixado alguns requisitos para que a prova emprestada conserve sua eficácia inicial. São eles:

a) que tenha sido colhida em processo judicial entre as mesmas partes, ou uma das partes e terceiro;

b) que tenham sido, na produção da prova, no processo anterior, observadas as formalidades estabelecidas em lei, mormente o princípio do contraditório[9];

c) que o fato probando seja idêntico.

No nosso sentir, para que a prova emprestada possa ser admitida no processo, há a necessidade apenas de que no processo anterior a prova tenha sido colhida com as formalidades legais, observado o contraditório, e que o fato probando seja idêntico, ou se relacione, diretamente, com os fatos discutidos no processo em questão (atual). Não há necessidade de que, no processo anterior, figurem as mesmas partes ou uma parte e terceiro. O fato de a prova anterior ter sido colhida entre as mesmas partes ou entre uma parte e terceiro é um elemento de valoração da prova (art. 371 do CPC), e não de admissibilidade da prova emprestada.

A prova emprestada passa por três fases no processo do trabalho: a) admissão; b) possibilidade de impugnação pelas partes; c) valoração pelo juiz, segundo o princípio do livre convencimento motivado.

Na fase de admissão, o juiz aprecia se é possível a produção da prova emprestada nos autos, devendo sempre fundamentar o deferimento ou indeferimento. Num segundo momento, se a prova emprestada foi determinada pelo juiz ou produzida por uma das partes, a parte contrária, ou até as duas partes (se o juiz tomou a iniciativa), poderá impugná-la. No terceiro momento, na sentença, o juiz irá valorar a prova emprestada, em cotejo com as demais provas, se houve, podendo firmar livremente sua convicção[10].

Nesse sentido, dispõe o art. 372, do CPC, que pela primeira vez no campo legislativo, estabeleceu parâmetros para utilização da prova emprestada. Com efeito, dispõe o referido dispositivo legal:

"O juiz poderá admitir a utilização de prova produzida em outro processo, atribuindo-lhe o valor que considerar adequado, observado o contraditório."

Conforme o referido dispositivo legal, de nossa parte, manifestamente correto, o valor da prova emprestada deve ser avaliado pelo Juiz no caso concreto, independentemente de quem a produziu, ou das partes que figuraram no processo anterior, mas apenas exigir que, no referido processo, tenham sido observadas as formalidades legais para a produção da prova e o efetivo contraditório. Além disso, no processo atual, a prova emprestada, indiscutivelmente, será submetida a novo contraditório.

Alguns autores asseveram que a prova emprestada, uma vez trasladada do processo anterior para o atual,

---

convencido sobre a realidade fática controvertida (art. 765 da CLT c/c. art. 130 do CPC). Sua decisão não macula a ampla defesa, notadamente se o documento juntado contiver depoimento de testemunha levada pela própria parte que invoca a nulidade. Trabalho externo — Existência de mecanismos de controle da jornada de trabalho — Horas extras devidas. O vendedor externo que exerce suas atividades submetidas, direta ou indiretamente, a controle de horário, faz jus a horas extras. (TRT 15ª R. – 6ª T. – RO n. 532/2004.079.15.00-5 – relª Maria Cecília F. Álvares Leite – DJSP 2.12.05 – p. 98) (RDT n. 1 – janeiro de 2006)

9. "Não vale a prova emprestada, quando colhida sem caráter contraditório (v. CF 5º – LV, neste sentido), e sem a participação daquele contra quem deve operar, como é o caso de prova colhida em inquérito policial" (RJTJESP 99/201).

10. Nesse sentido, destaca-se a seguinte ementa: "Ao juiz incumbe a direção do processo (art. 125 combinado com o art. 130 do CPC). Portanto, ante uma prova emprestada, que sofreu impugnação de uma das partes, pode determinar que seja repetida na ação a fim de ficar com elementos para dirimir a impugnação, aceitá-la ou repudiá-la, com base em técnico de sua confiança. Além de tudo, pelo que se apurou, está feita e não há como desfazê-la. Problema de valorá-la é tema de decisão e não formal do agravo. Não há como impor-se ao juiz uma prova emprestada, pois nem mesmo está ele adstrito àquela produzida nos próprios autos, podendo renová-la" (RT n. 506/212).

adquire a natureza de prova documental[11], ou seja, prova emprestada deve ser avaliada como se documento fosse.

Para outros, a prova emprestada, uma vez trasladada, conserva a mesma natureza jurídica com que foi produzida no processo anterior, ou seja, se a prova é testemunhal, será trasladada como prova testemunhal, se documental, como prova documental, e assim por diante.

No nosso sentir, a segunda vertente está correta, pois a lei não impõe que a prova emprestada seja trasladada como documento, este é apenas o instrumento de transporte da prova. Além disso, conservando a prova emprestada a mesma natureza jurídica com que foi produzida no processo anterior, o contraditório fica mais visível e dilatado. Assim, por exemplo, se a prova emprestada for pericial, no processo atual, haverá a possibilidade de se ouvir o perito que elaborou o laudo original em audiência e até mesmo de a parte juntar laudo do assistente técnico. Se a prova emprestada for testemunhal, a parte poderá arguir todas as hipóteses de incapacidade, impedimento ou suspeição da testemunha etc.

4. A QUESTÃO DO ÔNUS DA PROVA NO DIREITO PROCESSUAL DO TRABALHO

Não há uniformidade na doutrina sobre o conceito de ônus da prova. Não obstante, não se trata de obrigação, tampouco de um encargo processual, já que não há uma sanção imediata para seu descumprimento. Até mesmo, seu descumprimento pode não acarretar consequências, caso o juiz entenda que o ônus da prova pertence à parte contrária.

O ônus da prova, no nosso sentir, é um dever processual que incumbe ao autor quanto ao fato constitutivo do seu direito e ao réu quanto aos fatos modificativos, extintivos e impeditivos do direito do autor, que, uma vez não realizado, gera uma situação desfavorável à parte que detinha o ônus e favorável à parte contrária, na obtenção da pretensão posta em juízo.

A Doutrina costuma classificar o ônus da prova em subjetivo e objetivo. O primeiro (subjetivo) pertine às partes, que têm o ônus de comprovar os fatos que alegam, segundo as regras de distribuição do ônus da prova. O segundo (objetivo) é dirigido ao juiz, pois se reporta ao raciocínio lógico do julgador no ato de decidir, analisando e valorando as provas.

No nosso sentir, o ônus da prova no processo somente é dirigido às partes, uma vez que o julgador tem o dever constitucional de julgar e de fundamentar em compasso com os elementos dos autos. Portanto, o ônus da prova somente se dirige às partes, e não à figura do julgador.

A Consolidação das Leis do Trabalho disciplina a regra de distribuição do ônus no art. 818, que tem a seguinte redação: "A prova das alegações incumbe à parte que as fizer."

Diz o art. 373 do CPC:

> "*O ônus da prova incumbe:*
>
> *I – ao autor, quanto ao fato constitutivo de seu direito;*
>
> *II – ao réu, quanto à existência de fato impeditivo, modificativo ou extintivo do direito do autor.*
>
> *§ 1º Nos casos previstos em lei ou diante de peculiaridades da causa relacionadas à impossibilidade ou à excessiva dificuldade de cumprir o encargo nos termos do caput ou à maior facilidade de obtenção da prova do fato contrário, poderá o juiz atribuir o ônus da prova de modo diverso, desde que o faça por decisão fundamentada, caso em que deverá dar à parte a oportunidade de se desincumbir do ônus que lhe foi atribuído.*
>
> *§ 2º A decisão prevista no § 1º deste artigo não pode gerar situação em que a desincumbência do encargo pela parte seja impossível ou excessivamente difícil.*
>
> *§ 3º A distribuição diversa do ônus da prova também pode ocorrer por convenção das partes, salvo quando:*
>
> *I – recair sobre direito indisponível da parte;*
>
> *II – tornar excessivamente difícil a uma parte o exercício do direito.*
>
> *§ 4º A convenção de que trata o § 3º pode ser celebrada antes ou durante o processo.*"

Os arts. 818 da CLT e 373, incisos I e II, do CPC, consagram o chamado ônus estático da prova, ou seja: o ônus tarifado da prova, independentemente da natureza do processo e dos fatos da causa.

Não há uniformidade de interpretação do ônus da prova no processo do trabalho. A CLT, como já dito, apenas menciona que o ônus da prova incumbe à parte que a fizer.

Vários intérpretes se esforçaram para excluir o real alcance do art. 818 da CLT, mas não se chegou a um consenso sobre de quem seria a carga probatória no processo à luz da CLT. Inegavelmente, existem alguns critérios:

---

11. Nesse diapasão, é a opinião de Renato Saraiva: "A prova emprestada será inserida no processo como mera prova documental, devendo ser utilizada apenas excepcionalmente, uma vez que, em regra, as provas devem ser produzidas no mesmo juízo onde corre a demanda" (*Curso de direito processual do trabalho*. 4. ed. São Paulo: Método, 2007. p. 375). No mesmo contexto, é a visão de *Emília Simeão Albino Sako* (*A prova no processo do trabalho*. São Paulo: LTr, 2006. p. 102).

a) o ônus da prova no processo do trabalho é do reclamado, pois ele tem melhores condições de produzir a prova no processo;

b) o ônus da prova é do reclamante, pois o autor tem a obrigatoriedade de demonstrar em juízo os fatos da inicial;

c) tanto o reclamante como o empregado devem provar os fatos alegados tanto na inicial como na defesa;

d) o reclamante deve provar os fatos constitutivos do seu direito, e o reclamado, os fatos extintivos, modificativos e impeditivos do direito do autor.

O referido art. 818 da CLT, no nosso entendimento, não é completo, e por si só é de difícil interpretação e também aplicabilidade prática, pois, como cada parte tem de comprovar o que alegou, ambas as partes têm o encargo probatório de todos os fatos que declinaram, tanto na inicial, como na contestação.

Além disso, o art. 818 consolidado não resolve situações de inexistência de prova no processo, ou de conflito entre as provas produzidas pelas partes. O juiz da atualidade, diante do princípio da inafastabilidade da jurisdição (art. 5º, XXXV, da CF), não pode furtar-se a julgar, alegando falta de prova nos autos, ou impossibilidade de saber qual foi a melhor prova. Por isso, a aplicação da regra de ônus da prova como fundamento de decisão é uma necessidade do processo contemporâneo. Como bem adverte Rosenberg[12], "[...] o juiz não pode chegar a um *non liquet* com relação à questão de direito, pois é obrigado a julgar e, portanto, declarar as consequências jurídicas para o caso concreto. Assim, na atualidade pode haver um *non liquet* quanto aos fatos, isto é, o juiz pode não ter sido devidamente instruído pela atividade probatória das partes e não ter conseguido esclarecer a questão fática, mas, mesmo assim, não pode deixar de emitir um pronunciamento judicial, uma decisão sobre o caso concreto."

Embora alguns autores defendam que o art. 818 da CLT basta por si mesmo no Processo do Trabalho[13], pensamos que a razão está com os que pensam ser aplicável ao Processo do Trabalho a regra do art. 373 do CPC conjugada com o art. 818 da CLT. Desse modo, no Processo do Trabalho, o reclamante tem o ônus de comprovar os fatos constitutivos do seu direito, e o reclamado, os fatos modificativos, extintivos e impeditivos do direito do autor.

Desse modo, no Processo do Trabalho: a) o reclamante tem o ônus de comprovar os fatos constitutivos do seu direito; b) o reclamado, os fatos modificativos, extintivos e impeditivos do direito do autor.

O Tribunal Superior do Trabalho pacificou o entendimento sobre a aplicabilidade do entendimento vazado no art. 373 do CPC quanto ao ônus da prova no Processo do Trabalho por meio da Súmula n. 6, VIII, do C. TST, *in verbis*:

> "É do empregador o ônus da prova do fato impeditivo, modificativo ou extintivo da equiparação salarial." (ex-Súmula n. 68 – RA 9/1977, DJ 11.2.1977)

Quanto ao fato negativo, prevaleceu na doutrina clássica que ele não deve ser objeto da prova.

Atualmente, a moderna doutrina sustenta que o fato negativo pode ser objeto de prova, pois não há na lei processual nada que inviabilize a prova do fato negativo. Além disso, como dizia Chiovenda, quem faz uma negação, em verdade, realiza uma afirmação. De outro lado, ainda que o ônus da prova pertença ao autor quando o réu nega o fato constitutivo do direito, o réu poderá realizar contraprova no sentido de que o fato não existiu.

A jurisprudência trabalhista tem fixado entendimento no sentido de que, se o empregador nega ter dispensado o empregado, cabe a ele, diante do princípio da continuidade da relação de emprego (Súmula n. 212 do C. TST), provar que o autor tomou a iniciativa de pôr fim ao contrato de trabalho (pedido de demissão ou abandono de emprego).

De outro lado, no caso de inversão do ônus da prova, o fato negativo terá de ser demonstrado pela parte contra a qual ônus da prova fora invertido. Por exemplo, havendo inversão do ônus da prova quanto à culpa pelo acidente de trabalho. Nesse caso, a reclamada deverá demonstrar que não agiu com culpa, tomando as diligências necessárias para evitar o acidente.

5. A MODERNA TEORIA DA CARGA DINÂMICA DO ÔNUS DA PROVA

Diante da necessidade de se dar efetividade ao acesso à ordem jurídica justa e não inviabilizar a tutela do direito à parte que tem razão, mas não apresenta condições favoráveis de produzir a prova do fato constitutivo do seu direito, é possível ao Juiz do Trabalho atribuir o encargo probatório à parte que tem melhores condições de produzir a prova. É o que a doutrina tem denominado de *carga dinâmica na produção do ônus da prova*.

---

12. *La carga de la prueba*. Trad. Erne Krotoschin. Buenos Aires: EJEA, 1956. p. 2.
13. Nesse sentido, defende Manoel Antonio Teixeira Filho (*A prova no processo do trabalho*. 8. ed. São Paulo: LTr, 2003. p. 121). No mesmo diapasão: Ônus da prova. É da parte que alega o ônus de comprovar os fatos que sustentam suas alegações (TRT 12ª R. – 1ª T. – ROV n. 1254/2005.046.12.00-0 – Ac. n. 4088/06 – rel. Marcus Pina Mugnaini – DJ 4.4.06 – p. 285) (RDT n. 05 – maio de 2006).

Como nos traz Luiz Eduardo Boaventura Pacífico[14], "o grande mérito do pioneiro estudo sobre o ônus dinâmico das provas, dos juristas argentinos Jorge W. Peryrano e Julio O. Chiappini, no ano de 1976, foi o de revelar essa orientação jurisprudencial e sintetizar o princípio que acaba sendo rotineiramente utilizado em tais procedentes: o ônus da prova deve recair sobre a parte que se encontre em melhores condições profissionais, técnicas ou fáticas para produzir a prova do fato controvertido."

No processo do trabalho, diante da necessidade de se dar efetividade ao acesso à ordem jurídica justa e não inviabilizar a tutela do direito à parte que tem razão, mas não apresenta condições favoráveis de produzir a prova do fato constitutivo do seu direito, é possível ao Juiz do Trabalho atribuir o encargo probatório à parte que tem melhores condições de produzir a prova, aplicando a teoria do ônus dinâmico da prova. O Juiz do Trabalho, como reitor do processo (art. 765 da CLT), deve ter a sensibilidade, à luz das circunstâncias do caso concreto, de atribuir o encargo probatório ao litigante que possa desempenhá-lo com maior facilidade.

Parte da doutrina e da jurisprudência é refratária à admissão da presente teoria ao processo civil brasileiro, argumentando que ela majora de forma excessiva os poderes do juiz na condução do processo, surpreende as partes, causando insegurança jurídica e dificultando o contraditório. Além disso, transportado para o processo do trabalho, corre-se o risco de se entender que o ônus da prova sempre ficará a cargo do empregador, pois ele estará, na maioria das vezes, em situação de vantagem ou de maior possibilidade para a produção da prova.

Não obstante as ponderações anteriores, pensamos em sentido diverso, uma vez que, conforme já mencionado, a tendência do processo civil contemporâneo sinaliza na majoração dos poderes do juiz na instrução processo. De outro lado, diante dos princípios cooperação e boa-fé objetiva das partes, estas devem produzir as provas necessárias à descoberta da verdade. Além disso, os referidos princípios constitucionais da isonomia real, livre convicção do magistrado e acesso real à justiça, impõem ao magistrado posturas destinadas a assegurar o equilíbro do processo, bem como a produção da prova.

De outro lado, a moderna doutrina vem sustentando que o ônus da prova, além de ser regra de julgamento, é também uma regra de instrução processual, devendo o juiz, antes de realizar os atos instrutórios, analisar as teses da inicial e da defesa, bem como os fatos e as circunstâncias do processo, e fixar o ônus da prova à parte que esteja em melhores condições de produzi-la.

Trata-se, inegavelmente, de uma tendência mundial do processo de majoração dos poderes do juiz na direção do processo, a fim de que os litigantes sejam tratados com isonomia real e a justiça seja implementada com maior efetividade. Não se trata de arbítrio do juiz, pois terá que justificar, com argumentos jurídicos, sob o crivo do contraditório, diante das circunstâncias do caso concreto, a aplicação da carga dinâmica da produção da prova.

A presente teoria não se confunde com a inversão do ônus da prova, embora com ela tenha contato, pois a inversão pressupõe a presença dos critérios previstos na lei, e que exista uma regra prefixada para o ônus da prova. De outro lado, carga dinâmica se assenta no princípio da aptidão para a prova, não necessitando a presença de verossimilhança da alegação do autor.

O atual Código de Processo Civil consagra a regra do ônus dinâmico da prova no art. 373, §§ 1º e 2º, *in verbis*:

> "§ 1º *Nos casos previstos em lei ou diante de peculiaridades da causa relacionadas à impossibilidade ou à excessiva dificuldade de cumprir o encargo nos termos do* caput *ou à maior facilidade de obtenção da prova do fato contrário, poderá o juiz atribuir o ônus da prova de modo diverso, desde que o faça por decisão fundamentada, caso em que deverá dar à parte a oportunidade de se desincumbir do ônus que lhe foi atribuído.*
> § 2º *A decisão prevista no § 1º deste artigo não pode gerar situação em que a desincumbência do encargo pela parte seja impossível ou excessivamente difícil.*"

Diante do referido dispositivo legal, o ônus dinâmico da prova (ou teoria da carga dinâmica), pode ser aplicada quando:

a) excessiva dificuldade probatória da parte que detém o ônus da prova, diante das peculiaridades do caso concreto;

b) maior facilidade de produção da prova pela parte que não detém o ônus da prova.

De outro lado, deve o magistrado fundamentar a decisão ao atribuir o ônus da prova de forma diversa da regra geral, e possibilitar à parte contra quem o ônus fora fixado de se desincumbir do encargo.

No processo do trabalho, o Juiz ao sanear o processo na própria audiência, ou em outro momento proces-

---

14. PACÍFICO, Luiz Eduardo Boaventura. *O ônus da prova*. 2. ed. São Paulo: RT, 2011. p. 222-223.

sual, deve fundamentar a aplicação do ônus dinâmico da prova, antes do início da instrução processual. Desse modo, o ônus probatório não pode ser alterado por ocasião do julgamento, por violar o direito da parte à produção da prova, bem como violar o contraditório sob a perspectiva da decisão surpresa.

Na esfera trabalhista, o ônus dinâmico pode ser utilizado em hipóteses em que o reclamante pretende reparações por danos morais, assédio moral, assédio sexual ou discriminação, uma vez que a dificuldade probatória do trabalhador é muito acentuada e o reclamado, via de regra, tem maiores possibilidades de produção da prova. No entanto, mesmo nessas situações, deve o magistrado sopesar a boa-fé do trabalhador e a seriedade da alegação e todas as circunstâncias que envolvem o caso concreto.

O Tribunal Superior do Trabalho, por meio da IN n. 39, corretamente, entendeu aplicáveis os §§ 1º e 2º do art. 373 do CPC ao processo trabalhista. Com efeito, dispõe o art. 3º, VIII, da referida instrução:

> "Sem prejuízo de outros, aplicam-se ao Processo do Trabalho, em face de omissão e compatibilidade, os preceitos do Código de Processo Civil que regulam os seguintes temas: (...)VII – art. 373, §§ 1º e 2º (distribuição dinâmica do ônus da prova)".

Recentemente, a jurisprudência do Tribunal Superior do Trabalho adotou, de certa forma, a presente teoria em sua Súmula n. 443, a seguir transcrita:

> "DISPENSA DISCRIMINATÓRIA. PRESUNÇÃO. EMPREGADO PORTADOR DE DOENÇA GRAVE. ESTIGMA OU PRECONCEITO. DIREITO À REINTEGRAÇÃO. Presume-se discriminatória a despedida de empregado portador do vírus HIV ou de outra doença grave que suscite estigma ou preconceito. Inválido o ato, o empregado tem direito à reintegração no emprego."

Diante do referido entendimento sumular, ao empregador cumpre o ônus da prova de demonstrar que não discriminou o trabalhador portador de doença grave, uma vez que tal prova é extremamente difícil ao trabalhador, e o empregador detém maior aptidão para produzi-la, uma vez que tem a obrigação legal de zelar para que a discriminação não aconteça.

6. A REVELIA E A PRODUÇÃO DE PROVAS NO DIREITO PROCESSUAL DO TRABALHO

Tema dos mais polêmicos da revelia é a produção de provas. Doutrina e jurisprudência não são pacíficas quanto à possibilidade de produção de provas diante da revelia.

O autor, em muitos casos, pretende produzir provas, pois há o receio de a revelia ser reconsiderada, de não poder trazer suas testemunhas em outra oportunidade e da possibilidade de o Tribunal ter entendimento divergente.

O réu que ingressar na relação jurídico-processual após o decreto de revelia pretende, a todo custo, minorar as consequências da revelia, mas encontra limites de não poder renovar fases processuais já atingidas pela preclusão e inúmeras vezes se vê impossibilitado de produzir qualquer prova, uma vez que não controverteu os fatos, conforme os arts. 341 e 374, III, do CPC.

Os entendimentos, tanto da doutrina como da jurisprudência, são variados. Alguns sustentam a impossibilidade absoluta da produção de provas diante da revelia, sob consequência de o instituto perder a razão de ser. Já outros sustentam ser possível a produção de provas somente em algumas hipóteses, v. g., quando os efeitos da revelia não se verificam (art. 345 do CPC), em se tratando de matérias de ordem pública ou que possam ser alegadas em qualquer grau de jurisdição ou matérias de ordem técnica. Já outros entendem que é possível conjugar a revelia com a produção probatória. Embora a amplitude da dilação probatória fique mitigada, é possível tanto ao autor como ao réu produzi-las, e ao juiz determinar a produção de provas em algumas hipóteses. O autor quando não se verificarem os efeitos da revelia, quando a discussão é eminentemente técnica e, quando, a cargo do juiz, fora determinado. Já o réu pode produzir provas para contrariar os fatos articulados pelo autor, desde que ingresse a tempo na relação jurídico-processual.

No nosso sentir, a maior participação do réu na fase probatória tem suporte no próprio conceito de revelia, que para nós configura preclusão quanto ao direito de responder, e, no Processo do Trabalho, esse direito decorre do fato de o reclamado não ter comparecido à audiência em que poderia responder (art. 844 da CLT). Não obstante o revel não ter controvertido os fatos, a revelia gera uma presunção relativa de veracidade dos fatos afirmados pelo autor, mas não derruba o contraditório processual, que é o direito de reagir a cada ação do *ex adverso*, que fora fortalecido pelos arts. 9º e 10 do CPC. Ora, revelia não é pena, não é um ônus, é uma situação processual. O revel não pode ser visto como um fora da lei porque não veio a juízo se defender. Ainda que não tenha controvertido os fatos, o revel, caso compareça em momento oportuno, poderá derrubar essa presunção de veracidade dos fatos invocados pelo autor. Não poderá fazer prova de fatos que não alegou, ou seja, não poderá fazer prova de fatos modificativos, extintivos e impeditivos do direito do autor. Caso o revel consiga, com a produção de provas, derrubar a presunção de veracidade dos fatos afirmados pelo autor, este último terá de fazer prova do fato constitutivo do seu direito. Não se está com o presente entendimento desconsiderando o instituto da revelia, mas possibilitando ao réu o direito de, efetivamente, exercer o contraditório e buscar minorar os efeitos da revelia. Em razão do princípio da proporcionalidade a que já nos referimos, no nosso sentir, o revel que comparece e ingressa na relação jurídico-processual possui maiores faculdades processuais do que o revel que jamais comparece. Sob outro enfoque, pode, inclusive, ser benéfico ao autor o comparecimento do revel, pois há a possibilidade da conciliação, também possibilidade de o autor produzir a prova dos fatos constitutivos do seu direito e sepultar a possibilidade de anulação da revelia em sede recursal, e também certeza de que irá encontrá-lo para futura execução.

O Código de Processo Civil atual, ao contrário da doutrina e da jurisprudência dominantes à época do CPC/73, consagra o presente entendimento. Com efeito, dispõe o art. 349 do CPC, *in verbis*:

> "*Ao réu revel será lícita a produção de provas, contrapostas às alegações do autor, desde que se faça representar nos autos a tempo de praticar os atos processuais indispensáveis a essa produção.*"
>
> No mesmo sentido a Súmula n. 241 do STF, editada sob à égide do CPC/39, *in verbis*:
>
> "*O revel, em processo civil, pode produzir provas, desde que compareça em momento oportuno.*"

Diante do art. 349 do CPC, de aplicação subsidiária do Processo do Trabalho (arts. 769 da CLT e 15 do CPC), caso o revel compareça em momento oportuno, e com relação às fases processuais em que ainda não se operou a preclusão, poderá: a) produzir provas a fim de derrubar a presunção de veracidade dos fatos afirmados pelo autor; b) requerer o depoimento pessoal do autor; c) juntar documentos para contrariar os fatos articulados na inicial; d) indicar assistentes técnicos e formular quesitos; e) contraditar testemunhas; f) produzir provas sobre matérias que possam ser invocadas em qualquer grau de jurisdição como as previstas no art. 337 do CPC e a prescrição; g) aduzir razões finais; h) recorrer e contra-arrazoar recurso.

De outro lado, o juiz apreciará livremente os efeitos da revelia, vale dizer: se a matéria fática está incontroversa ou não, nos termos do princípio do convencimento motivado (art. 371 do CPC e também à luz do art. 765 da CLT). Caso entenda o juiz que a pretensão do autor não é verossímil, ou se mostra fora da razoabilidade, poderá determinar a produção de provas, inclusive por parte do autor.

Como bem adverte Júlio César Bebber[15]: "A revelia não violenta a livre consciência do juiz para ditar-lhe o seu convencimento, não inibindo, igualmente, o amplo poder instrutório que, no dizer do próprio José Roberto dos Santos Bedaque, 'é elemento indissociável da efetividade do processo'. O juiz não tem o compromisso de satisfazer a vontade do legislador. Cabe-lhe, sim, atender à vontade objetiva da norma, que possui vida independente de seu criador."

Por outro lado, no nosso sentir, o juiz tem de considerar que a revelia gera uma presunção de veracidade (art. 344 do CPC). Sendo assim, caso não esteja convencido da verossimilhança ou da ocorrência dos fatos declinados na inicial, deverá, num primeiro momento, fundamentadamente (art. 93, IX, da CF), em sede de decisão interlocutória, justificar, segundo o seu livre convencimento, a necessidade de produção das provas que entende necessárias (arts. 370 do CPC e 765 da CLT) e, posteriormente, quando da sentença, valorar o conjunto das provas constantes dos autos.

Como bem adverte Cândido Rangel Dinamarco[16]: "Como toda presunção relativa, também essa não tem o valor tarifado e invariável próprio aos sistemas de prova legal. No sistema da livre apreciação de prova, segundo os autos, o juiz dar-lhe-á o valor que sua inteligência aconselhar, feito o confronto com o conjunto dos elementos de convicção eventualmente existente nos autos e levando em conta a racional probabilidade de que os fatos hajam ocorrido como disse o autor."

No mesmo sentido, é o art. 345, IV, Código de Processo Civil atual, que consagra o entendimento prevalente na doutrina e na jurisprudência. Com efeito, dispõe o referido dispositivo legal:

> "*A revelia não produz o efeito mencionado no art. 344*[17] *se:*
>
> (...)
>
> *IV – as alegações de fato formuladas pelo autor forem inverossímeis ou estiverem em contradição com prova constante dos autos.*"

7. VALORAÇÃO DA PROVA NO DIREITO PROCESSUAL DO TRABALHO

A valoração da prova é um dos momentos mais importantes do processo, em que o julgador, de forma

---

15. BEBBER, Júlio César. Revelia e livre convencimento. In: *Processo do trabalho*. Temas atuais. São Paulo: LTr, 2003. p. 69.
16. DINAMARCO, Cândido Rangel. *Instituições de direito processual civil*. Vol. III. São Paulo: Malheiros, 2002. p. 535.
17. Art. 344, do CPC: "Se o réu não contestar a ação, será considerado revel e presumir-se-ão verdadeiras as alegações de fato formuladas pelo autor."

discricionária, mas fundamentada, analisará as provas produzidas nos autos, primeiramente de forma isolada, e depois confrontando as provas existentes, chegando a uma conclusão sobre a melhor prova e sobre o fato ou os fatos que comprovam. Diante dos fatos que entendeu provados, o juiz aplicará o direito, acolhendo ou rejeitando o pedido.

O juiz, como destinatário da prova, tem liberdade para valorá-las, segundo o princípio da persuasão racional, ou livre convencimento motivado, que vigora em sede processual civil, *ex vi*, do art. 371 do CPC, *in verbis*:

> "O juiz apreciará a prova constante dos autos, independentemente do sujeito que a tiver promovido, e indicará na decisão as razões da formação de seu convencimento."

Diante do que dispõe o referido dispositivo legal, o juiz pode firmar sua convicção com qualquer elemento de prova constante dos autos, ainda que não alegado na inicial ou na contestação. Por isso, qualquer prova constante dos autos é apta a firmar a convicção do juiz. De outro lado, por mandamento constitucional (art. 93, IX, da CF), e da lei processual civil, deve o julgador mencionar na fundamentação da sentença qual ou quais provas existentes nos autos lhe formaram a convicção. Sob outro enfoque, em compasso com a nova sistemática do contraditório no CPC de 2015, se o Juiz firmar sua convicção com elemento de prova constante dos autos, mas que sobre ele não tenham se manifestado reclamante ou reclamado, deverá, oportunizar, antes do julgamento, manifestação das partes.

Não há, no ordenamento jurídico processual vigente, uma regra preestabelecida para valoração da prova pelo juiz. Entretanto, o magistrado deve considerar a prova existente nos autos. Não havendo prova nos autos, ainda que o juiz possa estar convencido da veracidade de algum fato, não poderá julgar com base em convicção íntima ou pessoal.

De outro lado, pensamos que deve o juiz valorar a prova no conjunto, considerando o ônus de cada parte, a verossimilhança das alegações, a dificuldade probatória, a razoabilidade e o que ordinariamente acontece. Outrossim, a prova se valora pela qualidade, e não pela quantidade.

Como já assinalado, deve o juiz sopesar todas as circunstâncias dos autos, principalmente o Juiz do Trabalho que lida, preponderantemente, com matéria fática e analisa provas orais.

Além disso, o Juiz do Trabalho deve não só avaliar a qualidade de uma prova isoladamente, mas também confrontá-la com as demais existentes nos autos, e, muitas vezes, escolher, diante de tal confronto, a que lhe é mais coerente e que se aproxima da verdade. Inegavelmente, a valoração da prova é subjetiva, decorrendo do livre convencimento motivado do magistrado, que é uma garantia constitucional; entretanto, o convencimento firmado deve ser fundamentado.

O comportamento das partes no processo e em audiência pode influir significativamente na convicção do Juiz do Trabalho. Desse modo, a personalidade, o grau de humildade ou arrogância, a cooperação com a justiça, a firmeza no depoimento, a segurança ou insegurança ao depor, a boa-fé, a honestidade dos litigantes, entre outros comportamentos, devem ser considerados pelo órgão julgador.

Como destaca Isolde Favoretto[18]:

> "Pode o juiz se apropriar não só do que contém o corpo processual, mas, sobretudo, daquilo que é a essência para este convencimento e que não está escrito, mas foi percebido pelo julgador através de suas observações quanto às manifestações e comportamentos das partes não traduzidas no papel que se poderia chamar de '*fumus*' processual. Está inserida nesta linha uma sensibilidade de quem julga, cuja teoria é mais de aplicabilidade prática do que pelo conhecimento da teoria."

No mesmo sentido, sustenta Marcos Destefenni[19]:

> "O tema, contudo, nos parece bastante complexo e suscita um estudo multidisciplinar, pois o comportamento da parte pode ser analisado de diferentes perspectivas. De lembrar que a lei já valora várias situações do comportamento da parte. Podem citar, por exemplo, o fato de a parte se negar a depor. Essa inércia é valorada juridicamente, pois da negativa em depor é possível extrair-se uma *confissão ficta*. A doutrina costuma lembrar, também, da relevância do comportamento processual da parte que nega submeter-se à inspeção judicial. Não há, no caso, tecnicamente, uma confissão. Mas, com toda certeza, trata-se de situação que deve ser considerada e valorada pelo juiz no momento da decisão. Outro aspecto recentemente

---

18. FAVORETTO, Isolde. *Comportamento processual das partes como meio de prova*. Porto Alegre: Livraria Editora Acadêmica, 1993. p. 53.
19. DESTEFENNI, Marcos. *Curso de processo civil*. Vol. 1, Tomo II. São Paulo: Saraiva, 2009. p. 113.

disciplinado pela lei, referente ao comportamento da parte como meio de prova, está no art. 232 do CC, que determina o juiz a valoração da recusa à perícia médica. Como se vê, o comportamento da parte deve ser valorado pelo julgador."

Por isso, estamos convencidos de que o princípio da identidade física do juiz deve ser implementado[20] e impulsionado no processo do trabalho, para que a valoração da prova seja realizada com efetividade e a decisão reflita justiça e realidade.

8. DOS PODERES INSTRUTÓRIOS DO JUIZ DO TRABALHO

Doutrina e jurisprudência divergem quanto à possibilidade da iniciativa probatória do juiz[21]. A matéria é polêmica e tem gerado acirradas discussões na doutrina e na jurisprudência.

A doutrina clássica mostrou-se contrária à iniciativa probatória do juiz. Nesse sentido, Moacyr Amaral Santos: "Dá-se, assim, no processo probatório, uma perfeita interdependência de atribuições das partes e do juiz. Apenas aquelas não podem ter ingerência na função específica deste, de emitir provimentos relativos a qualquer dos atos probatórios e de avaliar e estimular as provas, porque, então, seria transformarem-se em juízes das próprias alegações. Por sua vez, o juiz não pode, a não ser dentro do critério legal e com o propósito de esclarecer a verdade, objetivo de ordem pública, assumir a função de provar fatos não alegados ou de ordenar provas quando as partes delas descuidam ou negligenciam."[22]

Para outros doutrinadores, a iniciativa probatória possível ao juiz é aquela de natureza complementar, em sede de excepcionalidade, por exemplo, quando a prova testemunhal restou neutralizada (entre prova e contraprova por igual número de testemunhas), tendo o juiz de primeiro grau dispensado uma testemunha de uma das partes. Em acontecendo a hipótese, haverá a possibilidade de ouvir aquela testemunha dispensada para complementar prova e firmar convicção.

No nosso sentir, diante dos princípios constitucionais do acesso à justiça, da efetividade e dos princípios infraconstitucionais do livre convencimento do juiz e da busca da verdade, devem ser deferidos ao magistrado amplos poderes instrutórios.

Com efeito, há muito o juiz deixou de ser um convidado de pedra na relação jurídico-processual. Na moderna teoria geral do processo, ao juiz cabe zelar pela dignidade do Processo, pela busca da verdade real e por uma ordem jurídica justa.

Isso não significa dizer que o juiz está negando vigência ao art. 844 da CLT, ou ao princípio de igualdade de tratamento às partes (art. 139 do CPC), está apenas garantindo a dignidade da justiça, da aplicação justa e equânime da lei e uma ordem jurídica justa. O entendimento citado ganha corpo no Direito Processual do Trabalho, pois apresenta o princípio do inquisitivo que permite a iniciativa probatória do juiz (art. 765 da CLT).

Nesse sentido, também é o art. 370 do CPC, *in verbis*, que, segundo a doutrina moderna, consagra os poderes instrutórios do juiz:

> *"Caberá ao juiz, de ofício ou a requerimento da parte, determinar as provas necessárias ao julgamento do mérito. Parágrafo único. O juiz indeferirá, em decisão fundamentada, as diligências inúteis ou meramente protelatórias."*

Para o Juiz do Trabalho, não há preclusão na esfera probatória, conforme o já citado art. 765 da CLT. A livre convicção do juiz é uma garantia da cidadania, do devido processo legal e do Estado Democrático de Direito.

O juiz da atualidade não pode mais fechar os olhos diante de uma regra processual, ou vendar os olhos e prolatar uma sentença sem estar convicto (julgamento no escuro). Por isso, o juiz não pode omitir-se, negligenciando a produção de alguma prova necessária. É melhor pecar por excesso do que por omissão. O juiz que se omite é mais nocivo que o juiz que julga mal.

Sob outro enfoque, cumpre destacar que a finalidade do processo é a justa composição da lide, aproximando-se da realidade, e dar a cada um o que é seu. Nesse sentido, ensina Jorge Luiz Souto Maior[23]: "É verdade que, sob o ponto de vista teórico, o direito processual tem avançado muito em direção à busca da produção de resultados concretos e justos na realidade. Essa mudança vem desde o início do movimento denominado movimento em prol do acesso à justiça, encabeçado por Mauro Cappelletti, tendo atingido, mais recentemente, a fase da busca pela plena efetividade da prestação jurisdicional, que pode ser traduzida pela conhecida fra-

---

20. Infelizmente, o princípio da identidade física do juiz, expressamente previsto no CPC/73, não fora reprisado no CPC/15.
21. A doutrina denomina a expressão *poderes instrutórios do juiz* como a possibilidade de o juiz determinar, de ofício, a produção das provas que entende necessárias ao seu convencimento sobre os fatos da causa.
22. SANTOS, Moacyr Amaral. *Prova judiciária no cível e comercial*. Vol. I. São Paulo: Saraiva, 1983. p. 259-260.
23. SOUTO MAIOR, Jorge Luiz. *Temas de processo do trabalho*. São Paulo: LTr, 2000. p. 170.

se de Chiovenda: 'o processo deve dar, a quem tem um direito, tudo aquilo e precisamente aquilo que ele tem o direito de obter'. Mas o processo deve almejar mais, pois um processo despreocupado com a justiça das suas decisões pode simplesmente dar a cada um o que é seu, ou seja: ao rico, sua riqueza, ao pobre, sua pobreza."

De outro lado, no nosso sentir, a efetividade do processo não significa apenas decisão rápida, mas também uma decisão justa e que se aproxime da verdade real, embora esta praticamente seja inatingível.

Pelo exposto, concluímos que:

"Os poderes instrutórios do Juiz do Trabalho são amplos, devendo sempre ser observados os princípios do livre convencimento motivado e do contraditório."

Capítulo 10

A Reclamação Constitucional no Código de Processo Civil e as Perspectivas de sua Aplicação Subsidiária no Processo do Trabalho

Milton Vasques Thibau de Almeida[*]

1. INTRODUÇÃO

O novo Código de Processo Civil, promulgado em 16 de março de 2015, com entrada em vigor em 17 de março de 2016, transplantou do âmbito dos Regimentos Internos dos Tribunais Superiores o procedimento da reclamação constitucional, passando a constituir uma novidade no processo civil brasileiro que não encontra paralelo em outros ordenamentos jurídicos estrangeiros.

Essa novidade reacendeu os debates doutrinários a respeito da natureza jurídica da reclamação, que passou a ser adjetivada de reclamação constitucional pela Constituição da República Federativa do Brasil, promulgada em 1988.

Nossa abordagem enfoca esse debate sobre a natureza jurídica da reclamação constitucional, utilizando os métodos dedutivo, comparativo e histórico, objetivando enquadrar a aplicação subsidiária das novas disposições do processo civil sobre essa ação mandamental no processo do trabalho.

2. INTRODUÇÃO HISTÓRICA

A reclamação nasceu da criação pretoriana do Supremo Tribunal Federal, a partir da aplicação da teoria dos poderes constitucionais implícitos, passando a ser utilizada de forma substancial com o incremento do controle objetivo de constitucionalidade no Brasil, ligada à afirmação da "transcendência dos motivos determinantes" de determinados precedentes (XAVIER, 2015, p. 10).

A reclamação passou por quatro fases, definidas por José da Silva Pacheco (XAVIER, 2015, p. 12): 1) de sua criação até sua inserção no Regimento Interno do Supremo Tribunal Federal (RISTF), em 1957; 2) de sua inserção no RISTF até a Constituição de 1967; 3) da Constituição de 1967 até a Constituição de 1988, em que a reclamação recebeu assento constitucional; 4) após a Constituição de 1988.

Na primeira fase, a reclamação teve origem na noção dos *implied powers* (teoria dos poderes implícitos); na segunda fase a reclamação foi incorporada no Regimento Interno do STF, em 1957, com fulcro na competência que lhe era atribuída pela Constituição de 1946; na terceira fase, os dispositivos do Regimento Interno que estabeleciam a disciplina processual dos feitos de competência do STF passaram a ter força de lei conferida pela Constituição Federal de 1967; por último, na quarta fase, a reclamação passou, finalmente, a ter o *status* constitucional, ao ser expressamente prevista dentro da competência originária do STF (LEITE, n. 1, p. 17).

A inserção da reclamação constitucional no ordenamento jurídico brasileiro é consequência de uma simbiose entre dois sistemas jurídicos da *Civil law* e da *Common law* (DONIZETTI). O sistema jurídico brasileiro sempre foi filiado à Escola da *Civil Law*, assim como os países de origem romano-germânica, na qual a lei é a fonte primária do ordenamento jurídico e, consequentemente, o instrumento apto a solucionar as controvérsias levadas ao conhecimento do

---

[*] Doutor em Direito Constitucional pela UFMG. Professor do Curso de Mestrado em Direito da Universidade de Itaúna, na linha de pesquisa "Constitucionalismo Social: Políticas Públicas e Privadas de Proteção Social Nacional, Comunitária e Internacional". Professor Associado de Direito do Trabalho e Previdência Social da Faculdade de Direito da UFMG. Desembargador do Trabalho do TRT da 3ª Região.

Poder Judiciário. No sistema da *Civil law* a jurisdição objetiva aplicar o direito escrito, nela sendo o juiz um intérprete e aplicador da lei, não lhe sendo reconhecido poder para criar o Direito, diversamente do que ocorre no sistema da *Common law*, onde a faculdade criadora do Direito é mais ampla para os juízes. Esses dois sistemas jurídicos estão se aproximando, os países de cultura anglo-saxônica cada vez mais legislam por intermédio de lei, ao passo que os países de tradição germano-românica estabelecem a força obrigatória dos precedentes judiciais. Por isso, cada vez mais o direito brasileiro tem assimilado a teoria do *stare decisis*, da qual se origina a ideia de precedente judicial e da sua eficácia vinculativa.

Desta forma, a quarta fase do desenvolvimento da reclamação constitucional é marcada não apenas pelo seu reconhecimento constitucional pelos arts. 102, inciso I, alínea *l*, 103-A, § 3º (acrescentado pela Emenda Constitucional n. 45, de 2004), e 105, inciso I, alínea *f*, da Constituição da República Federativa do Brasil, promulgada em 1988, mas também pela transmutação da sua natureza jurídica, para se desvestir das roupagens de "remédio incomum", de "medida de caráter excepcional" e outros quejandos, ou mesmo da áurea de medida correicional (se afastando da correição parcial), para assumir uma verdadeira natureza jurídica de ação, do tipo mandamental, com o escopo específico de impor às autoridades judiciárias e administrativas a prevalência dos precedentes judiciais firmados pelos Tribunais Superiores.

Nessa fase histórica atual, o Código de Processo Civil de 2015 promoveu o deslocamento da competência originária para o julgamento da reclamação, do âmbito interno dos Tribunais superiores para os demais Tribunais, o que não poderia ter sido promovido mediante normas regimentais, pois só poderia ter sido efetivada por lei, *in casu*, a Lei n. 13.105, de 16 de março de 2015 (com as alterações introduzidas pela Lei n. 13.256, de 4 de fevereiro de 2016).

O novo Código de Processo Civil de 2015 objetiva valorizar o respeito à jurisprudência já firmada no âmbito dos Tribunais, afim de que estes julguem menos, mas com mais vagar e debate de teses e questões mais impactantes para a sociedade, de sorte que a aplicação dos precedentes formados no STF e no STJ ficará mais a cargo dos Tribunais inferiores, quando a alegação for de descumprimento de decisões tomadas em recursos repetitivos e em repercussão geral (CÔRTES).

3. A RECLAMAÇÃO CONSTITUCIONAL NO DIREITO COMPARADO

Não existe qualquer instituto similar à reclamação constitucional brasileira no direito comparado, embora existam outras possibilidades de interposição de reclamação aos Tribunais italianos, portugueses e alemães (LEITE, p. 6), a saber:

"No Direito italiano, tem-se a previsibilidade da reclamação ao tribunal pelas partes, quando a ordenança do juiz instrutor declara a extinção do processo; reclamação ao juiz instrutor contra ordenanças de condenação a penas pecuniárias, reclamação contra providências cautelares, reclamação das partes contra os provimentos na Câmara de Conselho, contra a ordenança de extinção do processo executivo, contra o decreto que nega a executoriedade do laudo.

No direito lusitano existem as seguintes modalidades de reclamação: contra a relação de bens, contra o valor atribuído aos bens, contra o mapa da partilha, de créditos, para a conferência, em razão de admissão do recurso *per saltum* como revista, para o presidente do tribunal contra indeferimento ou retenção do recurso, entre outros.

No direito germânico, existe a beschwerde *(queixa ou reclamação), porém como recurso, para reexame da decisão, e a* beanstandung, *que é uma reclamação contra direção processual ou perguntas, cuja decisão será proferida pelo tribunal*".

Emerge nessa comparatividade que esses ordenamentos jurídicos analisados são, todos eles, filiados ao sistema jurídico romano-germânico, e que adotam o sistema do *Civil law*, como foi pontuado com precisão pela opinião abalizada de Elpídio Donizetti. Como o sistema do *Civil law* está se aproximando do sistema do *Common law*, e vice-versa, certamente não haverá também no sistema jurídico anglo-americano qualquer procedimento de reclamação que disponha sobre o resguardo da competência da Suprema Corte ou para a preservação dos seus precedentes jurisprudenciais, devido à própria concepção da jurisdição calcada na prevalência do direito consuetudinário, de construção fundamentada no exame dos casos concretos.

4. A NATUREZA JURÍDICA DA RECLAMAÇÃO CONSTITUCIONAL

É intenso o debate doutrinário acerca da natureza jurídica da reclamação constitucional.

Como a reclamação passou por várias fases históricas, foi acumulando debates sobre a sua natureza jurídica enquanto era medida instituída pelo Regimento

Interno do Supremo Tribunal Federal, até que, na atualidade, se distanciou da natureza correicional e assumiu uma finalidade mandamental, que lhe foi atribuída pela Constituição da República, promulgada em 1988, com o que passou a ser adjetivada de "reclamação constitucional".

No julgamento do Agravo Regimental interposto na Reclamação n. 14.333 – DF, o Ministro Celso de Mello alinhavou, resumidamente, as várias teses jurídicas a respeito da natureza jurídica da reclamação: ação (Pontes de Miranda); recurso ou supedâneo de recurso (Moacir Amaral Santos e Alcides de Mendonça Lima); remédio incomum (Orosimbo Nonato); incidente processual (Moniz De Aragão); medida processual de caráter excepcional (Djaci Falcão). Ao final, o Ministro Celso de Mello acrescentou que, apesar de a reclamação ter sido criada por uma construção pretoriana, constitui um instrumento de extração constitucional.

Faltou ao Ministro Celso de Mello apontar a natureza correicional da reclamação criada pelo Regimento Interno do STF, e que agora ganha relevo na confrontação da natureza constitucional outorgada à reclamação constitucional, o que a afasta daquela antiga roupagem jurídica, embora continue a exercer uma atribuição de correção das decisões judiciais, sem se confundir com a correição parcial.

Dentre essas teorias, aquelas que foram criadas circunstancialmente na fundamentação de julgados pelos Ministros do STF, Orozimbo Nonato, Djaci Falcão, mais espelham a perplexidade do julgador diante da necessidade de explicar aquilo que era difícil de explicar, do que propriamente uma análise em extensão e profundidade da verdadeira natureza jurídica dessa instituição secular do direito processual ocidental. Mas o que serve para a fundamentação das decisões judiciais não serve para a sedimentação das ideias doutrinárias. Por isso, essas teorias da natureza jurídica da reclamação como "remédio incomum" ou como "medida processual de caráter excepcional" não encontraram ressonância doutrinária.

O mesmo dizemos a respeito da natureza jurídica enfatizada pela jurisprudência do STF destacada pelo Ministro Celso de Mello, como "instrumento de extração constitucional". Antes de a reclamação ter sido encrustada na Constituição Federal de 1988, a sua constitucionalidade era questionável, tendo sido sustentada pela Corte Suprema como sendo uma inferência do regime adotado pela constituição brasileira, que respaldava a competência do Supremo Tribunal Federal em elaborar o seu próprio Regimento Interno. Porque a Constituição Federal de 1967 previa expressamente a autonomia do STF para elaborar o seu Regimento Interno, tudo o que ele introduzisse nesse Regimento Interno estaria ungido de constitucionalidade. Depois que a reclamação passou a ter assento no texto constitucional, é evidente que ela passou a ser um "instrumento de extração constitucional" que visa a preservação da competência do Supremo Tribunal Federal e a garantia da autoridade das suas decisões.

Diversamente ocorreu com as demais teorias, que agora têm sido revisitadas para o confronto da reclamação constitucional, daí a razão pela qual foi ela confrontada com as teorias da natureza jurídica da ação, do recurso ou supedâneo de recurso e de incidente processual.

Acrescente-se, ainda, a teoria da reclamação como exercício de um mero direito de petição, de Ada Pellegrini Grinover (PARIZE e MATOS, p. 3).

4.1. A tese jurídica de que a reclamação possui a natureza jurídica de ação

Como asseverado pelo Ministro Celso de Mello, a essa corrente teórica se filiou Pontes de MiranDA.

Essa é a corrente teórica que tem prevalecido, a ela estando alinhados Marcelo Navarro Dantas, Leonardo Lins Morato, Fredie Diddier Junior e Leonardo Carneiro da Cunha (PARIZE e MATOS, p. 3).

Mas existe uma subdivisão dentro dessa corrente teórica, porquanto alguns autores entendem que a reclamação constitucional é uma ação simples, enquanto outros entendem que ela é uma ação correicional ou uma ação mandamental.

À corrente teórica que entende que a reclamação constitucional é uma ação simples aderem Jose da Silva Pacheco e Gleydson Kleber de Oliveira (LEITE, p. 5).

A corrente teórica que vislumbra na reclamação constitucional uma ação correicional se filia Humberto Theodoro Júnior (LEITE, p. 5).

Aos demais autores só resta a alternativa de adesão à corrente teórica que considera a reclamação constitucional como sendo uma ação mandamental.

Genericamente, a corrente teórica do direito de ação considera que o manejo da reclamação constitucional exige a demonstração dos pressupostos de validade e de constituição de um processo, assim como também exige a implementação das condições e elementos da ação: a legitimidade do reclamado e do reclamante; a causa de pedir advinda da desobediência de uma decisão proferida pelo STF ou pelo STJ, bem como a invasão da competência desses Tribunais; uma lide a ser resolvida, culminando em atividade de verdadeira prestação jurisdicional. Ademais, com o provimento final da reclamação constitucional será gerada coisa julgada (PARIZE e MATOS, p. 3).

Em reforço dessa teoria da reclamação constitucional como sendo um direito de ação, o Código de Processo Civil de 2015, com as modificações que foram introduzidas no § 5º do art. 966 pela Lei n. 13.256, de 4 de fevereiro de 2016, passou a contemplar a hipótese de rescindibilidade da decisão judicial que contraria súmula ou acórdão proferido em julgamento de casos repetitivos, contra a qual não cabe a reclamação constitucional, o que estabelece uma equivalência jurídica entre a reclamação constitucional e a ação rescisória.

O legislador não deixou bem clara a sua opção por essa teoria da natureza jurídica da ação, porque posicionou a reclamação constitucional num Capítulo do CPC de 2015 que trata, ao mesmo tempo, de incidentes processuais e da ação rescisória, o que não é suficiente para que possamos concluir por uma dessas teorias. Já no CPC de 1973 o legislador tratava o incidente de uniformização de jurisprudência, o incidente de arguição de inconstitucionalidade, juntamente com a ação rescisória no Capítulo "Da Ordem dos Processos no Tribunal" (Capítulo VII) do Título X ("Dos Recursos").

No CPC de 2015 o legislador pátrio reiterou o mesmo tratamento da "Ordem dos Processos no Tribunal" no Título I ("Da Ordem dos Processos e dos Processos de Competência Originária dos Tribunais"), do Livro III ("Dos Processos nos Tribunais e dos Meios de Impugnação das Decisões Judiciais"), nele agrupando os antigos incidentes de Uniformização da Jurisprudência (que virou "Disposições Gerais" no Capítulo I, ao passo que as verdadeiras disposições gerais passaram a constituir o Capítulo II – "Da Ordem dos Processos no Tribunal"), incidente da Declaração (agora Arguição) de Inconstitucionalidade (Capítulo IV) e o incidente da Homologação de Sentença Estrangeira (acrescentando-lhe a Concessão de Exequatur à Carta Rogatória; Capítulo VI). Aos mencionados incidentes processuais de competência originária do Tribunal, o legislador acrescentou três incidentes processuais novos: a) o Incidente de Assunção da Competência (Capítulo III); b) o incidente de Conflito de Competência (Capítulo V) e, c) o Incidente de Resolução de Demandas Repetitivas (Capítulo VIII).

Mas se, de um lado a promiscuidade da reclamação constitucional com tais incidentes processuais no Título I do Livro III do CPC de 2015 acalente os adeptos da teoria da natureza jurídica de incidente processual para ela, de outro lado, a permanência da "Ação Rescisória" (Capítulo VII) no rol desses processos de competência originária do Tribunal também acalenta a argumentação dos adeptos da teoria da natureza jurídica do direito de ação para a reclamação constitucional.

Mas o legislador deixa implícita a sua opção pela teoria do direito de ação para a reclamação constitucional, ao atribuir-lhe indiretamente a qualidade de substitutivo de ação, com equivalência jurídica à ação rescisória.

Para criar uma alternativa (já que a reclamação não é cabível diretamente) à má aplicação de precedente tomado em recurso repetitivo, a Lei n. 13.256/16 acrescentou o § 5º ao art. 966 tornando expressamente cabível a ação rescisória contra decisão baseada em enunciado de súmula ou acórdão proferido em julgamento de casos repetitivos que não tenha considerado a existência de distinção entre a questão discutida no processo e o padrão decisório que lhe deu fundamento (CÔRTES).

4.2. A tese jurídica de que a reclamação possui a natureza jurídica de recurso, ou de substitutivo de recurso

A reclamação instituída pelo Regimento Interno do Supremo Tribunal Federal era inspirada no recurso de agravo de ordenação não guardada, que era previsto nas Ordenações do Reino Português, e que era interposto para a Casa de Suplicação, instituída em 1425. A última das Ordenações – a Ordenação Manuelina – vigorou no Brasil até o advento da promulgação do Regulamento 737, em 25 de novembro de 1850, que passou a determinar a ordem do juízo no processo comercial. A seu turno, o agravo de ordenação não guardada havia se inspirado no recurso da *supplicatio* do processo romano, daí, a razão pela qual a doutrina brasileira apontou para a natureza da reclamação instituída pelo STF, na sua primeira fase histórica, como sendo de recurso, ou de substitutivo de recurso.

Essa corrente teórica da reclamação com natureza jurídica de recurso, ou de substitutivo de recurso, tem como expoentes os notáveis processualistas José Frederico Marques e Alcides de Mendonça Lima (LEITE, p. 4).

Em sentido contrário, Fredie Diddier Júnior e Leonardo Carneiro da Cunha sustentam que a reclamação constitucional não possui natureza recursal, pois os recursos pressupõem sucumbência do recorrente e devem ser manejados dentro de determinado prazo, enquanto a reclamação pode ser interposta independente do resultado da lide, objetivando apenas resguardar a competência das Instâncias Máximas, não se sujeitando a qualquer prazo prescricional (PARIZE e MATOS, p. 3).

Também em sentido contrário, a reclamação constitucional não é recurso porque não se pretende a reforma (efeito substitutivo) ou a invalidação (efeito rescindente), mas sim, o cumprimento da decisão ou o resguardo da competência dos Tribunais Superiores (STF ou STJ). E, além disso, não gera devolução, não resta sujeito à preclusão, em termos de prazo peremptório, e não está na competência recursal do STF e do STJ (LEITE, p. 5/6).

O legislador deixou clara, no novo Código de Processo Civil brasileiro de 2015, a sua opção por uma natureza jurídica para a reclamação constitucional que não é a recursal, pois a deixou fora do Título II ("Dos Recursos") do Livro III ("Dos Processos nos Tribunais e dos Meios de Impugnação das Decisões Judiciais"). Ao contrário, no § 6º do art. 988 do CPC em apreço deixou clara a autonomia da reclamação constitucional em relação ao recurso cabível perante o Tribunal, sob o qual seja interposta: "A inadmissibilidade ou o julgamento do recurso interposto contra a decisão proferida pelo órgão reclamado não prejudica a reclamação".

4.3. A tese jurídica de que a reclamação possui a natureza jurídica de incidente processual.

Essa corrente teórica é capitaneada por Nelson Nery Junior (LEITE, p. 4), sustentando que a natureza jurídica da reclamação é de incidente processual.

Como vimos retro, a reclamação constitucional está fortemente acompanhada de diversos incidentes processuais no Título I do Livro III do CPC de 2015, o que, no entanto, não lhe garante a natureza jurídica de incidente processual.

Fredie Diddier Júnior e Leonardo Carneiro da Cunha refutam essa teoria da natureza jurídica de incidente processual para a reclamação constitucional, e sustentam que ela não pode ser considerada como mero incidente processual, pois a sua interposição não altera o curso do processo, não determina seu encerramento prematuro ou até mesmo a sua suspensão (PARIZE e MATOS, p. 3).

Ademais, Diddier Jr. também entende que a reclamação não é incidente processual porque os incidentes do processo, ou do procedimento, são procedimentos menores, anexos e paralelos ao principal e dele dependente; são eles compostos por uma série de atos coordenados como dispuser a lei, todos endereçados à pronúncia de uma decisão judicial sobre algum pedido ou requerimento das partes, referente ao processo pendente. São verdadeiros desvios acidentais do procedimento principal, que se situam à margem de sua caminhada linear em direção ao provimento final na demanda inicial do processo (LEITE, p. 5).

A reclamação diverge completamente do incidente processual, pois possui autonomia e depende do processo principal, aproximando-se muito mais do processo incidente, em virtude de que, segundo as palavras de Dinamarco, o processo incidente é um processo novo, nova relação processual, que se instaura por causa do outro já pendente e destinado a exercer alguma influência sobre ele (LEITE, p. 5).

4.4. A tese jurídica de que a reclamação é o mero exercício do direito de petição

Essa teoria é de autoria de Ada Pellegrini Grinover, para quem a natureza jurídica da reclamação é de mero exercício do direito de petição, com sede no preceito do art. 5º, inciso XXXIV, da Constituição Federal de 1988.

No julgamento da Ação Direta de Inconstitucionalidade, ADI n. 2.212, o Supremo Tribunal Federal, sob a relatoria da Ministra Ellen Gracie, acolheu essa tese (PARIZE e MATOS, p. 3). Nesse julgamento foi afirmado que a reclamação constitucional teria como objetivo discutir a causa com um terceiro, afastando-se das características de uma ação, também tendo sido considerado que a relação processual já teria encontrado seu termo, sem viabilidade de reforma da decisão, e que também não poderia ser um recurso. Seu objetivo seria unicamente dar efetividade às decisões prolatadas pelas Cortes Máximas de Justiça, bem como impedir a usurpação de sua competência, mediante pleito direcionado a tais Tribunais, para o exato e integral cumprimento de suas decisões.

Também se filia a essa corrente teórica Pedro Lenza, que considera a reclamação constitucional um verdadeiro direito de petição, com sede no art. 5º, inciso XXXV, alínea a, da Constituição Federal de 1988 (LENZA, 2015, p. 5).

Por ser excessivamente genérico, o direito de petição não se apresenta apto a atribuir natureza jurídica à reclamação constitucional, pois tanto a ação, como os incidentes e os recursos constituem manifestações do direito de petição, pois na ação o que se pede é um provimento (a sentença); nos incidentes o que se objetiva, de ofício ou mediante provocação das partes, é a solução de questões pontuais que correspondem a acidentes de tramitação do processo; no recurso o que se pede é a reforma da sentença.

Carlos Mário da Silva Velloso (Seminário "Trabalho Seguro", 2015, Brasília) destacou essa genericidade do processo como direito de petição, na Cerimônia em Homenagem aos 800 anos da Magna Carta, enfocando a importância histórica da Petiton of Rights *(que é cronologicamente posterior à Magna Carta) como ponto de partida para os direitos e garantias processuais do processo moderno.*

5. A LIDE MANDAMENTAL DA RECLAMAÇÃO CONSTITUCIONAL

Entendemos que a reclamação constitucional tem a natureza jurídica de uma ação mandamental, de caráter incidental, direcionada contra um coator específico, que é o Juiz da causa, com a finalidade da imposição de uma ordem mandamental (*writ*) em duas hipóteses muito específicas, que são: a) a preservação da competência dos Tribunais superiores em relação à coisa julgada por eles proferida; b) a preservação dos precedentes jurisprudenciais estabelecidos pelos Tribunais superiores.

Desta forma, na reclamação constitucional a lide se estabelece verticalmente dentro da Organização Judiciária, entre os Juízes de primeira instância e os Tribunais superiores, e tem por objeto a disciplina judiciária.

A disciplina judiciária sempre esteve em evidência nas três primeiras fases históricas iniciais do surgimento e da evolução da reclamação, como instrumento do processo judicial previsto no Regimento Interno do STF, razão pela qual alguns autores afirmam que ela possui natureza jurídica correicional.

Na essência, a reclamação constitucional possui a mesma natureza jurídica do mandado de segurança individual por *error in procedendo*, porém restringindo ainda mais a especificidade da ordem mandamental (*writ*), que deixou de contemplar apenas a ameaça ou a lesão dos direitos individuais, coletivos, individuais homogêneos e difusos, ou os abusos de poder judicial contra interesses privados, para contemplar a lesão ou o abuso de poder judicial da primeira instância contra as premissas do Juízo Natural (notadamente a jurisdição e a competência), com visos à maior efetividade do processo como instrumento de composição de conflitos entre as partes litigantes.

O instituto da reclamação surge como instrumento de decisão no ordenamento jurídico brasileiro, com a finalidade de absorver a insegurança jurídica, não no sentido de eliminar o conflito, porque o transforma, visto que as autoridades criarão sempre novas situações de incompatibilidade, seja pela invasão de competência e/ou desobediência e, por essa rotatividade, a reclamação ingressa como via de proteção da Jurisdição Constitucional do STF e do STJ, sendo uma ação constitucional, cuja cognição é exauriente e de natureza mandamental, porque o seu objetivo é determinar o cumprimento de decisão pela autoridade coatora (LEITE, p. 3 e 10).

Ademais, compreende-se que é constitucional e obrigatória a regra legal, haja vista que se o instituto da súmula impeditiva está para o da vinculante totalmente próximo, num critério de total identidade e caminhou o sistema processual para a aplicação constitucional da razoável duração do processo (art. 5º, inciso LCCVIII, da CF/1988), com esses fenômenos, logicamente, no balanceamento, prevalece o devido processo proporcional, não violando contraditório e nem ampla defesa, por duas razões: o contraditório é presumido na formação da súmula e elas podem ser revogadas no sistema e, com efeito, o magistrado deve agir nesse rumo, sob pena de, como ocorre com a súmula vinculante, estar sujeito à reclamação constitucional, senão não existirá operacionalidade alguma para o processo civil brasileiro (LEITE, p. 4).

6. O QUESTIONAMENTO DE INCONSTITUCIONALIDADE QUE PAIRA SOBRE O ELASTECIMENTO DAS HIPÓTESES DE CABIMENTO DA RECLAMAÇÃO CONSTITUCIONAL PELO NOVO CPC DE 2015

Pedro Lenza suscita a inconstitucionalidade da ampliação das hipóteses de cabimento da reclamação constitucional introduzidas pelo legislador ordinário no CPC de 2015, sustentando que as regras de vinculação estabelecidas nos arts. 988, inciso IV, e 985, § 5º, não poderiam ter sido introduzidas por legislação infraconstitucional, mas, necessariamente, por emenda constitucional a prever outras hipóteses de decisões com efeito vinculante, além daquelas já previstas na Constituição. Acrescenta que o efeito vinculante na Constituição Federal de 1988 somente se observa em razão das decisões de controle concentrado de constitucionalidade (art. 102, § 2º), ou em razão de edição, revisão ou cancelamento de súmula vinculante (art. 103-A), regra essa introduzida pela Emenda Constitucional n. 45, de 2004. E sustenta que não é possível confundir os efeitos processuais dos instrumentos que elencou com a ampliação das hipóteses de cabimento da reclamação constitucional (art. 102, I, *l*) para a garantia da autoridade das decisões dos tribunais (LENZA, 2015, p. 6).

7. O PROCEDIMENTO DA RECLAMAÇÃO CONSTITUCIONAL

O procedimento da reclamação está regrado pelos arts. 988 a 993 do CPC de 2015.

O procedimento da reclamação é similar ao do mandado de segurança, tendo em vista os arts. 13, parágrafo único, 14, incisos I e II, da Lei n. 8.038, de 1990. A prova é documental, juntada com a petição encaminhada ao Presidente do Tribunal. Uma vez autuada e distribuída, sempre que possível, ao relator da causa principal (prevenção temática), ele requisitará informações à autoridade que possui, via de regra, o prazo de dez dias (exceto na Justiça Militar, que são de 48 horas, segundo o CPP Militar). Após, há o encaminhamento ao MP e, posteriormente, é julgado pelo Pleno, como regra geral, no STF, ou pelo Órgão Especial, no STJ (LEITE, p. 11).

O art. 15 da Lei n. 8.038, de 1990, dispõe que qualquer interessado poderá impugnar o pedido do reclamante, o que se repete no art. 193 do Regimento Interno no Tribunal Superior do Trabalho, no Regimento Interno do Tribunal de Justiça de São Paulo, e no Código de Processo Penal Militar, dentre outros. Essa expressão qualquer interessado pode abranger qualquer pessoa, posto que se a ação era, por exemplo, em prol da tutela de interesses difusos, vigora o interesse de qualquer um, cabendo apenas verificar se ele ingressará no feito como litisconsorte passivo da autoridade coatora em caráter facultativo, ou se como mero assistente, simples ou litisconsorcial (LEITE, p. 9).

Essa mesma legitimação para impugnar o pedido do reclamante é conferida pelo art. 990, do CPC de 2015, a qualquer interessado.

A legitimação processual passiva é da autoridade a quem for imputada a prática do ato impugnado (art. 989, inc. I, do CPC de 2015).

Melhor esclarecendo, o sujeito passivo é a autoridade que viola ou afronta a decisão e/ou a competência do STF ou do STJ, conforme dispõe o art. 14 da Lei n. 8.038, de 1990 (LEITE, p. 9).

As hipóteses de cabimento da reclamação constitucional estão dispostas no art. 988 do CPC de 2015: a) preservar a competência do tribunal (inc. I); b) garantir a autoridade das decisões do tribunal (inc. II); c) garantir a observância de enunciado de súmula vinculante e de decisão do Supremo Tribunal Federal em controle concentrado de constitucionalidade (inc. III); d) garantir a observância de acórdão proferido em julgamento de incidente de resolução de demandas repetitivas ou de incidente de assunção de competência (inc. IV).

O art. 988, § 5º, do CPC de 2015, dispõe que a reclamação constitucional é inadmissível quando: a) for proposta após o trânsito em julgado da decisão reclamada (inc. I); b) for proposta para garantir a observância de acórdão de recurso extraordinário com repercussão geral reconhecida ou de acórdão proferido em julgamento de recursos extraordinários ou especial repetitivos, quando não esgotadas as instâncias ordinárias (inc. II).

A inadmissibilidade ou o julgamento do recurso interposto contra a decisão proferida pelo órgão reclamado não prejudica a reclamação (art. 988, § 6º, do CPC de 2015).

A reclamação constitucional pode ser proposta perante qualquer Tribunal, e seu julgamento compete ao órgão jurisdicional cuja competência se busca preservar ou cuja autoridade se pretende garantir (art. 988, § 1º, do CPC de 2015).

A petição da reclamação constitucional demanda prévia instrução documental e endereçamento ao Presidente do Tribunal (art. 988, § 2º, do CPC de 2015).

O prazo para a prestação das informações pela autoridade reclamada é de dez dias (art. 989, inc. I, do CPC de 2015).

O relator da reclamação constitucional poderá suspender o processo ou o ato impugnado, se necessário, para evitar dano irreparável (art. 989, inc. II, do CPC de 2015).

O beneficiário da decisão impugnada será citado para apresentar a sua contestação, no prazo de quinze dias (art. 989, inc. III, do CPC de 2015).

O Ministério Público terá o prazo de cinco dias para emitir parecer, caso não seja reclamante na reclamação constitucional (art. 991, do CPC de 2015).

Em caso de ser julgada procedente a reclamação, o Tribunal cassará a decisão, exorbitará o seu julgado ou determinará medida adequada à solução da controvérsia (art. 992, do CPC de 2015).

Por derradeiro, o Presidente do Tribunal determinará o imediato comprimento da decisão, lavrando-se o acórdão posteriormente (art. 993, do CPC de 2015).

Contra a decisão proferida na reclamação constitucional cabem os recursos de embargos de declaração e o agravo regimental contra a decisão do relator no STF e no STJ. Também cabe o recurso especial para o STJ e o recurso extraordinário para o STF. Contra as decisões proferidas nas reclamações constitucionais julgadas pelos Tribunais de Justiça dos Estados, cabe o recurso especial para o STJ (LEITE, p. 11).

9. A APLICABILIDADE SUBSIDIÁRIA DAS DISPOSIÇÕES DO CÓDIGO DE PROCESSO CIVIL DE 2015 SOBRE A RECLAMAÇÃO CONSTITUCIONAL NO PROCESSO DO TRABALHO

O processo do trabalho possui disposições próprias para o processo de conhecimento trabalhista, mas a sua lei processual principal (o Capítulo X da Consolidação das Leis do Trabalho) não contém procedimentos de ações mandamentais, a exemplo do procedimento da reclamação constitucional regrada pelo CPC de 2015.

Dispõe o art. 769 da CLT que as disposições do processo civil serão aplicadas subsidiariamente ao processo do trabalho quando este não dispuser de normas próprias e as normas do processo civil forem compatíveis com os princípios jurídicos que orientam o processo do trabalho.

É o caso, portanto, de aplicação subsidiária das disposições dos arts. 988 a 993 do CPC de 2015, porquanto algumas das Súmulas Vinculantes do STF são aplicáveis à matéria trabalhista, ou às novas competências executórias e demais competências materiais que foram outorgadas à Justiça do Trabalho pela Emenda Constitucional n. 45, de 2004, com especial destaque àquela que dispõe sobre a reserva de plenário para a declaração de inconstitucionalidade de lei (Súmula Vinculante n. 10), que já deu ensejo a inúmeras reclamações promovidas pelos Estados e pelos Municípios contra as decisões trabalhistas fundamentadas na antiga Súmula n. 363 do TST, que dispunha sobre a nulidade do contrato de trabalho do servidor público contratado de forma irregular, sem concurso público. O Supremo Tribunal Federal entendeu nessas reclamações constitucionais que teriam havido ofensas ao que foi por ele decidido na Ação Direta de Inconstitucionalidade n. 3.395, anulou as decisões proferidas pela Justiça do Trabalho e determinou a remessa dos processos para a Justiça Comum dos Estados.

O art. 988, § 1º, do CPC de 2015, dispõe que a reclamação constitucional pode ser proposta perante qualquer Tribunal, e seu julgamento compete ao órgão jurisdicional cuja competência se busca preservar ou cuja autoridade se pretende garantir, o que habilita os Tribunais Regionais do Trabalho e o Tribunal Superior do Trabalho a conhecer de reclamações constitucionais e julgá-las, da mesma forma como sempre procedeu com os mandados de segurança fundamentados em *error in procedendo*.

O Regimento Interno do Tribunal Superior do Trabalho possuía regras próprias para a reclamação constitucional nos seus arts. 190 a 194, porém tais disposições regimentais foram declaradas inconstitucionais pelo plenário do Supremo Tribunal Federal, no julgamento do recurso extraordinário RE n. 40.503, tendo como Relator o Ministro Marco Aurélio, em cujo voto destacou que "é inconstitucional a criação da Reclamação via regimento interno" e que, segundo o entendimento dominante no STF, há necessidade desse instrumento estar previsto em lei no sentido formal e material, não cabendo criá-lo por meio de regimento interno e que

o Supremo já admitiu a possibilidade de Constituição estadual introduzir a Reclamação com base no art. 125, *caput*, § 1º, da Constituição", sendo que em âmbito federal, cabe ao Congresso Nacional dispor sobre essa matéria, que não se encontra versada na Consolidação das Leis do Trabalho, sendo impossível ser instituída mediante deliberação do próprio colegiado do Tribunal Superior do Trabalho.

O procedimento da reclamação outrora disposto no Regimento Interno do TST era muito semelhante ao procedimento da reclamação disposta nos arts. 988 a 993 do CPC de 2015 (com as alterações introduzidas pela Lei n. 13.256, de 4 de fevereiro de 2016).

A declaração de inconstitucionalidade dos arts. 190 a 194 do Regimento Interno do TST apenas impediu a esse Tribunal Superior expedir normas próprias sobre a reclamação, devendo ser aplicadas nos processos de competência originárias do Tribunal Superior do Trabalho às disposições do procedimento da reclamação constitucional previstas nos arts. 988 a 993 do CPC de 2015.

10. A EXIGIBILIDADE DE ESGOTAMENTO DAS INSTÂNCIAS ORDINÁRIAS COMO PRESSUPOSTO DE CABIMENTO DA RECLAMAÇÃO CONSTITUCIONAL E A LIMITAÇÃO DO SEU USO NO PROCESSO DO TRABALHO, DIANTE DOS REQUISITOS RECURSAIS DOS RECURSOS DE EMBARGOS E DE REVISTA

No entanto, não basta a mera previsão legal da reclamação constitucional para que ela possa ser manejada na primeira instância da Justiça do Trabalho, pois não é cabível a reclamação constitucional sem esgotamento das instâncias ordinárias (art. 988, § 5º, inciso II, do CPC de 2015), assim como o processo do trabalho prevê o cabimento de dois tipos de recurso com eficácia devolutiva estrita, cujos requisitos de admissibilidade cumprem a mesma função da reclamação constitucional, que são o recurso de embargos e o recurso de revista, disciplinados, respectivamente, nos arts. 894 e 896 da Consolidação das Leis do Trabalho.

Portanto, na prática, a reclamação constitucional não é cabível no âmbito dos Tribunais Regionais do Trabalho antes de serem exauridas as instâncias ordinárias, conforme dispõe a parte final do inciso II do § 5º do art. 988, do CPC de 2015 (com a redação dada pela Lei n. 13.256, de 4 de fevereiro de 2016), o que só se verificará com a interposição do recurso de revista, cujos requisitos recursais objetivam um efeito devolutivo estrito que é coincidente, parcialmente, com os pressupostos da ação mandamental da reclamação constitucional, dispostos no art. 988, incisos I a IV, do CPC de 2015, que são:

> a) a garantia da autoridade das decisões do tribunal (art. 988, inciso II, do CPC de 2015), que corresponde ao comando da alínea "a" do art. 896 da CLT, com a redação que lhe foi dada pela Lei n. 13.015, de 21 de julho de 2014 ("derem ao mesmo dispositivo de lei federal interpretação diversa da que lhe houver dado outro Tribunal Regional do Trabalho, no seu Pleno ou Turma, ou a Seção de Dissídios Individuais do Tribunal Superior do Trabalho, ou contrariarem súmula de jurisprudência uniforme dessa Corte ou súmula vinculante do Supremo Tribunal Federal");
>
> b) a garantia de observância de enunciado de súmula vinculante e de decisão do Supremo Tribunal Federal em controle concentrado de constitucionalidade (art. 988, inciso III, do CPC de 2015), que também corresponde ao comando da alínea "a" do art. 896 da CLT, com a redação que lhe foi dada pela Lei n. 13.015, de 21 de julho de 2014 ("derem ao mesmo dispositivo de lei federal interpretação diversa da que lhe houver dado outro Tribunal Regional do Trabalho, no seu Pleno ou Turma, ou a Seção de Dissídios Individuais do Tribunal Superior do Trabalho, ou contrariarem súmula de jurisprudência uniforme dessa Corte ou súmula vinculante do Supremo Tribunal Federal");
>
> c) a garantia de observância de acórdão proferido em julgamento de incidente de resolução de demandas repetitivas ou de incidente de assunção de competência (art. 988, inciso IV, do CPC de 2015), que corresponde ao comando do art. 896-B da CLT ["Aplicam-se ao recurso de revista, no que couber, as normas da Lei n. 5.869, de 11 de janeiro de 1973(Código de Processo Civil), relativas ao julgamento dos recursos extraordinários e especial repetitivos"].

Apenas a preservação da competência do tribunal (art. 988, inciso I, do CPC de 2015), a garantia de observância de decisão do Supremo Tribunal Federal em controle concentrado de constitucionalidade (art. 988, inciso III, do CPC de 2015) e a garantia de observância de acórdão proferido em julgamento de incidente de assunção de competência (art. 988, inciso IV, do CPC de 2015) refogem às especificidades da eficácia devolutiva estrita do recurso de revista, autorizando, portanto, o manejo da reclamação constitucional concomitantemente com a interposição do recurso de revista.

De outro lado, o recurso de revista silencia sobre a observância de enunciado de súmula ou jurisprudência do STJ, porquanto, em princípio, a competência da justiça do Trabalho em razão da matéria trabalhista ("*ex ratione materiae*") se distancia da competência residual da Justiça Comum, de sorte a não haver, em tese, a possibilidade de colisão de entendimentos entre os dois Tribunais Superiores (STJ e TST), por não serem vinculantes as súmulas do STJ e por não disporem as súmulas do STJ sobre uniformização de jurisprudência em matéria trabalhista. Contudo, a Justiça do Trabalho recebeu novas competências não trabalhistas com a Emenda Constitucional n. 45, de 2004, destacando-se a competência para a execução das multas administrativas aplicadas pela Administração do Trabalho, para as quais é utilizado o rito dos executivos fiscais, a respeito do qual o STJ possui diversas súmulas de jurisprudência uniforme que devem ser aplicadas no processo do trabalho.

11. CONCLUSÃO

A despeito da grande diversidade de teorias a respeito da natureza jurídica da reclamação constitucional, tem prevalecido a corrente doutrinária que a sustenta com a natureza jurídica de ação, embora existam três subdivisões nessa teoria: a da ação simples, a da ação correicional e a da ação mandamental.

O procedimento adotado pelo CPC de 2015 não deixa dúvidas de que a reclamação constitucional é uma autêntica ação mandamental, por se aproximar muito do procedimento do mandado de segurança.

Na reclamação constitucional, a ação mandamental tem como pressuposto uma lide que se estabelece verticalmente entre os Juízes de primeira instância e os Tribunais Superiores, notadamente o Supremo Tribunal Federal e o Superior Tribunal de Justiça, tendo como objetos a disciplina judiciária relativa ao pressuposto da competência, que é inerente ao Juízo Natural, e a preservação da segurança jurídica representada pelos precedentes jurisprudenciais desses Tribunais Superiores.

O art. 988, § 5º, inciso II, do CPC de 2015, exige o esgotamento das instâncias ordinárias como pressuposto do cabimento da reclamação constitucional, ao passo em que a sua utilização no processo do trabalho sofre restrições, diante da similitude dos seus pressupostos da ação em relação aos requisitos recursais dos recursos trabalhistas de embargos e de revista (arts. 894 e 896 da CLT, respectivamente, com a redação que lhes foi dada pela Lei n. 13.015, de 21 de julho de 2014).

Elpídio Donizetti estava com a razão quando vaticinou, em 2015, que o reconhecimento constitucional da reclamação impôs um repensar sobre o princípio da legalidade adotado pelo art. 5º, inciso II, da Constituição Federal de 1988, pois o legislador ordinário equiparou os precedentes jurisprudenciais dos Tribunais superiores à lei, no ano seguinte, ao inserir no § 5º, do art. 966, do CPC de 2015 (com redação dada pela recente Lei n. 13.256, de 4 de fevereiro de 2016), a hipótese de rescindibilidade das decisões judiciais que afrontarem esses precedentes jurisprudenciais com expressa remissão ao inciso V do mesmo artigo de lei ("violar manifestamente norma jurídica").

12. REFERÊNCIAS BIBLIOGRÁFICAS

BRASIL. Constituição (1988). *Constituição da República Federativa do Brasil*. Brasília, DF: Senado Federal, 1988.

BRASIL, Lei n. 13.105, de 16 de março de 2015. Código de Processo Civil. *Diário Oficial da União*, de 17 de março de 2015, Seção 1, p. 1.

CÔRTES, Osmar Mendes Paixão. As alterações da Lei n. 13.256/16 ao novo CPC. Disponível em: <http://www.migalhas.com.br/delPeso/16,MI233980>, 81042-As+alteracoes+da+lei+13256.. Acesso em: 29 jun. 2016.

DONIZETTI, Elpídio. A força dos precedentes no novo Código de Processo Civil. Disponível em: <http://www.tjmg.jus.br/.../a-forca-dos-precedentes-no-novo-Codigo-de-Processo-Civil>. Acesso em: 29 jun. 2016.

GAJARDONI, Fernando da Fonseca; DELLORE, Luiz; ROQUE, André Vasconcelos; MACHADO, Marcelo Pacheco e DUARTE, Zulmar. Os impactos do novo CPC no STF. Disponível em: <http://jota.uol.com.br/os-impactos-novo-cpc-stf>. Acesso em: 29 jun. 2016.

LEITE, Gisele. Considerações sobre a Reclamação Constitucional e o CPC/2015. Disponível em: <http://giseleleite2.jusbrasil.com.br/artigos/31704964/consideracoes-sobre-a-reclamacao>. Acesso em: 29 jun. 2016.

LENZA, Pedro. Reclamação constitucional: inconstitucionalidades no novo CPC/2015. Disponível em: <http://www.conjur.com.br/2015-mar-13/pedro-lenza-inconstitucionalidades-reclamacao>. Acesso em: 29 jun. 2016.

PARIZE, Felipe Rudi e MATOS, Camila. Reclamação constitucional; um estudo sobre a ausência de obrigatoriedade de interposição simultânea de recurso para o seu julgamento. Disponível em: <http://jus.com.br/artigos/40447/reclamacao-constitucional-um-estudo-sobre-a-ausencia-de>. Acesso em: 29 jun. 2016.

VELLOSO, Carlos Mário da Silva. *Seminário "Trabalho Seguro"*, 2015, Brasília.

XAVIER, Carlos Eduardo Rangel. Reclamação constitucional e precedentes judiciais. Dissertação de Mestrado apresentada para a obtenção do título de Mestre em Direito. Curitiba: Universidade Federal do Paraná, 2015. Disponível em: <http://acervodigital.ufpr.br/bitstream/handle/1884/39>. Acesso em: 29 jun. 2016.

Capítulo 11

A Intervenção de Terceiros no CPC de 2015: a medida de sua compatibilidade com o processo do trabalho

Rosemary de Oliveira Pires[*]

1. CONSIDERAÇÕES INICIAIS

Em regra, ninguém pode ver alterada sua situação jurídica, mediante decisão judicial de cujo processo não foi parte. Mas como as relações jurídicas não subsistem isoladas e estanques, não raro ocorre interdependência de relações, de modo que a decisão proferida, no todo ou em parte, pode atingir uma outra pessoa que mantém vínculo jurídico com ambas as partes originais do processo, quais sejam, autor e réu.

Para atender a essas situações, o CPC autoriza a intervenção de terceiros, cujas figuras em espécie, conforme estrita previsão legal, tornando alguém, que estava fora da relação jurídico-processual parte ou coadjuvante em processo pendente, por ter alguma vinculação jurídica com as partes originais da demanda.

Entretanto, no processo do trabalho sempre houve uma grande resistência à aplicabilidade da intervenção de terceiros, à vista da limitação da competência da Justiça do Trabalho em razão da matéria e considerada sua principiologia própria, além de seus ritos procedimentais específicos.

A questão ganhou novos contornos de polêmica, com a modificação pelo CPC de 2015, dando novo regramento a algumas figuras já existentes (como a assistência, a denunciação à lide e o chamamento ao processo) e com a inserção de outros institutos processuais (como o incidente de desconsideração da personalidade jurídica e o *amicus curiae*), os quais, mesmo sem previsão normativa expressa, vinham tendo sua adoção admitida nos tribunais, seguindo procedimentos sedimentados pela longa prática forense.

A proposta desse estudo é seguir os debates já em curso, sem fechar qualquer questão, cedo que está. Apresentam-se argumentos, encontrados na doutrina e na jurisprudência, de ontem e de hoje, buscando esboçar algumas propostas que assegurem o devido processo legal, com a observância do contraditório e da ampla defesa, sem eliminar a exigível celeridade do processo do trabalho, pena de impor sacrifício à efetividade da tutela jurisdicional, de modo a que as garantias constitucionais possam ser distribuídas a todos os seus partícipes do processo, mas sem perda da substância tutelar do ramo substantivo a que serve.

2. O "PROCESSO CONSTITUCIONAL" COMO ARGUMENTO DE COMPATIBILIDADE SISTÊMICA DO CPC COM O PROCESSO DO TRABALHO

O advento do Código de Processo Civil pela Lei n. 13.105, de 16.3.2015, por seu amplo espectro aplicativo, vem agitando a comunidade jurídica, formada por juristas, advogados, magistrados, procuradores e defensores públicos, bem como jurisdicionados em geral, todos afetados, de um modo ou outro, por suas normas expostas em seus 1.072 artigos.

Evidentemente, não há qualquer possibilidade de serem encerrados, peremptoriamente, em pouco tempo de vigência do CPC, os debates interpretativos sobre os institutos por ele criados ou mesmo os que, embora parcialmente alterados, à época de sua reedição ainda mantinham tormentosas indagações na doutrina e jurisprudência pátrias, dentro e fora da órbita do processo civil.

(*) Desembargadora do TRT-3ª Região. Doutora e Mestre em Direito pela UFMG. Professora de Direito Material e Processual na Faculdade de Direito Milton Campos.

Nenhum hermeneuta arriscaria marco temporal para tamanha tarefa exauriente das celeumas que supostamente tendem a aumentar, na medida em que o CPC espraia sua aplicação.

Também não se tem tal perspectiva no campo do processo do trabalho, mesmo que esse familiarizado com alguns dos novos institutos inseridos no CPC, como a conciliação e a desconsideração da personalidade jurídica, ou com o reducionismo formal dos atos processuais de que se encantou o novo diploma processual.

Ao contrário.

O desconforto hermenêutico no âmbito processual trabalhista decorre das muitas e pulverizadas alterações contidas no normativo processual civil vigente, a exigir análise conceitual pormenorizada para, em sequência, permitir a verificação da omissão e da compatibilidade sistêmica, co-requisitos hábeis à aplicação subsidiária dos preceitos do CPC, segundo os ditames integrativos contidos no art. 769 da CLT.

Essa tensão hermenêutica na esfera processual trabalhista é agravada pelos termos constantes da Exposição de Motivos do CPC, com seu inegável apelo à aplicabilidade ampla de suas normas, em face do amoldamento do código ao moderno modelo constitucional de processo. Conceitua o processo como instrumento de realização do próprio Estado Democrático de Direito, com a imbricação dos conceitos de eficiência do sistema processual e de real efetividade do sistema jurídico, com a igualdade de todos e exercício do direito à participação no processo. Invoca a segurança jurídica por seu alto grau de pacificação social, bem como declara seu propósito estabelecer harmonia da lei ordinária com a Constituição Federal da República, ao incluir *"no Código, expressamente, princípios constitucionais, na sua versão processual"*, no mesmo passo em que *"muitas regras foram concebidas, dando concreção a princípios constitucionais"*.

Diante dessas altas qualidades axiológicas, de fundo eminentemente constitucional, o processo do trabalho sofre inegável pressão para abrigar as normas do CPC, como aliás já lhe insinua – ou lhe impõe, equivocadamente – o seu art. 15, ao oferecer-se em caráter supletivo e subsidiário, desprezando que a CLT, diploma de índole especial, já trata expressamente do tema da integração das fontes normativas no seu art. 769.

Então, cabe questionar o compromisso, real ou aparente, de o processo do trabalho acolher em suas fronteiras o CPC em sua plenitude, tomando-o como *alter ego* da própria Constituição da República em detrimento de seu específico e peculiar normativo legal e principiológico. Em outras palavras: sendo o processo comum fonte subsidiária do processo do trabalho, poder-se-ia inverter a ordem, com o advento do CPC de 2015, passando a ser sua fonte principal? E como negar-se ao apelo por um único e geral texto normativo aplicável a todos os processos, em atendimento à segurança jurídica[1] e, assim, promovendo a edificação do Estado Democrático de Direito em concretude à Constituição? É possível harmonizar o processo civil com o processo do trabalho, desprezando este o viés protetor ditado pelo direito material do trabalho, sem perda de sua autonomia científica? Ou haveria espaço para o processo do trabalho prestigiar o novo CPC em seus altos objetivos constitucionais, desde que estabelecidos parâmetros e limites próprios decorrentes de sua especificidade tutelar, fundada nos princípios da dignidade da pessoa humana e na valorização do trabalho também previstos na Constituição?

Postas tais questões, é preciso certo grau de cautela nos posicionamentos hermenêuticos quanto à aplicabilidade do CPC no âmbito do processo do trabalho, evitando posições precipitadas que, transbordadas para a jurisprudência, podem constituir um mal passo de difícil reversão.

Atentos a essas premissas, lançamos nosso posicionamento acerca do tema da compatibilidade das figuras da intervenção de terceiros no processo do trabalho, tendo como norte a doutrina, a jurisprudência, bem como o CPC e a CLT, sem olvidar do tripé principiológico processual posto na Constituição da República (celeridade, justiça e efetividade), cuja adoção é inegavelmente cara ao direito do trabalho e ao processo que lhe cabe realizar.

3. A CONFUSA CONCEITUAÇÃO DISTINTIVA ENTRE LITISCONSÓRCIO E INTERVENÇÃO DE TERCEIROS

Pela estrutura topográfica do CPC de 2015 identifica-se a distinção entre litisconsórcio e intervenção de terceiros. O Livro III – "Dos sujeitos do processo"

---

1. Cresce o discurso da segurança jurídica, que repudia posicionamentos diferentes e incompatíveis nos Tribunais a respeito da mesma norma jurídica, ao fundamento de que provoca *"intranquilidade e, por vezes, verdadeira perplexidade na sociedade"* – nas palavras novamente da Exposição de Motivos do CPC de 2015. Edifica-se, *pari passo*, o sistema de precedentes judiciais que a todos silencia com sua obrigatória adoção. Aliás, há quem afirme que a adoção cada vez mais acentuada em nosso ordenamento jurídico do sistema de precedentes obrigatórios vem aproximando o sistema *civil law* (próprio dos países da chamada família romano-germânica, como a Itália, a França, a Alemanha e o Brasil) do *comon law* (adotado pelos países anglo-saxões, de que são exemplos EUA e Reino Unido), mas esse posicionamento ainda não encontra unanimidade em nossa

dedica o Título II para o Litisconsórcio (arts. 113 a 118) e o Título III para as diversas figuras de Intervenção de Terceiros (arts. 119 a 138).

É verdade que, malgrado tal distinção repetir o CPC de 1973, o novo Código trouxe algumas importantes inovações, tanto no âmbito do litisconsórcio, quanto no da intervenção de terceiros.

Quanto ao litisconsórcio, a maior delas se verifica na redação dos seus arts. 114 e 116 que corrigindo a confusa dicção do antigo art. 47, faz a devida distinção entre litisconsórcio unitário (quando, pela natureza da relação jurídica, o juiz tiver de decidir a lide de modo uniforme para todos os litisconsortes – art. 116) e o litisconsórcio necessário (cuja formação é obrigatória ou quando, pela natureza da relação jurídica controvertida, a eficácia da sentença depender da citação de todos que devam ser litisconsortes – art. 114). Pode ocorrer de o litisconsórcio ser, simultaneamente, necessário e unitário (ou seja, tanto a sua formação é obrigatória, como a decisão deve ser uniforme para todos os demandantes), como também pode haver litisconsórcio necessário e simples (caso em que a participação de todos os demandantes é obrigatória, mas as pretensões de cada um dos demandantes podem ser decididas de forma diferente).[2]

No processo do trabalho, hipótese recorrente de litisconsórcio necessário e simples se dá na reclamação promovida por empregado terceirizado que, pretendendo a declaração de nulidade do contrato de trabalho com a empresa prestadora, propõe ação trabalhista contra esta e necessariamente contra a tomadora, na medida em que pretende que a sentença, ao declarar a fraude por ambas perpetrada, condene a prestadora a proceder o cancelamento do registro na CTPS, no mesmo passo em que condene a tomadora a fazer, em substituição, as corretas anotações do contrato de trabalho, inclusive quanto ao adequado salário (normativo ou isonômico, conforme o caso), com a responsabilidade patrimonial solidária de ambas.[3]

No que tange à intervenção de terceiros, as mudanças foram ainda mais acentuadas.

O CPC/73 previa como hipóteses de intervenções de terceiro a oposição, a nomeação à autoria, a denunciação da lide e o chamamento ao processo.

Já no novo CPC, observa-se o seguinte tratamento:

1) foram excluídas a *Oposição* e a *Nomeação à Autoria* (arts. 56 a 61 e 62 a 69, CPC) como figuras de intervenção de terceiros. A oposição agora está prevista no título dos "Procedimentos Especiais" (arts. 682 a 686 – sem alteração de conteúdo em relação ao CPC/73), enquanto que a nomeação à autoria se tornou uma questão a ser suscitada em preliminar de contestação (art. 337 e 339);

2) foi inserida a figura da *Assistência*, simples ou litisconsorcial, que antes integrava outro capítulo no CPC/73 (arts. 50 a 55), em sintonia com a classificação que já era adotada pela maior parte da doutrina;

3) foram mantidos os institutos da *Denunciação da Lide* e do *Chamamento ao Processo*;

4) foram acrescidas duas novas modalidades: o *Incidente de Desconsideração da Personalidade Jurídica* e o *Amicus Curiae*.

Mas, afinal, o que distingue o litisconsorte daquele que se apresenta como terceiro interveniente?

Podemos afirmar que litisconsorte é parte, porque adentra essa condição tão logo surge a relação jurídica processual, ainda que possa deixar de sê-lo em momento posterior à prolação da sentença.

Mas o que dizer do terceiro interveniente? Pode ser parte, quando inserido *a posteriori* da formação do vínculo processual, mas anteriormente à sentença? Pode ser parte quando intervém espontaneamente, como ocorre na assistência? Também pode ser quando a intervenção é provocada, como ocorre no chamamento ao processo? E é parte quando, por exemplo, atua no polo passivo do incidente de desconsideração da personalidade jurídica? Ou só se torna parte quando tal incidente é julgado procedente? E o *amicus curiae* nunca é parte, nem quando tem legitimidade para recorrer da decisão que julga incidente de resolução de demandas repetitivas, como dispõe o § 3º do art. 138 do CPC?

São essas múltiplas e distintas respostas sobre a posição processual que o terceiro interveniente pode assumir (quando ingressa no processo, espontaneamen-

---

doutrina pátria. A respeito dessa tradicional classificação fundada na hierarquia das fontes, cf. DAVID, René. *Os Grandes Sistemas do Direito Contemporâneo*. Coleção Justiça e Direito. 5. ed. São Paulo: Martins, 2014.

2. DONIZETTI, Elpídio. *Novo Código de Processo Civil Comentado*. São Paulo: Atlas, 2015. p. 99/100.

3. Em razão da natureza desse litisconsórcio, diverge o Pleno do TRT da 3ª Região, quanto à possibilidade ou não de ser acolhida a homologação de desistência/renúncia de empregado em demanda que promove contra a prestadora de serviços, sua empregadora formal, independentemente da anuência da prestadora quanto a tal pedido de desistência/renúncia, de modo a prosseguir a reclamação trabalhista apenas contra a tomadora, pretensamente sua empregadora real, quando esta é revel no processo. Posiciono-me contra essa possibilidade, exatamente por ver a relação processual como de típico litisconsórcio unitário, porque obrigatória a presença de todas as empresas atuantes no *concilium fraudis*, mas esse não é, por ora, o entendimento dominante.

te ou por provocação ou, se for o caso, apenas quando adquire um novo *status* no curso da demanda da qual já vinha participando, ou, finalmente, nunca se transmuda em parte no processo), que acabam provocando demasiada e infundada dificuldade para a aceitação da compatibilidade de qualquer figura de intervenção de terceiros no processo do trabalho, mesmo que propostas algumas adaptações de rito.

Retomemos os conceitos de litisconsórcio e de intervenção de terceiros, a fim de identificarmos as distinções e os pontos comuns entre essas grandes categorias processuais.

Litisconsórcio, como se depreende da lei e se conceitua na doutrina clássica, refere-se à *legitimidade ad causam*, qual seja, a uma situação de pluralidade dos sujeitos que estão em um ou nos dois polos da relação processual.

Diz-se, por isso mesmo, que o litisconsórcio pode ser ativo, quando há mais de um autor, ou pode ser passivo, quando há mais de um réu. Unitário ou simples, facultativo ou necessário, conforme as situações previstas em lei, mas sempre dizendo respeito à condição de parte que ostenta o litisconsorte, assim atuando no processo de forma autônoma e, nessas mesmas condições, sendo alcançado pelos efeitos da sentença, favoráveis ou não às suas pretensões.

Não há discussão na doutrina processual trabalhista quanto à aceitação do litisconsórcio, em quaisquer das modalidades legais. Todavia, a doutrina não nega certa dificuldade na tramitação de processos, principalmente envolvendo litisconsortes ativos, mesmo com a limitação de seu número autorizada pelo § 1º. do art. 113.[4]

Já quanto à intervenção de terceiro, observamos clara dissidência de posicionamento acerca da posição que o terceiro assume no processo.

Uma primeira corrente doutrinária considera que vigora no direito processual civil brasileiro o princípio da singularidade, segundo o qual somente autor e réu comporiam os polos da relação jurídico-processual, não sendo admitido o terceiro como parte no processo.

Nesse sentido, é o conceito exposto por Marinoni e Arenhart:

> "Parte é aquele que demandar em seu nome (ou em nome de quem for demandada) a atuação de uma ação de direito material e aquele outro em face de quem essa ação deve ser atuada. Terceiro interessado será, por exclusão, aquele que não efetivar semelhante demanda no processo, mas, por ter interesse jurídico próprio na solução do conflito (ou, ao menos, afirmar possuí-lo), é autorizado a dele participar sem assumir a condição de parte."[5]

Barbosa Moreira, consagrado processualista civil, também assim leciona:

> "É terceiro quem não seja parte, quer nunca o tenha sido, quer haja deixado de sê-lo em momento anterior àquele que se profira a decisão."[6]

Schiavi segue essa tendência conceitual clássica:

> "Terceiro é rigorosamente toda pessoa que não seja parte no processo. Todos aqueles que não são partes consideram-se, em relação àquele processo, terceiros (*Liebman*). São terceiros interessados, por exemplo: o sócio que se retirou da sociedade há menos de 2 anos; seguradora que vem ajudar o segurado etc."[7]

Mas outra parte da doutrina, conceitua o terceiro de modo diverso, considerando-o parte, ainda que em momento posterior à formação da tríade processual.

Esse, o magistério de Dinamarco:

> "Intervenção de terceiros é o ingresso de um sujeito, em processo pendente, entre outros, como parte."[8]

---

4. Quanto ao litisconsórcio, Teixeira Filho embora reconheça compatível com o processo do trabalho, afirma que ele sempre apresentou dificuldades para o juiz, criando graves entraves à defesa, fosse a ré Fazenda Pública ou não. Uma delas, que ainda persiste em controvérsia jurisprudencial é quanto à aplicabilidade no processo do trabalho do art. 229 do CPC (que prevê quando os litisconsortes possuírem diferentes procuradores, de escritório de advocacia distintos, ser-lhe-ão contados em dobro os prazos para falar nos autos). O autor não se curva a OJ n. 310, da SBDI-I do TST, que afirma a incompatibilidade desse dispositivo com o princípio da celeridade inerente ao processo trabalhista, sob o fundamento de que o inciso LV do art. 5º. da Constituição, garantindo a ampla defesa, deve falar mais alto na solução da questão. TEIXEIRA FILHO, Manoel Antonio. *Comentários ao novo Código de Processo Civil sob a perspectiva do processo do trabalho (Lei n.13.105, 16 de março de 2015)*. São Paulo: LTr, 2015. p. 127.
5. MARINONI, Luiz Guilherme e ARENHART, Sérgio Cruz. *Manual do Processo de Conhecimento*. 4. ed. São Paulo: RT, 2005. p. 164.
6. MOREIRA, José Carlos Barbosa. *Comentários ao Código de Processo Civil*. 10. ed. Rio de Janeiro: Forense, 2002, v. 5, p. 291.
7. SCHIAVI, Mauro. *Manual de Direito Processual do Trabalho de acordo com o novo CPC*. 9. ed. São Paulo: LTr, 2015. p. 410.
8. DINAMARCO, Cândido Rangel. *Instituições de direito processual civil*. v. II. São Paulo: Malheiros, 2001. p. 365.

Similar é a posição de Cintra, para quem o terceiro pode se transformar em parte:

> "(...) há situações em que, embora já integrada a relação processual segundo seu esquema subjetivo mínimo (juiz-autor-réu), a lei permite ou reclama o ingresso de terceiro no processo, seja em substituição a uma das partes, seja em acréscimo a elas, de modo a ampliar subjetivamente aquela relação".[9]

No mesmo sentido, é o magistério de Wambier para quem, na intervenção de terceiros, "alguém que não tomava parte no processo desde o início dele passa a participar, por opção dele mesmo ou de uma das partes. Deve haver interesse jurídico que justifique tal intervenção".[10]

Segundo Montenegro Filho:

> "(...) o ingresso de terceiro no processo sempre ocorre em momento cronológico posterior ao da sua formação, coincidindo esta com a distribuição da petição inicial, na hipótese de o foro contar com mais de um juízo, ou com o despacho lançado na peça inaugural, na hipótese de o foro apresentar juízo único (art. 236)".[11]

Também aproximando o conceito de terceiro ao conceito de parte, encontramos o magistério de Didier Jr.:

> "A intervenção de terceiro é fato jurídico processual que implica modificação do processo já existente. Trata- se de ato jurídico processual pelo qual um terceiro, autorizado por lei, ingressa no processo pendente, transformando-se em parte."[12]

Finalmente, colhemos o conceito sintético dado por Carneiro, nessa mesma linha, segundo o qual terceiro só o é até que intervenha, pois ao intervir, converte-se em parte.[13]

Passemos, agora, a analisar esses dois posicionamentos acerca da situação do terceiro interveniente, conforme as específicas figuras legais.

A respeito dos terceiros intervenientes e de sua possibilidade de atuar como parte, Cunha, tratando da assistência, no específico ponto que, atualmente, é regrado pelo art. 122 do CPC vigente, assim expõe:

> "*A assistência pode ser simples ou litisconsorcial. Enquanto o assistente litisconsorcial atua com autonomia, figurando como litisconsorte da parte, o simples deve agir apenas como auxiliar do assistido, não podendo praticar atos que sejam incompatíveis com a vontade deste, ou que a contrariem. Realmente, não pode o assistente simples impedir que o assistido pratique atos de disposição de vontade, como reconhecer a procedência do pedido, transigir, desistir da ação ou do recurso, renunciar à ação ou ao recurso.*"[14]

Observemos o que ocorre na hipótese do chamamento ao processo, também na visão de Cunha, quando aprecia a supressão da nomeação à autoria pelo CPC, à época ainda sob a feição de projeto de lei:

> "O projeto do novo CPC não prevê a nomeação à autoria. A hipótese prevista no art. 63 do CPC/1973 passa, então, a ser uma hipótese de chamamento ao processo, em que um responsável indica outro corresponsável, formando-se aí um litisconsórcio passivo facultativo ulterior. Por sua vez, a hipótese do art. 62 generaliza-se: em qualquer caso, quando o réu alegar ilegitimidade passiva *ad causam,* poderá ser corrigido o defeito. Qualquer que seja o direito invocado, se o réu alegar, na contestação, ser parte ilegítima, o autor poderá alterar a petição inicial para modificar o réu. A regra concretiza o princípio da duração razoável do processo e o da eficiência processual, aproveitando ao máximo os atos praticados."[15]

Seguindo a análise da transmutação do terceiro interveniente em litisconsorte, vejamos a hipótese de denunciação da lide em que o art. 128 do CPC deixa

---

9. CINTRA, Antonio Carlos de Araújo; GRINOVER, Ada Pellegrini; DINAMARCO, Cândido Rangel. *Teoria Geral do Processo*, 23. ed. São Paulo: Malheiros, 2007. p. 315.
10. WAMBIER, Luiz Rodrigues (Coord.); TALAMINI, Eduardo; ALMEIDA, Flávio Renato Correia. *Curso Avançado de Processo Civil.* 10. ed. São Paulo: Revista dos Tribunais, 2008. p. 288.
11. MONTENEGRO FILHO, Misael. *Curso de Direito Processual Civil*: Teoria Geral do Processo e Processo de Conhecimento. 5. ed. São Paulo: Atlas, 2009. p. 274.
12. DIDIER JR., Fredie. *Curso de Direito Processual Civil.* v. 1, 17. ed. Salvador: Juspovium, 2015. p. 476.
13. CARNEIRO, Athos Gusmão. *Intervenção de Terceiros*. 12. ed. São Paulo: Saraiva, 2001. p. 51.
14. CUNHA, Leonardo Carneiro da. *A Assistência no Projeto do Novo Código de Processo Civil Brasileiro*. Disponível em: <http://www.academia.edu/9253866>, p. 8.
15. *Idem*, p. 3.

expressa a condição litisconsorcial do denunciado nos incisos I (hipótese em que o denunciado contesta o pedido formulado pelo autor), II (quando o denunciado é revel) e III (quando o denunciado confessa os fatos alegados pelo autor).

De igual modo, no chamamento ao processo o art. 131 é expresso ao determinar que a citação daqueles chamados que devam figurar em litisconsórcio passivo deve ser requerida pelo réu na contestação, não se podendo pensar diversamente, na medida em que a admissibilidade dessa figura se prende à condição de corresponsabilidade entre o réu e os que foram por ele chamados a intervir no processo, por expressa previsão no art. 130.

No incidente de desconsideração de personalidade jurídica, regulado nos arts. 133 a 137 do CPC, o sócio ou a pessoa jurídica são citados para manifestar-se, requerendo as provas cabíveis e, com isso, apresenta-se garantido o contraditório e a ampla defesa.

Finalmente, o *amicus curiae,* novidade introduzida pelo CPC, parece-nos ser o único, dentre as várias figuras de intervenção de terceiros, que sempre vai permanecer na verdadeira e indiscutível condição de terceiro, no sentido de ser estranho à relação jurídico material entre as partes. Aliás, só isso o permite intervir no processo. Tivesse ele algum interesse jurídico e não poderia atuar na condição de *amicus curiae*, mas, talvez, na posição de assistente.

Intervindo espontaneamente ou por provocação, nos termos do art. 138, o *amicus curiae* não é transformado em parte, porque meramente interessado no resultado da lide, jamais sofrendo os efeitos da sentença, tendo poderes dependentes da definição pelo juiz. Essa situação de limitada atuação se justifica pelo fato de que não lhe cabe recorrer sequer da sua inclusão ou exclusão na lide. A lei só lhe assegura a faculdade de recorrer da decisão que julgar o incidente de resolução de demandas repetitivas, a teor do § 3º desse dispositivo, o que não é suficiente para alçá-lo, à condição de parte, ainda que, nessa hipótese, possa obviamente fazer sustentação oral e opor embargos de declaração da decisão do incidente.

Temos, assim, que o terceiro interveniente, conforme a específica figura, pode assumir a situação de parte. Nessa condição será considerado um litisconsorte (parte, portanto) que chegou tarde na lide, ou seja, ingressou na relação processual em momento posterior à sua formação, mas assume todos os direitos e obrigações processuais, submetendo-se aos efeitos da sentença. Entretanto, o mesmo não ocorrerá com o assistente simples e o *amicus curiae,* cujas respectivas condições de ingresso no processo e limitadas faculdades os afastam da condição de litisconsorte.

4. OS OBSTÁCULOS A SUPERAR: A COMPETÊNCIA ESPECIALIZADA DA JUSTIÇA DO TRABALHO, OS PRINCÍPIOS PECULIARES E OS RITOS PROCEDIMENTAIS PRÓPRIOS DO PROCESSO DO TRABALHO

A competência material da Justiça do Trabalho, nos termos do art. 114 da Constituição Federal, com a redação acrescida pela Emenda Constitucional n. 45 de 2004, implica no poder jurisdicional destinado a solucionar (conciliar e julgar) conflitos judiciais oriundos precipuamente das relações de trabalho, além de outras controvérsias delas decorrentes como previsto em lei.

A grande maioria da doutrina e da jurisprudência sempre se posicionou desfavorável à admissibilidade de quase todas as figuras de intervenção de terceiros no processo do trabalho, não alterando tal visão nem mesmo após o cancelamento da Orientação Jurisprudencial n. 227 da SDI-1 do TST que textualmente declara a incompatibilidade da denunciação da lide no processo do trabalho.

Diz-se quase todas, porque a figura da assistência simples sempre teve sua compatibilidade acolhida pela doutrina e também pela jurisprudência, contando com tal aceitação através da Súmula n. 82 do TST, nos seguintes termos:

"ASSISTÊNCIA. A intervenção assistencial, simples ou adesiva, só é admissível se demonstrado o interesse jurídico e não o meramente econômico."

Baseia-se fundamentalmente a corrente opositora da compatibilidade no argumento de incompetência em razão da matéria da Justiça do Trabalho a qual, pela especialíssima matéria objeto dos conflitos que aprecia, acaba por fundir o conceito de competência em razão da pessoa, no caso, os dois polos da relação de trabalho. Embora em diversos incisos do art. 114 se apresentem outras entidades com legitimidade *ad causam*, todas estão vinculadas à relação de trabalho que lhe é base de sustentação jurídica e, pois, jurisdicional.

Nesse sentido, os processos trabalhistas limitam-se a temas pertinentes às relações de trabalho e, via de consequência, só se prestam a resolver as controvérsias que envolvem o empregado ou trabalhador e seu empregador ou tomador de serviço ou, como dito, a entidades vinculadas, de algum modo, a tais conflitos.

Assim sendo, não poderia servir o processo do trabalho para dirimir controvérsias outras, quais sejam, as que envolvem um réu e um terceiro interveniente no processo trabalhista. Entendem os adeptos desse posicionamento que o réu primitivo, invocando a participação de outrem ao processo, não poderia com ele firmar uma tal controvérsia paralela e secundária à apresentada pelo autor para, ao final, obter o direito de, ali mesmo, naquele processo, seguir em ação regressiva contra o outro réu trazido ao processo.

Seguindo esse raciocínio, aquelas intervenções que transmudam o terceiro em litisconsorte não são bem-vindas aos adeptos dessa corrente doutrinária e jurisprudencial, permitindo, por conclusão lógica, a intervenção de terceiros no processo do trabalho às estritas hipóteses de assistência simples e ao novato instituto do *amicus curiae*, certamente.

Esse, o magistério de Bezerra Leite:

> "De nossa parte, não obstante o cancelamento da OJ n. 227 da SBDI-1, parece-nos que não há razão para admitirmos a denunciação da lide no processo do trabalho, pois a competência da Justiça do Trabalho continua vinculada à matéria e às pessoas, isto é, às leis oriundas da relação de emprego (entre empregado e empregador) e, por força da EC n. 45/2004, da relação de trabalho (entre trabalhador e tomador do seu serviço), inexistindo previsão na CF ou na lei para a Justiça do Trabalho processar e julgar as ações entre tomadoras de serviço ou entre trabalhadores. Também entendemos incabível, no processo do trabalho, a denunciação da lide, entre empregado e empresa seguradora."[16]

Também comunga desse ponto de vista Teixeira Filho que, à exceção do instituto da assistência, vê incompatibilidade com a denunciação à lide e com o chamamento ao processo, imbricando em seu discurso os correlatos temas de incompetência material e o da impossibilidade de processamento da ação regressiva na Justiça do Trabalho.

Diz o renomado jurista, quanto à denunciação à lide:

> "(...) subsistem obstáculos intransponíveis à aceitação da denunciação da lide na Justiça do Trabalho, porque é da *essência* dessa forma de intervenção de terceiro que a sentença, declarando a "procedência da ação", valha, para o denunciante, como título executivo. Dessa forma, com base nesse título judicial, o denunciante terá direito de promover, no mesmo órgão jurisdicional e no mesmo processo, a consequente execução para que o denunciado o reembolse das quantias que teve de pagar, em decorrência da sentença condenatória. É evidente que a Justiça do Trabalho não possui competência para essa execução."[17]

Mais adiante, sobre o chamamento ao processo, estende a argumentação analítica sobre inciso I do art. 130 do CPC, abaixo transcrita, para os incisos II e III do mesmo dispositivo:

> "(...) embora se deva dizer que o chamamento não representa exercício de ação regressiva do chamador em face do chamado, mas apenas convocação para a formação de litisconsórcio passivo, não se pode deixar de ponderar que referida ação de regresso será exercida, mais tarde, por aquele que pagar a dívida (exceto se for o devedor principal), como o objetivo de ressarcir-se disso. (...) Ocorre que a Justiça do Trabalho não possui competência para dirimir conflitos entre fiador e devedor. (...)"[18]

Muitos anos antes, já doutrinava Giglio, para quem também a denunciação da lide afronta a competência da Justiça do Trabalho:

> "Tanto Coqueijo Costa quanto Amauri Nascimento admitem a denunciação da lide nos processos trabalhistas em que se discute a sucessão de empregadores. Parece-nos, entretanto, que a discussão entre o sucessor e o sucedido denunciado escaparia à competência da Justiça do Trabalho, limitada pelo art. 114 da Constituição Federal à composição dos litígios entre trabalhadores e empregadores, salvo se fosse admitida a competência secundária, derivada do conflito original. A intervenção assistencial, porém, não poderia ser recusada, ao que parece.[19]

Da jurisprudência também se colhe, exemplificativamente:

DENUNCIAÇÃO DA LIDE. NÃO CABIMENTO. Não prospera o pedido de denunciação à lide, quando

---

16. BEZERRA LEITE, Carlos Henrique. *Curso de Direito Processual do Trabalho*. 13 ed. São Paulo: Saraiva, 2015. p. 550.
17. TEIXEIRA FILHO, Manoel Antonio. *Comentários ao novo Código de Processo Civil sob a perspectiva do processo do trabalho (Lei n. 13.105, de 16 de março de 2015)*, São Paulo: LTr, 2015. p. 150.
18. TEIXEIRA FILHO, Manoel Antonio. *Comentários ao novo Código de Processo Civil sob a perspectiva do processo do trabalho (Lei n. 13.105, de 16 de março de 2015)*, São Paulo: LTr, 2015. p. 155.
19. GIGLIO, Wagner D. *Direito Processual do Trabalho*. 9 ed. rev. e amp. São Paulo: LTr,1995.

tal instituto é incompatível com o processo do trabalho e está destituído de fundamento." TRT-5. R. RO. 0010090-57.2013.5.05.0031- Rel. Edilton Meireles. 1ª Turma. Julg. em 16.10.2014.

Dos fundamentos desse acórdão, em análise ao art. 70 e seus três incisos, do CPC de 73, extrai-se:

> "(...) Como se observa, os casos previstos pelos dois incisos desse artigo são alheios à competência da Justiça do Trabalho (art. 114 da Carta Magna). E mesmo nos casos referidos pelo inciso III, a melhor interpretação é a de que não é cabível no processo do trabalho, a denunciação da lide, porque contrária ao princípio da celeridade processual (art. 5º, LXXVIII, da Carta Magna). Registre-se que o simples cancelamento da Orientação Jurisprudencial n. 227 da SDI-1 do Colendo TST não importa no imediato reconhecimento do cabimento da denunciação à lide na Justiça do Trabalho."

E o TRT da 2ª Região:

> EMENTA. INTERVENÇÃO DE TERCEIROS. CHAMAMENTO AO PROCESSO. Não há que se falar em chamamento à lide, eis que se trata de instituto de intervenção de terceiros constante no art. 77 do CPC, que, da mesma forma que a denunciação à lide, é incompatível com o processo do trabalho, pois extrapola a competência desta Justiça especializada, tendo em vista que conferir ao demandado a prerrogativa de trazer à lide outros réus, acarretaria na análise da responsabilidade entre pessoas jurídicas, o que escapa aos limites da relação de trabalho prevista no art. 114 da Carta Magna. TRT-2 – RECURSO EX-OFFICIO E ORDINÁRIO n. 00006494520125020492 A28. Data de publicação: 6.9.2013.

Também o TRT da 22ª Região:

> CONTRATO NULO. EFEITOS. A contratação de servidor sem a prévia aprovação em concurso público (art. 37, II, CF) acarreta a nulidade contratual, sendo devidos ao obreiro apenas o salário e os valores do FGTS (Súmula n. 363, TST). DENUNCIAÇÃO DA LIDE. PROCESSO DO TRABALHO. INCOMPATIBILIDADE. A denunciação da lide é incompatível com o processo do trabalho, mesmo depois da EC n. 45 e do cancelamento da OJ n. 227, SDI-1, TST, sobretudo quando a demanda entre denunciante e denunciado envolve ato de improbidade administrativa, o qual deve ser apreciada em ação autônoma no âmbito da Justiça Comum. TRT-22. RO 101200710622001 PI 00101-2007-106-22-00-1. Data de publicação: 11.2.2008.

E o TRT da 3ª Região:

> "CHAMAMENTO AO PROCESSO. INCABÍVEL NA SEARA TRABALHISTA. O cancelamento do entendimento consubstanciado na Orientação Jurisprudencial n. 227 da SDI-1 do TST não faz presumir que o instituto da intervenção de terceiros (seja denunciação da lide, seja o chamamento ao processo) passa a ter aplicação ampla e irrestrita no sistema processual trabalhista. A respectiva aplicação restringe-se aos litígios expressamente mencionados nos incisos do art. 114 da CR, dentre os quais não se encontram os que envolvam empregador versus empregador. Estes continuaram litigando, e for o caso, em juízo e foro próprios, no exercício do direito de regresso, sob as regras do direito comum. Entender-se em sentido diverso representaria alargamento da competência material desta Justiça especializada, que passaria a resolver, ainda que incidentalmente, conflitos de interesses entre empresas. Ademais, cabe à parte autora definir na petição inicial quem deve figurar no polo passivo da lide, e, ao juiz, cabe apenas o exame da legitimidade passiva do empregador indicado, A intervenção de terceiros no Processo do Trabalho é admissível apenas nas hipóteses de assistência e de oposição. As figuras típicas de direito processual civil reguladas pelos arts. 62 a 80 do CPC, "nomeação à autoria", "denunciação da lide" e o "chamamento ao processo", não têm lugar na seara trabalhista, regra geral." 002477-17.2012.5.03.0050 RO, Quarta Turma, Rel. Des. Júlio Bernardo do Carmo. Data de publicação: 23.6.2014.

5. A COMPATIBILIDADE POSSÍVEL DA INTERVENÇÃO DE TERCEIRO NO PROCESSO DO TRABALHO: PARÂMETROS E LIMITES PROCEDIMENTAIS

Embora observemos, como supra exposto, que a posição majoritária na doutrina e na jurisprudência dos tribunais regionais ainda não seja francamente favorável à aplicação irrestrita da intervenção de terceiros, começam a despontar alguns argumentos sinalizadores da aceitação da compatibilidade desse instituto com o processo do trabalho, desde que postas algumas reservas.

Mesmo antes do advento do CPC de 2015, é bem verdade, alguns doutrinadores já afirmavam essa postura.

Na lição do nosso saudoso mestre Almeida:

> "(...) vimos afirmando que não haveria como negar a possibilidade de uma intervenção de terceiro no processo trabalhista, do momento em que a coisa ou o direito a elas referentes, em litígios, estivessem vinculados a um contrato de trabalho, havendo, portanto, empregado e empregador na lide. (...) Enfim, o terceiro teria de estar, de alguma forma, inserido também na relação jurídico-processual das partes originais, e este interesse, conexo com o interesse delas, ao ponto de a decisão definitiva, a ser proferida, vir a afetar seus direitos e seu patrimônio.

Como é fácil concluir, tudo estaria dependendo de poder-se manter a competência material da Justiça do Trabalho, e uma íntima conexão entre a pretensão do terceiro e das partes."[20]

Outro grande mestre, Nascimento, também já se mostrava tendente a acolher a intervenção de terceiro no processo do trabalho, ainda que afirmando que era preciso ser criada uma figura própria a este tipo peculiar de processo.

Para ele, as figuras de intervenção de terceiros, no CPC/73 (certamente referindo-se à oposição que, como visto, já não mais integra o rol desse instituto pelo novo CPC, agora podendo ser invocada na defesa):

"(...) não resolvem uma necessidade do processo trabalhista: a integração de terceiro apontado pelo reclamado na defesa como empregador. (...) A prática da integração ao processo ordenada pelo Juiz do Trabalho atende ao princípio da economia e celeridade processuais nele encontrando o seu fundamento."[21]

Anos depois, reafirmou sua posição, com tinta mais forte na defesa dessa compatibilidade:

"É cabível na Justiça do Trabalho a intervenção de terceiros em face do princípio da subsidiariedade, uma vez que, sendo o direito processual comum fonte subsidiária do processo do trabalho (CLT, art. 769) e diante da omissão e inexistência de incompatibilidade, segue-se que rejeitá-lo implicaria descumprir a lei. A lide denominada paralela na verdade não o é, mas mera questão incidental a ser resolvida pela Justiça do Trabalho, como tantas outras com que se defronta e decide até mesmo em dissídios coletivos, quando um sindicato ingressa no processo para afastar sindicato que dele figura como parte, por entender que detém a legitimidade de representação da categoria.

(...) Acrescentem-se a funcionalidade do processo e o princípio da economia processual, recomendando a utilização do processo do maior número possível dos conflitos que surgirem para evitar a inútil reprodução de feitos."[22]

Dentre as reservas que se podem lançar para negar a adoção integral da intervenção de terceiros, está a de que, no processo do trabalho, não caberá o processamento de ação regressiva, retomando-se, por óbvio, o argumento da limitação de competência.

A denunciação da lide, portanto, se vier a ser acolhida no processo do trabalho, servirá apenas como argumento de defesa, a permitir ao magistrado melhor entendimento sobre o litígio, facilitando-lhe a correta condenação por quem de direito.[23]

Outra limitação que podemos lançar contra a compatibilidade da intervenção de terceiros é quanto aos processos que tramitam sob rito sumaríssimo, pois não temos dúvida de que tal adoção afrontaria a celeridade que lhe é característica, na medida em que ampliaria o contraditório e a defesa, em prejuízo à efetividade, pois torna demorado um processo que se buscou por lei abreviar.

No entanto, Garcia admite a intervenção mesmo no procedimento sumaríssimo, entendendo que não há ofensa ao princípio da celeridade, mas ao contrário de sua afirmação, na medida em que se evitaria a "necessidade de se ajuizar outra ação, com maior dispêndio monetário e demora na efetivação do conflito".[24]

Insistimos em nosso posicionamento, mas entendemos possível, em caso de acolhimento de alguma figura de intervenção de terceiro cabível que o processo sob rito sumaríssimo seja imediatamente, por pedido da parte ou iniciativa do juiz, convertido ao rito ordinário, de modo a não extrapolar os prazos para aquele rito especial.

Apresentamos mais uma reserva procedimental para o acolhimento da intervenção de terceiros no proces-

---

20. ALMEIDA, Ísis de. *Manual de Direito Processual do Trabalho*. 9. ed. São Paulo: LTr, 1998. p. 179. O autor faz minuciosa análise do posicionamento de diversos juristas, tanto dos que não concordam com o chamamento ao processo ou a denunciação da lide (entre eles, José Martins Catharino, Cláudio Armando Couce de Menezes, Mozart Victor Russomano, Wilson Campos Batalha) como os que defendem tais modalidades de integração de terceiros (como Coqueijo Costa, Quintela Lins, dentre outros) em seu artigo *A intervenção de terceiro no processo trabalhista*. In BARROS, Alice Monteiro de (org.). *Compêndio de Direito Processual do Trabalho*. 3. ed. São Paulo: LTr, 2002. p. 221-228.
21. NASCIMENTO, Amauri Mascaro. Alterações no processo trabalhista. *Revista Forense*. Rio de Janeiro, ano 72, v. 254, abr./jun. 1976. p. 451.
22. NASCIMENTO, Amauri Mascaro. *Curso de Direito Processual do Trabalho*. 20. ed. São Paulo: Saraiva, 2001. p. 348.
23. Nesse sentido, cf. NASCIMENTO, Amauri Mascaro. *Curso de Direito Processual do Trabalho*. 20. ed. São Paulo: Saraiva, 2001. p. 351 e COQUEIJO COSTA. *Direito Processual do Trabalho*. Rio de Janeiro: Forense, 1984. p. 191, apud SCHIAVI, Mauro. *Manual de Direito Processual do Trabalho de acordo com o novo CPC*. 9. ed. São Paulo: LTr, 2015. p. 427.
24. GARCIA, Gustavo Filipe Barbosa. *Intervenção de terceiros, litisconsórcio e integração à lide no processo do trabalho*. São Paulo: Método, 2008. p. 100 e ss.

so do trabalho: a citação e o direito de defesa do terceiro interveniente devem ser assegurados na mesma forma, prazos e condições previstas para o réu original, seguindo-se o previsto pela legislação processual trabalhista.

Nesse movimento tendente à abertura de acolhimento da intervenção de terceiros, localizamos também algumas decisões já proferidas pelo Tribunal Superior do Trabalho, com o enfrentamento do tema da competência da Justiça do Trabalho, mas sem perder de vista os interesses do autor, da sua anuência e à luz dos princípios peculiares que norteiam o direito processual do trabalho, autorizando o exame de sua pertinência, caso a caso.

É o que se colhe dos seguintes arestos selecionados:

> AGRAVO DE INSTRUMENTO. RECURSO DE REVISTA. CABIMENTO. 1. DENUNCIAÇÃO À LIDE. Não obstante o cancelamento da Orientação Jurisprudencial n. 227 da SBDI-1 do TST e a ampliação da competência da Justiça do Trabalho pela Emenda Constitucional n. 45/2004, o cabimento do instituto da denunciação da lide deve ser examinado caso a caso, à luz da competência desta Justiça Especializada para dirimir a controvérsia entre denunciante e denunciado e dos princípios que norteiam o Processo do Trabalho, especialmente o da celeridade, efetividade e simplicidade. (...). TST-AIRR-19500-11.2008.5.04.0010. 3ª. Turma, Rel. Min. Alberto Luiz Bresciani de Fontan Pereira. Julg. 6.4.2011.
>
> I. RECURSO DE REVISTA INTERPOSTO PELA RECLAMADA MARCOS MARCELINO & CIA LTDA. 1. ILEGITIMIDADE PASSIVA PARA A CAUSA. CHAMAMENTO AO PROCESSO. COMPATIBILIDADE COM O PROCESSO DO TRABALHO. Esta Corte Superior tem decidido ser possível a intervenção de terceiros no processo trabalhista, desde que, no caso concreto, o ingresso da nova parte processual não prejudique o interesse do trabalhador, tendo em vista a natureza alimentar dos créditos vindicados no processo. Na doutrina também se tem admitido a possibilidade da intervenção de terceiros no processo trabalhista. O que houve no caso dos autos, em realidade, foi um aditamento da petição inicial, para ampliar o polo passivo da demanda e incluir parte com a qual a devedora original mantém relação de sucessão empresarial (arts. 10 e 448 da CLT). Tendo havido a anuência da Reclamante, o referido aditamento deve ser admitido, uma vez que atendeu ao interesse da Autora e acarretou celeridade e economia processual, ao evitar que nova reclamação trabalhista tivesse de ser proposta contra a Reclamada Marcos Marcelino & Cia. (considerada sucessora da empresa originalmente demandada – Xerox Comércio e Indústria Ltda.). Por outro lado, não há notícia de que a nova Reclamada incluída no polo passivo da demanda tenha tido seu direito de defesa cerceado, razão pela qual não se observa nenhuma irregularidade no procedimento havido no caso dos autos. Recurso de revista que se conhece, ante a demonstração de divergência jurisprudencial, e a que se nega provimento, no mérito. II (...). TST- RR-29600-70.2006.5.08.0014. 4ª Turma, Rel. Min. Fernando Eizo Ono. Julg. 11.6.2014. Data de publicação: 24.6.2014.

Temos ainda algo a dizer sobre o incidente de desconsideração da personalidade jurídica.

Sem o aprofundamento que o tema certamente merece, mas em face dos limites de extensão deste estudo, deixamos aqui nosso posicionamento, no sentido de que não nos parece aceitável a limitação da instauração do incidente de desconsideração da personalidade jurídica apenas a pedido da parte ou do Ministério Público, quando a este couber intervir.

Isso porque tal determinação, contida no art. 133 do CPC, encontra obstáculo no singular princípio do impulso oficial no processo do trabalho, ainda mais reforçado na fase de execução, pena de ofensa consequente ao princípio da celeridade.

O afastamento dessa limitação subjetiva na instauração do incidente foi reconhecido pela Instrução Normativa n. 39, do TST, datada de 15.3.2016 do TST, por seu art. 6º, in verbis:

> Art. 6º. Aplica-se ao Processo do Trabalho o incidente de desconsideração da personalidade jurídica regulado no Código de Processo Civil (arts. 133 a 137), assegurada a iniciativa também do juiz do trabalho na execução (CLT, art. 878).
>
> § 1º. Da decisão interlocutória que acolher ou rejeitar o incidente:
>
> I – na fase de cognição, não cabe recurso de imediato, na forma do art. 893, § 1º, da CLT;
>
> II – na fase de execução, cabe agravo de petição, independentemente de garantia do juízo;
>
> III – cabe agravo interno se proferida pelo Relator, em incidente instaurado originariamente no tribunal (CPC, art. 932, inciso VI).
>
> § 2º. A instauração do incidente suspenderá o processo, sem prejuízo de concessão da tutela de urgência de natureza cautelar de que trata o art. 301 do CPC.

6. CONSIDERAÇÕES FINAIS

O processo do trabalho enfrentará toda sorte de críticas se resistir genericamente à aplicabilidade da intervenção de terceiros. É preciso encontrar fundamentos sólidos capazes de não seguir rigorosamente um processo "constitucional" no modelo ditado pelo CPC de 2015. Cabe-nos defender que o "processo constitucional" pode ter muitas faces e uma delas se encontra exatamente no processo do trabalho, bem desenhado pela CLT com sua plasticidade invulgar e com seus princípios peculiares forjados na dignidade humana e na valorização do trabalho.

Tudo isso são desafios a superar, em tempos de crise institucional política, econômica e judiciária. Em tempos nos quais voltam a soprar os frios ventos neoliberais, com seus discursos preparados em defesa da autorregulamentação do mercado e do esvaziamento da tutela heterônoma estatal, invocando o alto custo da máquina judiciária, num ambiente de recessão econômica, perda de empregos em massa, violação dos direitos trabalhistas historicamente conquistados e de declínio inequívoco da autonomia sindical, a pressionar arriscadas mudanças.

Nesse entrechoque de forças, cabe ao hermeneuta do processo do trabalho prudência e serenidade no momento atual de turbulência no campo normativo e jurisprudencial. Cabe-lhe o silêncio para ouvir a si mesmo, aos outros e a história de todos, até tecer a resposta ponderada que a comunidade jurídica, sedenta de igualdade e de justiça, vem clamando. Cabe-lhe a tarefa de contribuir na definição do tamanho que deve ter o Judiciário em nossa sociedade, de sua capacidade para enfrentar a judicialização crescente dos conflitos, estabelecendo as medidas para uma adequada e real justiça, que prestigia a ampla defesa, mas não ignora a celeridade como mecanismo de efetivação dos direitos trabalhistas, de inegável caráter alimentar.

Os temas pungentes do processo do trabalho não só a ele pertencem. São também do direito do trabalho, do direito constitucional, de todo o Direito. É essa visão holística que deve ser o grande foco de nossos esforços. O futuro está em jogo. Que vença o melhor que temos em nós.

7. REFERÊNCIAS BIBLIOGRÁFICAS

ALMEIDA, Ísis de. *Manual de Direito Processual do Trabalho.* 20. ed. São Paulo: LTr, 1988.

_____ *A intervenção de terceiro no processo trabalhista.* In BARROS, Alice Monteiro de (org.). *Compêndio de Direito Processual do Trabalho.* 3. ed. São Paulo: LTr, 2002.

BEZERRA LEITE, Carlos Henrique. *Curso de Direito Processual do Trabalho.* 13. ed. São Paulo: Saraiva, 2015.

_____ (org.). *Novo CPC: repercussões no processo do trabalho.* São Paulo: Saraiva, 2015.

CINTRA, Antônio Carlos de Araújo; GRINOVER, Ada Pellegrini; DINAMARCO, Cândido Rangel. *Teoria Geral do Processo.* 23. ed. São Paulo: Malheiros, 2007.

CUNHA, Leonardo Carneiro da. *A Assistência no Projeto do Novo Código de Processo Civil Brasileiro.* Disponível em: <http://www.academia.edu/9253866>. Acesso em: 19 fev. 2016.

DIDIER JR, Freddie. *Curso de Direito Processual Civil.* v. 1, 17. ed., Salvador: Juspodivm, 2015.

DINAMARCO, Cândido Rangel. *Instituições de direito processual civil.* v. II. São Paulo: Malheiros, 2001.

DONIZETTI, Elpídio. *Novo Código de Processo Civil Comentado (Lei n.13.105, de 16 de março de 2015):* análise comparativa entre o novo CPC e o CPC/73). São Paulo: Atlas, 2015.

FÓRUM NACIONAL DE PROCESSO DO TRABALHO: 1ª Reunião na Cidade de Curitiba – Paraná Homenagem ao Professor Wagner D. Giglio, 4 e 5 de março de 2016. Disponível em: <http://forumtrabalhista.com.br/>.

GARCIA, Gustavo Filipe Barbosa. *Intervenção de Terceiros, litisconsórcio e integração à lide no processo do trabalho.* São Paulo: Método, 2008.

_____. *Novo CPC e integração à lide no processo do trabalho.* Disponível em: <http://gustavogarcia.adv.br/novo-cpc-e-integracao-a-lide-no-processo-do-trabalho/>. Acesso em: 18 fev. 2016.

GEMIGNANI, Tereza Aparecida Asta; GEMIGNANI, Daniel. *Litisconsórcio e Intervenção de Terceiros: o novo CPC e o processo trabalhista.* In: MIESSA, Elisson (org). *O novo Código de Processo Civil e seus reflexos no processo do trabalho.* Salvador: Juspodivm, 2015.

GIGLIO, Wagner D. *Direito Processual do Trabalho.* 9. ed. rev. e amp. São Paulo: LTr, 1995.

MARINONI, Luiz Guilherme e ARENHART, Sérgio Cruz. *Manual do Processo de Conhecimento.* 4. ed. São Paulo: RT, 2005.

MIESSA, Elisson (org.). *O novo Código de Processo Civil e seus reflexos no processo do trabalho.* Salvador: Juspodivm, 2015.

MOREIRA, José Carlos Barbosa. *Comentários ao Código de Processo Civil.* 10 ed. Rio de Janeiro: Forense, 2002, v. 5.

NASCIMENTO, Amauri Mascaro. Alterações no processo trabalhista. *Revista Forense.* Rio de Janeiro, ano 72, v. 254, abr./jun. 1976.

NASCIMENTO, Amauri Mascaro. *Curso de Direito Processual do Trabalho.* 20. ed. São Paulo: Saraiva, 2001.

SCHIAVI, Mauro. *Manual de Direito Processual do Trabalho.* 9. ed. São Paulo: LTr, 2015.

TEIXEIRA FILHO, Manoel Antonio. *Comentários ao novo Código de Processo Civil sob a perspectiva do processo do trabalho (Lei n.13.105, 16 de março de 2015).* São Paulo: LTr, 2015.

Capítulo 12

A Prova Pericial no Novo CPC e suas Repercussões no Processo do Trabalho

Saulo Cerqueira de Aguiar Soares(*)

1. INTRODUÇÃO

A prova pericial é o meio que visa elucidar fatos que exijam conhecimento técnico específico ou científico, ativando-se nas áreas de saúde, engenharia, ciências contábeis, dentre outras.

Os fatos alegados em juízo para a formação do convencimento do Juiz devem ser provados, e um dos seus meios é pela prova pericial, que busca esclarecê-los. O novo Código de Processo Civil realizou alterações significativas nesse importante meio de prova. Este estudo tem como objetivo analisar a prova pericial no novo diploma e averiguar suas repercussões no processo do trabalho.

A prova pericial consiste em exame, vistoria ou avaliação. E, no que tange as perícias trabalhistas, o art. 769/CLT define que o direito processual comum é fonte subsidiária do direito processual do trabalho, assim como o art. 15 do CPC transmite semelhante mandamento, condições que geram aplicabilidade das alterações no procedimento da prova pericial no atual CPC no âmbito da Justiça do Trabalho.

Nesse contexto, o presente trabalho trata do direito fundamental à prova. Em seguida faz um exame acerca da escolha do perito judicial, dos procedimentos da perícia judicial, das nuances da perícia em insalubridade e periculosidade, dos honorários periciais, da prova técnica simplificada e da perícia consensual. Por fim, em conclusão, trata das modificações do procedimento da prova pericial no novo CPC no processo civil e no processo do trabalho.

2. A PROVA PERICIAL

O direito à prova é um direito humano e fundamental das partes no processo judicial e no âmbito administrativo. Determina o inciso LV do art. 5º da CR/88 que "aos litigantes, em processo judicial ou administrativo, e aos acusados em geral são assegurados o contraditório e a ampla defesa, com os meios e recursos a ela inerentes".

Destaca Vitor Salino de Moura Eça (2015) que:

> [...] podemos vislumbrar a Constituição da República de 1988 (CR/88), que estabeleceu o Estado Democrático de Direito, como o nascedouro das mudanças de concepção quanto ao processo e as suas características [...] (EÇA, 2015, p. 57).

Assim, a Lei Maior garante o direito à prova, pois de nada adiantaria as previsões do direito material se a própria Constituição não estabelecesse os regramentos constitucionais do processo, o que impediria a construção contínua do Estado Democrático de Direito. E reconhecer o direito à prova é imanente à dignidade da pessoa humana.

Acerca dos direitos fundamentais, dispõe Ingo Wolfgang Sarlet (2015), que:

> [...] em que pese os dois termos ("direitos humanos" e "direitos fundamentais") sejam comumente utilizados como sinônimos, a ex-

---

(*) Advogado e Médico do Trabalho, com especializações em ambas as áreas. Mestrando em Direito do Trabalho na PUC-Minas. Professor e pesquisador certificado pela CAPES.

plicação corriqueira e, diga-se de passagem, procedente para a distinção é de que o termo "direitos fundamentais" se aplica para aqueles direitos do ser humano reconhecidos e positivados na esfera do direito constitucional positivo de determinado Estado, ao passo que a expressão "direitos humanos" guardaria relação com os documentos de direito internacional, por referir-se àquelas posições jurídicas que se reconhecem ao ser humano como tal [...]. (SARLET, 2015, p. 29).

O direito à prova viabiliza a promoção da justiça e busca alcançar a paz, por meio da garantia de um direito humano e fundamental de todos litigantes. O propósito das provas são alegações de fatos, pontos controvertidos, para orientar a construção da convicção do magistrado e garantir o exercício do processo democrático. Sua valoração se dá pelo princípio da persuasão racional do juiz, o qual, fundamenta a decisão, independentemente de quem a produz.

Um dos instrumentos para a produção da prova é a perícia, de grande relevância e essencialmente técnico, por apontar dados científicos desvinculados de uma análise subjetiva.

Segundo o art. 464/CPC a prova pericial consiste em exame, vistoria ou avaliação. O exame ocorre em pessoa, coisa ou semovente; a vistoria, em coisa imóvel ou lugares; e avaliação em bens, estimando-se o valor do objeto ou prestação em litígio.

A perícia precisa de requisitos para sua admissibilidade, sendo pedida na inicial, na contestação ou na reconvenção e deve ser indeferida quando a prova do fato não depender do conhecimento especial de técnico; for desnecessária em vista de outras provas produzidas; e, sua verificação for impraticável (art. 464, § 1º, CPC).

Na área da saúde é corriqueiro que a perícia se refira sobre a própria parte, ao investigar, por exemplo, a capacidade laboral após um acidente do trabalho. Nessa condição, a parte não é obrigada a se submeter a um exame pericial, pois violaria sua intimidade e privacidade, assim como o profissional que assim agisse transgrediria normas éticas de sua profissão. Dessa maneira, o celeuma se resolve com a aplicação do art. 232 do Código Civil, que define que "a recusa à perícia médica ordenada pelo juiz poderá suprir a prova que se pretendia obter com o exame".

O trabalho do perito se materializa no laudo pericial, que é resultado das diligências que realizou em estudo com literatura científica.

O atual Código inovou ao adentrar na seara técnica da prova pericial, ao estabelecer legalmente qual o formato do laudo pericial, conforme o art. 473, que define que:

> Art. 473. O laudo pericial deverá conter: I – a exposição do objeto da perícia; II – a análise técnica ou científica realizada pelo perito; III – a indicação do método utilizado, esclarecendo-o e demonstrando ser predominantemente aceito pelos especialistas da área do conhecimento da qual se originou; IV – resposta conclusiva a todos os quesitos apresentados pelo juiz, pelas partes e pelo órgão do Ministério Público. (BRASIL, CPC, 2015).

Essa exigência de forma e conteúdo delimitados é indevida do ponto de vista científico, pois ao mesmo tempo que possibilita uma isonomia metodológica entre laudos periciais, engessa a formação do laudo pericial nas diversas áreas do conhecimento, que estão em constante atualização. Melhor seria se o CPC não adentrasse na técnica pericial, mas sim definisse somente critérios jurídicos, visto que cabe a cada campo científico promover a definição técnica da formação de um laudo pericial, inclusive por meio de resoluções de conselhos de classe profissional.

Não cabe ao legislador definir questões eminentemente técnicas do laudo pericial, dado que inviabiliza o avanço científico de cada área do conhecimento que se utiliza da perícia como meio de atuação.

Vejamos a título exemplificativo, a perícia médica, conforme a Resolução n. 2.056/2013 do Conselho Federal de Medicina (CFM), tem a estrutura do laudo pericial definida em seu art. 58: deve o roteiro básico do relatório pericial conter preâmbulo, individualização da perícia, circunstâncias do exame pericial, identificação do examinando, história da doença atual, história pessoal, história médica, história familiar, exame físico, exames e avaliações complementares, diagnóstico positivo, comentários médico-legais, conclusão e respostas aos quesitos.

Ao que se constata cabe a cada órgão profissional estabelecer critérios técnicos de atuação pericial, com meios de alteração mais simples do que os que requerem as mudanças legislativas.

O trabalho do perito não é finalizado com a entrega do laudo pericial, esclarecimentos complementares podem ser solicitados. O *expert* deve elucidar pontos sobre os quais existam divergências ou dúvidas de qualquer das partes, do juiz ou do órgão do Ministério Público, e ainda, os pontos apresentados no parecer do assistente técnico da parte.

A divergência com o parecer do assistente técnico é algo corriqueiro. Ocorre em razão do assistente produzir, em regra, um parecer favorável a seu cliente, o que por óbvio, tornará um dos pareceres discordante do laudo pericial. Desse modo, deve o perito ao ser provocado ou diante do conhecimento do parecer do assistente técnico, esclarecer os pontos divergentes e explicar tecnicamente porque suas considerações são mais corretas analisadas sob à luz dos critérios científicos da área do saber.

Se ainda assim houver controvérsias a serem explanadas cabe a parte requerer ao juiz que intime o perito ou o assistente técnico a comparecer à audiência de instrução e julgamento, por meio eletrônico, com pelo menos dez dias de antecedência da audiência.

Apesar de todos os esforços envidados é factível que o laudo pericial não seja considerado satisfatório, conjunção que viabiliza um esclarecimento adequado sobre o objeto litigioso que continua a carecer de uma análise técnica ou científica. Assim, por permanecer a controvérsia, pode o magistrado deliberar por uma nova perícia. A segunda perícia terá o mesmo objeto e os mesmos fatos que a primeira, e buscará corrigir as eventuais omissões ou inexatidões. Resta elucidar que não é sensato que o mesmo perito da primeira perícia seja nomeado para a segunda perícia, além do que o segundo laudo pericial não invalida o primeiro, podendo o magistrado apreciar os dois de forma fundamentada.

Ademais, o diploma alçou ares a fomentação da perícia extrajudicial, ao dispor que as partes, na inicial ou na contestação, podem apresentar sobre as questões de fato pareceres técnicos, que o magistrado considerando satisfatórios, poderá utilizá-los e dispensar a produção da perícia judicial. Condição tormentosa se evidencia se somente autor apresenta na inicial um parecer técnico, o que já seria suficiente para o afastamento da prova pericial. Em verdade, a perícia extrajudicial só cabe aplicação em restritas hipóteses sob pena de violação ao contraditório e ampla defesa, em vista de que os pareceres técnicos porventura apresentados não contam com a imparcialidade que repousa em um laudo pericial.

3. O PERITO JUDICIAL

O perito judicial é figura imprescindível para a solução e a pacificação por meio do processo, diante de que sendo um auxiliar eventual do juízo coopera com o magistrado nas situações em que a prova do fato litigioso carece de um estudo científico ou técnico. Quando de perícia complexa, ao abordar mais de uma área de conhecimento, pode o juiz inclusive nomear mais de um perito.

É incabível que o perito ultrapasse os limites de sua designação, ou emita opiniões pessoais que excedam o exame técnico do objeto da perícia, conforme § 2º do inciso IV do art. 473 do CPC. Para tanto o perito deve se resguardar de quesitos impertinentes que questionam sobre a sua opinião pessoal ou análise estritamente jurídica que cabe ao magistrado na decisão. Tecnicamente, o perito é um sujeito do processo, mas não um sujeito da demanda, devendo se comportar com base nessas fronteiras.

Destaca Humberto Theodoro Júnior (2016) que:

> [...] a nomeação do perito é indispensável, mesmo que o juiz possua conhecimento técnico pertinente à apuração do fato probando. É que a avaliação pericial sujeita-se a procedimento especial, sob controle e participação dos litigantes em contraditório. O juiz, portanto, 'não pode substituir critérios técnicos [de perito] por sua própria análise. Enfim, a pretexto de valer-se de conhecimentos pessoais de natureza técnica, não pode o magistrado dispensar a perícia. (THEODORO JÚNIOR, 2016, p. 445).

O perito, conforme o art. 467 do CPC, pode ser recusado por impedimento ou suspeição. Nos termos do §1º do art. 148 do CPC a parte interessada deverá arguir o impedimento ou suspeição na primeira oportunidade em que lhe couber falar nos autos.

O pedido de impedimento ou a suspeição do perito, conforme Gustavo Filipe Barbosa Garcia (2015) deve ocorrer em:

> [...] petição fundamentada e devidamente instruída, na primeira oportunidade em que lhe couber falar nos autos. Cabe ao juiz mandar processar o incidente em separado e sem suspensão do processo, ouvindo o arguido no prazo de quinze dias e facultando a produção de prova, quando necessário. (GARCIA, 2015, p. 61).

Acerca do momento de arguição, pontua Daniel Amorim Assumpção Neves (2015) que:

> [...]em criticável decisão, o Superior Tribunal de Justiça entendeu que a alegação de suspeição do perito não pode ser realizada depois de apresentado o laudo porque tal possibilidade poderia levar a parte a "plantar uma nulidade" no caso de laudo desfavorável aos seus interesses. [...] O entendimento é inaceitável porque parte da premissa de que o perito "nasce" suspeito, não podendo se tornar suspeito durante a produção da prova pericial. Ignora o fato de que a causa de suspeição pode não existir no

momento de nomeação do perito, vindo a se manifestar somente em momento posterior, inclusive após a entrega do laudo pericial. Seguindo-se o entendimento expresso na decisão ora criticada, durante a produção da prova, por exemplo, o perito poderia ganhar presentes valiosíssimos de uma das partes e nem por isso a parte contrária poderia alegar sua suspeição. (NEVES, 2015, p. 558).

Ao exposto acima, de um caso de recebimento de presentes pelo perito durante a produção da prova, fica irrefutável a necessidade do reconhecimento jurisprudencial da possibilidade da arguição de suspeição do perito em qualquer momento, até após a entrega do laudo, diante de que a realidade é muito mais complexa do que a lei foi capaz de prever, não cabendo a parte suportar esse ônus.

Mudança significativa foi promovida pelo § 1º do art. 156 do CPC que determina que os peritos serão nomeados entre profissionais legalmente habilitados, diferentemente do art. § 1º do art. 145 do CPC de 1973 que exigia que o profissional tivesse nível superior. Portanto, não é mais requisito imprescindível que o perito tenha nem mesmo formação de nível superior.

Ademais, o referido artigo do Código atual possibilita a nomeação de órgãos técnicos ou científicos como peritos, desde que tanto as pessoas físicas como esses sejam devidamente inscritos em cadastro mantido pelo tribunal ao qual o juiz está vinculado.

O cadastro do tribunal deve ser realizado, como dispõe o § 2º do art. 156 do CPC, por meio de divulgação na rede mundial de computadores ou em jornais de grande circulação, além de consulta direta a universidades, a conselhos de classe, ao Ministério Público, à Defensoria Pública e à Ordem dos Advogados do Brasil, para a indicação de profissionais ou de órgãos técnicos interessados.

O atual Código tornou a nomeação dos peritos mais democrática ao prever a formação de um cadastro e mais transparente para as partes e qualquer interessado ao garantir a disponibilização dos documentos exigidos para habilitação, determinando que a nomeação ocorra de modo equitativo, observadas a capacidade técnica e área de conhecimento, evitando a concentração exacerbada de atuação de um perito em detrimento dos demais cadastrados.

O perito quando nomeado pode escusar-se do encargo alegando motivo legítimo, apresentada no prazo de quinze dias contados da sua intimação, sob pena de renúncia ao direito da alegá-la.

A atuação do perito também está suscetível a questionamentos na seara da responsabilidade civil, visto que quando por dolo ou culpa, prestar informações inverídicas responderá pelos prejuízos que causar à parte e se tornará inabilitado para atuar em outras perícias no prazo de dois a cinco anos, ainda podendo ser responsabilizado na seara criminal e tendo o fato comunicado ao conselho de classe para adoção de providências conforme o Código de Ética profissional da classe do perito, quando for o caso, conforme o art. 158 do CPC.

O perito judicial pode ser substituído quando faltar-lhe conhecimento técnico ou científico ou sem motivo legítimo deixar de cumprir o encargo no prazo (art. 468, do CPC). Na segunda hipótese o juiz irá impor ao perito uma multa calculada com base no valor da causa e no detrimento causado pelo atraso, assim como comunicará a ocorrência à corporação profissional respectiva do perito. Cabe elucidação da não obrigatoriedade do perito que está vinculado à uma corporação profissional, pois deixou de ser obrigatória a formação universitária no atual Código e além disso, não pode o magistrado se fazer substituir ao conselho de classe profissional e impor uma penalidade administrativa ética, como advertência, suspensão ou cassação. Qualquer que seja a penalidade ética aplicada pelo magistrado nessa condição é nula, pois somente cabe ao juiz a comunicação do fato, não a imposição da pena ética e nem mesmo a indicação da pena cabível.

4. O ASSISTENTE TÉCNICO

O assistente técnico é o *expert* de confiança da parte e contratado por ela para acompanhar todas as diligências promovidas pelo perito, devendo ter a mesma base de formação profissional do perito do juízo.

O assistente técnico muitas vezes pode encontrar barreiras para exercer seu ofício, visto que não são raras as situações que o perito não garante a participação do assistente técnico em suas diligências, seja não informando a data ou local da realização das diligências, ou quando permite seu acompanhamento, não aceita nenhum tipo de pronunciamento ou análise por parte do assistente técnico.

Diante dessas reiteradas condutas maléficas e violadoras dos princípios processuais, o atual Código estabeleceu de forma cristalina a imperiosidade da comprovação nos autos da comunicação que o perito deve realizar aos assistentes técnicos, com antecedência mínima de cinco dias da realização do exame, vistoria ou avaliação, devendo assegurar a esses o acesso e o acompanhamento nas diligências que realizar (art. 466, § 2º, do CPC).

Essa novidade veio ao encontro da garantia do processo democrático, visto na vigência do CPC de 1973 não ser incomum que os peritos dificultassem a atuação dos assistentes técnicos. Presentemente, o perito judicial deve comprovar nos autos que realizou a comunicação aos assistentes técnicos, assim como assegurar o acompanhamento nas diligências e exames. O perito pode realizar essa comunicação através de contato por *e-mail* dos assistentes técnicos, por telegrama ou por qualquer outro modo que reúna os requisitos da celeridade e da materialidade para que seja possível a sua devida comprovação nos autos.

Hodiernamente, não é mais admissível que o perito, durante a realização dos seus exames e diligências, não forneça tempo para que o assistente técnico colha dados para elaboração de seu parecer técnico, pois inviabiliza o direito à prova.

Além do que não cabe ao perito a fiscalização com seu juízo pessoal de valor da qualificação técnica dos assistentes técnicos. Esses tem indicação das partes, são de sua confiança e tem garantia pelo juízo a acompanhar e participar da perícia, não podendo ser impedidos pelo perito por razões de discordância com a formação profissional; como por exemplo, não cabe ao perito médico discordar da participação nos exames de assistente técnico fisioterapeuta, pois, em verdade, a perícia é em saúde e, de qualquer forma, não cabe ao perito julgar os atos do juiz, mas sim o inverso. O perito tem que se posicionar no seu lugar no Direito Processual, que é o de auxiliar eventual do juízo, exercendo seu encargo sem criar mais imbróglios ao juízo. Em verdade, aqui reside um dos gargalos da perícia judicial, o desconhecimento contumaz do ordenamento jurídico por parcela dos peritos, que excedem os seus limites de atuação de forma a causar um desconforto jurídico e violações aos direitos constitucionais dos jurisdicionados.

No âmbito procedimental, incubem as partes, dentro de quinze dias, contados do despacho de nomeação do perito, a indicação do assistente técnico. Sua indicação não é um luxo, como incautos acreditam, mas sim uma faculdade altamente recomendável, pois o advogado da parte adversa não tem a capacidade técnica para refutar um laudo pericial nos pontos desfavoráveis a seu cliente.

A ausência de um assistente técnico, desde o princípio, na elaboração dos quesitos, no acompanhamento das diligências, na produção do parecer técnico e na impugnação do laudo pericial leva a prejuízo intenso da parte, que por sua própria atitude, pode não exercer eficazmente o contraditório e a ampla defesa.

O prazo para indicação do assistente técnico foi ampliado pelo atual Código para quinze dias (art. 465, § 1º, II, do CPC), o que facilita a garantia da ampla defesa e do contraditório, pois permite tempo hábil para cada parte buscar por profissionais especializados e elaborar os quesitos com qualidade. Nessa matéria, da produção dos quesitos, é marcada, genericamente, pela falta de qualidade e objetividade, o que prejudica sobremaneira a produção da prova. É rotineiro quesitos elaborados de forma inadequada, sendo o *expert* questionado acerca de opiniões pessoais ou buscando que ele ultrapasse os limites de sua designação, o que, na realidade, é expressamente vedado por força do § 2º do art. 473 do CPC.

Na seara trabalhista, por força do art. 3º, parágrafo único, da Lei n. 5.584/1970, cada parte pode indicar um assistente técnico. No que confere aos assistentes técnicos, o art. 466, § 1º do CPC, expressa que não estão sujeitos a impedimento e suspeição.

Novamente, a lei não foi capaz de prever a complexidade do mundo real. É cabível um questionamento do ponto de vista humanístico: em uma perícia que consiste em exame na própria parte, o periciado, como pessoa e ser humano, é obrigado a ter que aceitar a presença de um assistente técnico da parte oponente que é seu inimigo pessoal, tendo que revelar seus dados, sua história de vida mais íntima, ser examinado fisicamente e palpado corporalmente por esse indivíduo? Nessa conjectura não é moral obrigar o periciado a aceitar essas condições, devendo ser arguido a suspeição do assistente técnico da parte oponente, caso ele insistir em proceder o exame, pois ninguém é obrigado a ter que ser examinado, podendo ser até despido integralmente, com seu próprio inimigo, sob pena de violação dos princípios da Bioética do respeito à autonomia, da justiça, da não maleficência e da beneficência.

Como visto, em algumas situações reais, em confronto com o princípio da dignidade da pessoa humana, mesmo o assistente técnico sendo parcial e contratado pela parte, pode encontrar-se em condições inadequadas para determinados tipos de perícia, como as que envolvem a exibição da intimidade da pessoa, o que pode violar a dignidade de um periciado. É pertinente, no âmbito jurisprudencial, relevar o disposto no referido artigo quando de situações com as especificadas, admitindo a arguição de impedimento ou suspeição do assistente técnico.

O argumento que a possibilidade de retirar o assistente técnico por impedimento ou suspeição atrasaria a marcha processual não se mostra considerável frente à imperiosidade da garantia da afirmação da dignidade da pessoa humana, a celeridade processual não pode se tornar um fim em si mesmo que venha a transpor normas constitucionais. Resta esclarecer que o magistrado não está vinculado ao laudo pericial do perito, podendo valer-se do parecer técnico do assistente técnico, demonstrando a relevância da atuação dessa figura no processo, que não pode ser imune mesmo quando existir alguma das previsões de impedimento ou de suspeição.

Dispõe o art. 95 do CPC que cada parte é responsável pelo pagamento dos honorários do seu assistente técnico. No entanto, ocorreu uma alteração significativa em quem responde pelos honorários do assistente técnico.

Destaca Gustavo Filipe Barbosa Garcia (2015), acerca da mudança no Novo CPC, que:

> [...] cabe fazer referência ao entendimento de que a parte era quem respondia pelos honorários do assistente técnico, ainda que vencedora no objeto da perícia, por ser a sua indicação uma faculdade. Entretanto, o novo Código de Processo Civil dispõe, no art. 82, § 2º, que a sentença deve condenar o vencido a pagar ao vencedor as despesas que antecipou. A respeito do tema, as despesas abrangem as custas dos atos do processo, a indenização de viagem, a remuneração do assistente técnico e a diária de testemunha (art. 84 do CPC). (GARCIA, 2015, p. 189).

Portanto, o atual Código disciplina que a sentença condenará o vencido a pagar ao vencedor as despesas que antecipou, sendo que as despesas abrangem a remuneração do assistente técnico, conforme art. 82, § 2º, CPC c/c art. 84 do CPC.

Todavia, o entendimento no processo do trabalho é contrário ao novo CPC no que tange ao responsável pelo pagamento dos honorários do assistente técnico. A luz do que dispõe a Súmula n. 341 do TST que "a indicação do perito assistente é faculdade da parte, a qual deve responder pelos respectivos honorários, ainda que vencedora no objeto da perícia".

Em razão da omissão na CLT e compatibilidade com o processo do trabalho, cabe a aplicação do novo CPC nessa matéria do responsável pelo pagamento dos honorários do assistente técnico, cabendo a Comissão Permanente de Jurisprudência e Precedentes Normativos do TST, zelar pela expansão e atualização da jurisprudência do Tribunal, bem como propor a revisão da supracitada súmula para ajustar a lei processual vigente.

5. A PERÍCIA CONSENSUAL

Nova modificação na seara do meio de prova em estudo é a perícia consensual. A disposição presente no art. 471 do atual CPC trata de um negócio jurídico processual, situação que em comum acordo as partes fazem a escolha do perito. Trata-se de uma cooperação entre as partes para em acordo indicarem o perito, sendo que a perícia consensual substitui, para todos os efeitos, a que seria realizada pelo perito nomeado pelo juiz, nos termos do § 3º do supracitado artigo.

A perícia consensual exige como requisitos mínimos que as partes sejam plenamente capazes e a causa possa ser resolvida por autocomposição.

Em verdade é necessário cooperação de grande monta para que as partes que já estão litigando entrem em consenso quanto a pessoa que irá produzir uma das provas mais relevantes dos autos. Francamente, se já não foi possível a conciliação e se tornou inevitável o prosseguimento para a fase de nomeação do perito, dificilmente as partes irão entrar em acordo na escolha da pessoa do perito. Em uma atmosfera da desconfiança mútua que impera entre os litigantes na situação ora delineada, qualquer consenso é incerto.

Todavia, considera José Antônio Milagre (2015) que a perícia consensual é vantajosa pois consiste num "[...] avanço que vai impedir que as partes tenham de 'aceitar' a nomeação de alguns, muitas vezes, absolutamente despreparados para o exame técnico".

Compreende-se que o direito das partes escolherem o perito tem limitações, frente a previsão de existência do cadastro do tribunal, sendo indispensável que a seleção recaia sobre perito constante desse arquivo. A cooperação que enseja a perícia consensual não pode violar as próprias normativas do atual Código, pois é mandatório a disponibilização dos documentos exigidos para habilitação do perito à consulta de quaisquer interessados, em uma abordagem do processo democrático.

A respeito da perícia consensual, destaca Daniel Amorim Assumpção Neves (2015) que:

> [...] a escolha do perito pelas partes, como já admitido em outros países, por exemplo, a Inglaterra, quebra a regra milenar presente no processo civil brasileiro de que o perito deve ser alguém de confiança do juiz. Num primeiro plano, deve ser de confiança das partes, e, somente se não chegarem a um acordo, prevalecerá a escolha de alguém de confiança do juiz. A mudança não deve gerar grandes consequências práticas em razão do espírito beligerante das partes, que dificilmente chegarão a um acordo, algo mais factível de acontecer em uma arbitragem do que em um processo judicial. (NEVES, 2015, p. 563).

É relevante essa remodelação da figura do perito judicial, que deixa de ser primeiramente de confiança do juízo para ser de confiança das partes, revelando o espírito do novo CPC, de buscar sempre a cooperação e a conciliação, em uma propensão democrática.

No aspecto procedimental, logo ao escolherem o perito, cabe às partes a indicação dos seus assistentes técnicos. Ademais, o juízo pode negar a escolha de determinado perito pelo meio consensual, quando de indícios efetivos que indiquem tentativa de conluio entre as partes. O laudo pericial produzido pelo perito advindo de uma perícia consensual será igualmente dirigido ao magistrado para formação de seu convencimento, o que lhe permite, como na perícia nos moldes tradicionais, valorar de forma fundamentada as conclusões do laudo, assim como requisitar uma segunda perícia quando das condições necessárias para tanto.

6. PROVA TÉCNICA SIMPLIFICADA

A prova técnica simplificada é uma novidade em homenagem a economia processual e a duração razoável do processo que ocorre quando o juiz, de ofício ou a requerimento das partes, em substituição à perícia, poderá determinar a produção de prova técnica simplificada, quando o ponto controvertido for de menor complexidade.

A prova técnica simplificada disposta no novo CPC tem inspiração, *mutatis mutandis,* nos moldes dos Juizados Especiais. Vejamos, a Lei n. 9.099/1995, que dispõe sobre os Juizados Especiais Cíveis e Criminais, estabelece em seu art. 35 que "quando a prova do fato exigir, o Juiz poderá inquirir técnicos de sua confiança, permitida às partes a apresentação de parecer técnico".

Seu uso deve ocorrer com bastante cautela, sendo recomendável a aquiescência das partes que o ponto controvertido seja realmente de menor complexidade, sob pena de violação do direito à prova. Nessa modalidade não irá existir a formação de um laudo pericial.

Trata-se de atuação quando de questão controversa de menor complexidade em que ocorre simplesmente a inquirição de um especialista, sem a realização de um laudo pericial. O especialista poderá, em seu depoimento, utilizar qualquer recurso tecnológico de transmissão de sons e imagens em sua atuação.

7. O ACOMPANHAMENTO DO ADVOGADO NAS PERÍCIAS

O novo CPC novamente se manteve silente no que cinge ao direito ou a prerrogativa do advogado acompanhar as diligências realizadas pelo perito, seja em exame, avaliação ou vistoria. O Código já avançou em traçar a exigência do perito em acatar o acompanhamento pelos assistentes técnicos. Assim, cabe o questionamento: pode o advogado acompanhar as diligências periciais?

Para tanto, é pertinente avaliar as normas basilares processuais em consonância com a exposição de motivos do Código e com o Estatuto da Advocacia e da Ordem dos Advogados do Brasil (OAB), onde se constata que é garantido ao advogado o acompanhamento pessoal de todas diligências promovidas pelo perito, não se confundindo com a figura do assistente técnico, pois não atua produzindo parecer técnico, mas sim assegurando o respeito às normas constitucionais e procedimentais, assim como fiscalizando a atuação pericial.

A Constituição da República de 1988 (CR/88) definiu no art. 133 que o advogado é indispensável à administração da justiça, sendo inviolável por seus atos e manifestações no exercício da profissão. Por conseguinte, emana da própria Constituição a prerrogativa do advogado fiscalizar a produção da prova pericial.

Nessa esteira constitucional, a Lei n. 8.906, de 4 de julho de 1994, estabeleceu o Estatuto da Advocacia e da Ordem dos Advogados do Brasil. Do exame da referida lei, é solar que o advogado tem a prerrogativa de livre ingresso, permanência e retirada dos recintos supracitados, na defesa do seu cliente, inclusive em um consultório, caso a perícia seja um exame, e com o consentimento do periciado, diante de resguardar sua intimidade e sigilo.

Nessa seara da perícia em saúde, revelam Saulo Cerqueira de Aguiar Soares e Ivna Maria Mello Soares (2016) que:

> [...] lamentavelmente, apesar da legislação garantir o acesso do advogado do paciente durante a realização da perícia, os peritos desrespeitam esse direito que também é assegurado, genericamente, nas normativas éticas da profissão médica, visto que o paciente tem autonomia de decidir por qualquer acompanhante durante a realização de um exame e o sigilo médico é do paciente, não do médico em si. Assim, o paciente pode, por sua decisão, quebrar o seu sigilo médico e revelar para o advogado suas condições de saúde, pois é o seu legítimo representante. Em verdade, a interação com seu patrono deve se basear na mais cristalina realidade dos fatos. (SOARES E SOARES, 2016, p. 168).

Impende destacar que, eticamente, o advogado também tem o dever de preservar o sigilo profissional, conforme o art. 35 do Código de Ética e Disciplina da

Ordem dos Advogados do Brasil – Resolução n. 02, de 19 de outubro de 2015, o que afasta qualquer argumento teratológico acerca da impossibilidade da participação do advogado no ato pericial, o legítimo representante da parte.

Assevera Daniel Amorim Assumpção Neves (2015), acerca do Código de Processo Civil, que:

> [...] somente impugnar o laudo pericial não é o suficiente para atender ao princípio do contraditório, devendo-se facultar às partes uma ampla participação, inclusive com objetivos fiscalizadores, durante toda a fase de produção de prova pericial. *Limitar o contraditório na prova pericial à impugnação depois do laudo pronto e acabado seria o mesmo que impedir a presença das partes e seus patronos na audiência de instrução e julgamento, limitando-se sua participação na prova testemunhal a impugnar o depoimento das testemunhas.* (grifo nosso). (NEVES, 2015, p. 560).

Destacam os referidos Saulo Cerqueira de Aguiar Soares e Ivna Maria Mello Soares (2016) que:

> [...] esse comparativo é medular em revelar a imperiosidade de uma participação efetiva, que respeite o contraditório, no processo pericial. É tão absurdo impedir a presença do advogado em uma prova testemunhal, limitando-o a somente impugnar o depoimento das testemunhas, como é kafkiano impedir a presença do advogado em uma prova pericial, limitando-o a somente impugnar o laudo pronto e acabado. (SOARES E SOARES, 2016, p. 160).

Ao que se observa, não é mais admissível o procedimento violador do direito fundamental na produção de prova a atitude do perito de impedir o acompanhamento das diligências pelos advogados da parte, sendo uma limitação reprovável do contraditório que o jurisdicionado possa somente impugnar o laudo pericial após finalizado, sendo tão grave como limitar a participação do advogado na colheita da prova testemunhal e permitido fosse somente impugnar o depoimento das testemunhas. É preciso avançar na construção do Estado Democrático de Direito, com uma visão democrática de processo, e para tanto a prova pericial não pode ser mais uma prova hermética, por uma conduta desconhecedora da legislação do perito, de proibir o acompanhamento de quaisquer diligências por parte dos advogados.

8. A PERÍCIA EM INSALUBRIDADE E PERICULOSIDADE

No processo do trabalho, o pedido de adicional de insalubridade ou periculosidade, em regra, enseja perícia, ao disposto no art. 195, § 2º da CLT. Amostra de um cenário de dispensa é o pedido de adicional de periculosidade do bombeiro civil, ante o inciso III do art. 6º, da Lei n. 11.901/2009, garantir esse adicional.

Disciplina a OJ n. 278 da SDI-I TST que:

> [...] a realização de perícia é obrigatória para a verificação de insalubridade. Quando não for possível sua realização como em caso de fechamento da empesa, poderá o julgador utilizar-se de outros meios de prova. (BRASIL, TST, OJ. 278 SDI-I).

A OJ n. 278 da SDI-I TST, *in fine*, merece enaltecimento pois, retira a possibilidade do magistrado ficar cerceado pela ação delinquente do empregador que fecha seu estabelecimento como medida de fraudar a realização da perícia que iria constatar o ambiente insalubre.

Cabe ressalvar o excerto inicial da referida OJ, ao determinar que a realização da perícia é obrigatória para a verificação da insalubridade. Não deveria ter essa necessidade de forma chapada, pois obsta a marcha processual e não permite a celeridade devida para a discussão de um crédito de natureza alimentar, em determinadas situações em concreto, a seguir expostas.

O Tribunal Superior do Trabalho já reconheceu a tese jurídica do adicional de periculosidade, quando desconsiderou a imposição da perícia para os empregados que operam em bomba de gasolina (caberia alteração para bomba de combustível, pois além de gasolina os postos dispõem de álcool e diesel) na Súmula n. 39/TST, em razão de que a função do litigante evidenciou o preenchimento do critério legal que enseja a percepção do adicional de periculosidade, em uma avaliação qualitativa.

Nesse sentido, não são todas as previsões de adicional de insalubridade que impõem a realização de perícia. Por exemplo, um profissional da área de saúde ao pedir pagamento por contato com agente biológico, nos termos do Anexo 14 da Norma Regulamentadora 15 (NR-15). Resta claro que profissionais de hospitais ou ambulatórios atendem tal previsão somente por se encontrarem neste local, pois é evidente que alguém que trabalhe como médico, enfermeiro ou outro profissional da saúde tem contato com pacientes; assim como é óbvio para o TST que um frentista tem contato com bomba de gasolina e não precisa provar por perícia.

A título exemplificativo prático, um profissional da saúde não precisa provar que trabalha com pacientes pois, é natural à sua função. Dessa maneira, percebe o adicional de insalubridade sem necessidade da realização protelatória e dispendiosa de uma perícia.

Isso porque o anexo 14 da NR-15 estabelece que a caracterização de insalubridade para agentes biológicos é qualitativa, não quantitativa. A NR-15 não prevê limite de tolerância para agentes biológicos, que são as bactérias, fungos, bacilos, parasitas, protozoários, vírus, toxinas, príons. Assim, é condição inerente à atividade, não ocorrendo nem eliminação do risco com medidas no meio ambiente, nem neutralização do risco com uso de equipamento de proteção individual (EPI). Mesmo com medidas no meio ambiente e uso de EPI a insalubridade é caracterizada, por ser inerente à atividade. Não há como aplicar o art. 191 da CLT pois a NR previu verificação qualitativa para agentes biológicos, portanto não fixando limites de tolerância.

Nesses termos, propugna-se uma revisão da referida OJ para que a redação da parte inicial preveja a realização obrigatória da perícia para a verificação da insalubridade salvo em situações que pela atividade reste notório perceber o adicional de insalubridade, por ser de avaliação qualitativa e não elididas por medidas de controle ou utilização de EPI, como as expostas no anexo 14 da NR-15.

Ainda acerca da matéria pericial em adicional de insalubridade e periculosidade, disciplina o inciso I da Súmula n. 448/TST:

> *"I – Não basta a constatação da insalubridade por meio de laudo pericial para que o empregado tenha direito ao respectivo adicional, sendo necessária a classificação da atividade insalubre na relação oficial elaborada pelo Ministério do Trabalho."* (BRASIL, TST, Súmula n. 448, I).

Essa súmula estabeleceu, por parte do Judiciário, uma subordinação indevida da efetividade da aplicação dos direitos fundamentais dos trabalhadores à atualização de uma Portaria do Ministério do Trabalho e Previdência Social (MTPS) que dispõe acerca das Normas Regulamentadoras (NRs).

Incorre em idêntico lapso o STF ao dispor na Súmula n. 460 – que não é vinculante – a indispensabilidade da existência do agente e dos limites de tolerância na arcaica NR 15, que dispõe acerca das atividades e operações insalubres.

Não há plausibilidade a negativa da existência de um agente insalubre cientificamente comprovado, diante da inércia do MTPS em atualizar a NR-15. As NRs tem um processo de elaboração que necessitam da aprovação de uma Comissão Tripartite Paritária Permanente (CTPP), composta por representantes do governo, dos empregados e dos empregadores, devendo sempre ter consenso entre seus membros para aprovação de edição ou revisão de uma NR, o que dificulta sobremaneira a inclusão dos índices atualizados e das substâncias insalubres.

A Convenção n. 148 da Organização Internacional do Trabalho (OIT), ratificada no Brasil e de *status* materialmente constitucional, determina no art. 8.3 a necessidade constante de atualização dos limites de exposição conforme "os novos conhecimentos e dados nacionais e internacionais".

Enquanto não há consenso na CTPP, milhões de trabalhadores são envenenados diariamente nos locais que comparecem para ganhar a vida, com agentes insalubres reconhecidamente assim tratados em âmbito mundial pela ciência, prioritariamente pela renomada *American Conference of Governmental Industrial Hygienists* (ACGIH), uma associação profissional norte-americana de higienistas ocupacionais, que publicam e revisam periodicamente, com base em estudos científicos mundialmente reconhecidos, a tabela de valores de limites de exposição ocupacional (TLV) e de índices de exposição biológica (BEI) para agentes nocivos.

A nossa NR-9 (item 9.3.5.1 'c') estabelece de forma cristalina a subsidiariedade da aplicação dos valores de exposição ocupacional adotados na ACGIH, para a adoção de medidas de controle. Apesar disso, não há disciplina na NR 15 acerca da aplicação da ACGIH no que se refere aos adicionais de insalubridade.

Cabe esclarecer que a ACGIH não é um órgão normativo, mas sim de estabelecimento de referências técnicas que são mundialmente acolhidas por agências e órgãos internacionais de países civilizados, por isso mesmo referida na NR-9.

A história da formação das NRs no Brasil teve embasamento nos estudos da ACGIH, pois os parâmetros constantes na NR-15 são justamente os retirados da ACGIH de 1978 (ano da criação das NRs – Portaria n. 3.214/78 MTE). Lamentavelmente, nesses mais de 38 anos da criação das NRs no Brasil, a tabela da ACGIH vem sendo revisada anualmente e acolheu diversos outros agentes nocivos assim como atualizou diversos limites de tolerância de outros agentes presentes na NR 15. No entanto, aqui no Brasil, cuja estrutura se mantêm algemada na busca de um consenso da CTPP para atualizar a NR-15, foram raríssimas as alterações dos agentes e dos limites de tolerância, na contramão do mundo civilizado e do desenvolvimento científico.

Diante disso, é inadiável, que o TST reconheça a desnecessidade do reconhecimento do agente insalubre ou do limite de tolerância pela NR-15, quando de valores mais rigorosos aceitos pela comunidade científica internacional, visto a inércia do MTPS de promover sua atualização. Se as próprias Normas Regulamentadoras tem expressa previsão legal da aplicação da ACGIH para medidas de controle (item 9.3.5.1 "c" da NR-9) então é perfeitamente possível aplicar por analogia a aplicação da ACGIH para definição de adicionais de insalubridade quando de valores mais rigorosos ou agentes não contemplados na NR-15.

Para tanto, deve ser revista a Súmula n. 448, I, aplicando por analogia o item 9.3.5.1 "c" da NR-9, adotando os valores mais rigorosos e agentes da ACGIH para caracterização da insalubridade, em consonância com a Convenção n. 148 da OIT e pela concretude de um meio ambiente do trabalho verdadeiramente digno.

As disposições no novo CPC se aplicam às perícias em insalubridade e periculosidade na Justiça do Trabalho, o que cabe, por parte do seu órgão de cúpula, a revisão e atualização de súmulas, com o intuito de se adaptar ao novo diploma vigente, de igual modo, a sua aplicação por todos magistrados trabalhistas.

9. HONORÁRIOS PERICIAIS

Ciente da sua nomeação, o perito deve apresentar, em cinco dias, sua proposta de honorários, seu currículo constando a comprovação de especialização e contatos profissionais, preferencialmente o endereço eletrônico de *e-mail*, para onde serão destinadas as intimações pessoais.

Ressalta-se que a comprovação de especialização, não necessariamente, corresponde a uma especialização *lato sensu* ou *stricto sensu*, visto, conforme o novo Código, ser prescindível até mesmo a formação universitária para a atuação como perito.

Após a apresentação da proposta de honorários as partes novamente se manifestarão acerca do valor indicado, seja acatando ou refutando. A proposta deve considerar a complexidade da perícia, as horas de trabalho para realização de todas as fases, a qualificação profissional do perito e os custos envolvidos com eventuais equipamentos e deslocamentos.

Dispõe o art. 95 do CPC que a remuneração do perito será adiantada pela parte que houver requerido a perícia ou rateada quando a perícia for determinada de ofício ou requerida por ambas as partes.

Quando a perícia for inconclusiva ou deficiente, o juiz poderá reduzir a remuneração inicialmente arbitrada pelo trabalho (§ 5º, art. 465, do CPC). Cabe avaliar se a perícia é inconclusiva por falha profissional do perito ou por deficiência de estudos científicos no objeto da perícia, ou seja, não existem referenciais teóricos conclusivos sobre a matéria. A título exemplificativo, pode uma perícia que avalia o nexo causal entre a exposição de determinado agente nocivo e o risco de desenvolvimento do câncer ser inconclusivo em razão dos mais avançados estudos científicos na área ainda serem inconclusivos nesse conteúdo. Portanto, é impreterível antes da aplicação da pena da redução dos honorários periciais, realizar uma atenta análise do laudo pericial, se a fragilidade do laudo reside na deficiência da literatura científica da temática ou no desconhecimento do perito.

Abordando as nuances do processo do trabalho nessa matéria, na Justiça do Trabalho está pacificado que é responsável pelo pagamento dos honorários periciais a parte que for sucumbente na pretensão objeto da perícia, exceto se beneficiário da justiça gratuita, nos termos do art. 790-B da CLT. No mesmo sentido a Instrução Normativa (IN) n. 27 do Tribunal Superior do Trabalho, em seu art. 6º.

A Súmula n. 457 do TST elucida que a União é a responsável pelo pagamento dos honorários do perito quando a parte sucumbente no objeto da perícia for beneficiária da justiça gratuita.

Atentemos que a presença de laudo pericial desfavorável a uma parte não significa que será sucumbente na pretensão objeto da perícia, diante de que é possível que o magistrado não adira as mesmas conclusões que o perito, com base no art. 479 do CPC, que define que "o juiz apreciará a prova pericial de acordo com o disposto no art. 371, indicando na sentença os motivos que o levaram a considerar ou a deixar de considerar as conclusões do laudo, levando em conta o método utilizado pelo perito."

A supracitada IN do TST estabelece no parágrafo único do art. 6º que "faculta-se ao juiz, em relação a perícia, exigir depósito prévio dos honorários, ressalvadas as lides decorrentes da relação de emprego". O entendimento anterior ao novo CPC seria que caberia adiantamento dos honorários periciais somente em situações em que a lide não envolva relação de emprego, portanto as demais relações de trabalho de competência da Justiça do Trabalho. Tanto é assim que é cabível a impetração de mandado de segurança para atacar exigência de depósito prévio de honorários periciais, conforme a OJ n. 98, SDI-II do TST, que aponta a incompatibilidade com o processo do trabalho à cobrança de honorários periciais de forma prévia. Com a ampliação da competência da Justiça do Trabalho, desde a EC n. 45/2004, nas ações que discutem relação de trabalho, excetuando relação de emprego, seria cabível o depósito prévio, com base no art. 95 do CPC.

É criticável o posicionamento adotado acerca dos honorários periciais no processo do trabalho, visto a CLT ser parcialmente omissa e o novo CPC compatível. É necessário aplicar o novo CPC na temática dos honorários periciais, garantindo o depósito prévio, nos moldes do processo comum, que estabelece no § 4º do art. 465 que "o juiz poderá autorizar o pagamento de até cinquenta por cento dos honorários arbitrados a favor do perito no início dos trabalhos, devendo o remanescente ser pago apenas ao final, depois de entregue o laudo e prestados todos os esclarecimentos necessários."

Dispõe Manoel Antônio Teixeira Filho (2009), acerca dos honorários periciais no processo do trabalho que:

> [...]na prática, costumam os juízes, logo após a nomeação do perito, determinar que uma ou ambas as partes depositem, a título de antecipação parcial dos honorários, quantia para esse fim fixada. Não negamos a utilidade dessa medida porque, de certa forma, constitui um estímulo ao louvado, a par de lhe garantir, ainda que em parte, os honorários, cujo valor final será arbitrado pela sentença. (TEIXEIRA FILHO, 2009, p. 1.142).

Como bem examina o sobredito autor, mais que um estímulo ao perito, a antecipação dos honorários permite a manutenção de todo aparato para a realização do exame, da vistoria ou da avaliação, que é dispendiosa financeiramente. Não pode o perito suportar as custas para a realização da perícia, inclusive com uso de equipamentos técnicos, sendo os honorários periciais verba de natureza alimentar. O entendimento que não garante o depósito antecipado dos honorários periciais no processo do trabalho pode levar prejuízo para a realização da própria prova pericial, que contará com recursos limitados frente a indisponibilidade financeira.

Disciplina Bezerra Leite (2014, p. 699), acerca do processo do trabalho, que "não há previsão legal para adiantamento ou depósito prévio de parte dos honorários periciais, embora a prática forense demonstre o contrário".

Entende Mauro Schiavi (2016, p. 740) que "[....] poderá o Juiz do Trabalho, se o reclamante tem créditos a receber no processo, reservar uma pequena parcela ao perito, em razão de justiça e equidade."

A argumentação que justifica a impossibilidade do adiantamento dos honorários pericias no processo do trabalho em razão do princípio da gratuidade que vigora na Justiça do Trabalho não encontra assento nem mesmo na IN n. 27 do TST, que permite a exigência quando em lides que não se referem à relação de emprego. Não é compreensível, em razão justamente da justiça e equidade, sustentar que a discussão do depósito prévio dos honorários ocorra simplesmente diante da diferenciação entre relação de emprego e relação de trabalho, cabendo a aplicação isonômica já garantida quanto as lides que se referem à relação de emprego, compatibilizando com o novo CPC, que é aplicável no que tange aos honorários periciais no processo do trabalho, diante da compatibilidade e não completude da CLT.

Tanto é assim, que admite-se a aplicação do atual CPC na matéria de honorários periciais, ao que dispõe Gustavo Filipe Barbosa Garcia (2016), nos casos que se discute relação de trabalho executando relação de emprego:

> [...] aplica-se o art. 465, § 4º, do CPC, ao prever que o juiz pode autorizar o pagamento de até cinquenta por cento dos honorários arbitrados a favor do perito no início dos trabalhos. O valor que remanescer deve ser pago apenas ao final, depois de entregue o laudo e prestados todos os esclarecimentos necessários. (GARCIA, 2016, p. 508).

Isto posto, o que se defende é a aplicação do supracitado artigo da norma processual civil vigente em todas discussões que se discute relação de trabalho, inclusive relação de emprego, na Justiça do Trabalho. A IN n. 27 do TST não tem força vinculativa, é hierarquicamente inferior à lei, não cabendo sua manutenção na temática dos honorários periciais frente as disposições expressas no novo CPC. Portanto, deve ser atualizada, garantindo a aplicação do art. 465, §4º, do CPC, de forma integral no processo do trabalho.

10. CONCLUSÃO

À guisa de considerações finais, verifica-se que a prova pericial foi o meio de prova com o procedimento mais alterado no novo CPC, o que impõe por parte de todos aplicadores do Direito atualização para aplicação da lei, buscando a efetividade do processo democrático. Dentre as principais mudanças destacamos a previsão da prova técnica simplificada, da perícia consensual, da modificação de prazos, da possibilidade da cobrança dos honorários com o assistente técnico, a parte vencida e a delimitação da forma do laudo pericial.

Essas alterações promovidas pela lei processual civil brasileira apresentam repercussões na seara da Justiça do Trabalho, diante de encontrar, em situações de omissão e compatibilidade, aplicação no processo do trabalho. Nessa senda, cabe atualização da jurisprudência consolidada do órgão de cúpula para buscar a aplicabilidade efetiva do CPC no que concerne ao processo do trabalho, garantindo, assim como os demais ramos do Poder Judiciário, o direito à prova como um direito humano e fundamental no Estado Democrático de Direito.

11. REFERÊNCIAS BIBLIOGRÁFICAS

BRASIL. *Código de Processo Civil*. Disponível em: <http://www.planalto.gov.br/ccivil_03/_ato2015-2018/2015/lei/l13105.htm>. Acesso em: 19 jun. 2016.

BRASIL. *Consolidação das Leis do Trabalho*. Disponível em: <http://www.planalto.gov.br/ccivil_03/decreto-lei/Del5452.htm>. Acesso em: 19 jun. 2016.

BRASIL. *Constituição da República de 1988*. Disponível em: <http://www.planalto.gov.br/ccivil_03/constituicao/constituicaocompilado.htm>. Acesso em: 21 jun. 2016.

BRASIL. *Lei n. 5.584 de 26 de junho de 1970*. Disponível em: <http://www.planalto.gov.br/ccivil_03/leis/L5584.htm>. Acesso em: 20 jun. 2016.

BRASIL. *Lei n. 9.099/1995*. Disponível em: <http://www.planalto.gov.br/ccivil_03/leis/L9099.htm> Acesso em: 21 jun. 2016.

CONSELHO FEDERAL DE MEDICINA. *Resolução n. 2.056/2013*. Disponível em: <http://www.portalmedico.org.br/resolucoes/CFM/2013/2056_2013.pdf>. Acesso em: 15 jun. 2016.

EÇA, Vitor Salino de Moura. Antecipação dos efeitos da tutela específica e a proteção da saúde e segurança do trabalhador. IN: EÇA, Vitor Salino de Moura (Org.). *Trabalho & Saúde*. Belo Horizonte: RTM, 2015. p. 55-76.

GARCIA, Gustavo Filipe Barbosa. *Curso de Direito Processual do Trabalho*. 4. ed. Rio de Janeiro: Forense, 2016.

_____. *Novo Código de Processo Civil*: principais modificações. Rio de Janeiro: Forense, 2015.

LEITE, Carlos Henrique Bezerra. *Curso de Direito Processual do Trabalho*. 12. ed. São Paulo: LTr, 2014.

MILAGRE, José Antônio. *Novo Código de Processo Civil traz alterações sobre prova pericial*. Disponível em: <http://www.conjur.com.br/2015-mar-04/jose-milagre-mudancas-cpc-prova-pericial> Acesso em: 15 jun. 2016.

MINISTÉRIO DO TRABALHO E PREVIDÊNCIA SOCIAL. *Portaria n. 3.214/78*. Disponível em: <http://www.camara.gov.br/sileg/integras/839945.pdf> Acesso em: 21 jun. 2016.

NEVES, Daniel Amorim Assumpção. *Manual de Direito Processual Civil*. 7. ed. São Paulo: Método, 2015.

ORDEM DOS ADVOGADOS DO BRASIL. Código de Ética e Disciplina da Ordem dos Advogados do Brasil – Resolução n. 02, de 19 de outubro de 2015. Disponível em: <http://www.oab.org.br/visualizador/19/codigo-de-etica-e-disciplina> Acesso em: 21 jun. 2016.

SARLET, Ingo Wolfgang. *A eficácia dos direitos fundamentais*: uma teoria geral dos direitos fundamentais na perspectiva constitucional. 12. ed. Porto Alegre: Livraria do Advogado, 2015.

SCHIAVI, Mauro. *Manual de Direito Processual do Trabalho*. 10. ed. São Paulo: LTr, 2016.

SOARES, Saulo Cerqueira de Aguiar; SOARES, Ivna Maria Mello. A participação do advogado nas perícias em saúde judiciais e do INSS como direito humano e fundamental. *Juris Plenum Previdenciária*, v. 4, p. 151-176, maio/jul. 2016.

TEIXEIRA FILHO, Manoel Antônio. *Curso de Direito Processual do Trabalho*. vol. 2. São Paulo: LTr, 2009.

THEODORO JÚNIOR, Humberto. *Curso de Direito Processual Civil*. 57. ed. Rio de Janeiro: Forense, 2016.

TRIBUNAL SUPERIOR DO TRABALHO. *Instrução Normativa n. 27*. Disponível em: <http://www3.tst.jus.br/DGCJ/instrnorm/27.htm> Acesso em: 15 jun. 2016.

TRIBUNAL SUPERIOR DO TRABALHO. *OJ n. 278 da SDI-I*. Disponível em: <http://www3.tst.jus.br/jurisprudencia/OJ_SDI_1/n_s1_261.htm#TEMA278> Acesso em: 21 jun. 2016.

TRIBUNAL SUPERIOR DO TRABALHO. *Súmula n. 448*. Disponível em: <http://www3.tst.jus.br/jurisprudencia/Sumulas_com_indice/Sumulas_Ind_401_450.html#SUM-448> Acesso em: 21 jun. 2016.

Capítulo 13

Cooperação Judiciária Internacional

Vitor Salino de Moura Eça(*)

1. INTRODUÇÃO

A busca de trabalho é algo ancestral, porém com o mundo globalizado e a comunicação facilitada o globo constitui-se em real possibilidade para esse fim. E como é de sabença comum, a vida de um imigrante não é fácil. Considerando-se que nem sempre o trabalhador constata no local da prestação de serviços a integralidade das ofertas formuladas, e ainda tem as naturais dificuldades de adaptação no plano pessoal e profissional, nem sempre a migração é corada de êxito.

Além disso, também os empregadores tocam seus negócios em lugares distintos e muitos dos fatores antes apontados também lhes importa em problemas, cujas soluções não raro dependem de apreciação judicial.

Demandar no exterior é algo bem complexo para todos, mesmo que o idioma estrangeiro seja conhecido e haja disponibilidade de recursos materiais. Longe dessas premissas, o desafio se torna muitas vezes insuperável, acarretando apartamento de direitos existenciais. De qualquer modo, o exercício transnacional de demandas judiciais é demasiadamente árduo, razão pela qual urge a sua facilitação.

O novo Código de Processo Civil, instituído pela Lei n. 13.105/2015, inova com o tema da cooperação judiciária internacional, permitindo o auxílio direto, por meio do juiz cooperador, um agente de facilitação consagrado pela nova norma, cuja atuação encontra-se disciplinada pelo Conselho Nacional de Justiça – CNJ, de modo a que cada tribunal o tenha.

É de todo oportuno perceber que todos esses compromissos de acessibilidade promanam do escopo constitucional de acesso à justiça, que, aliás, agasalha vasto acervo em nossa Carta Magna, formando o que chamamos de Direito Processual Fundamental e tem a ver com o nosso modelo de garantias constitucionais e com o modo como queremos desenvolver o devido processo legal.

A validação e o cumprimento dos atos judiciais estrangeiros segue carecendo de tratados internacionais, mas o juízo de delibação passa a ser bem simplificado, o que redunda em eficiência da prestação jurisdicional, economia de tempo e recursos, além de permitir o uso mais fluído das funções judiciárias por todos aqueles que precisam de seus serviços.

Convém ressaltar que compete à autoridade judiciária brasileira processar e julgar as ações em que: I – o réu, qualquer que seja a sua nacionalidade, estiver domiciliado no Brasil; II – no Brasil tiver de ser cumprida a obrigação; III – o fundamento seja fato ocorrido ou ato praticado no Brasil. E ainda que considera-se "domiciliada" no Brasil a pessoa jurídica estrangeira que aqui tiver agência, filial ou sucursal.

(*) Pós-doutor em Direito Processual Comparado pela Universidad Castilla-La Mancha, na Espanha. Professor Adjunto IV da PUC-Minas (CAPES 6), lecionando nos cursos de mestrado e doutorado em Direito. Professor visitante em diversas universidades nacionais e estrangeiras. Professor conferencista na Escola Nacional de Magistratura do Trabalho – ENAMAT e na Escola Superior de Advocacia da Ordem dos Advogados do Brasil. Pesquisador junto ao Centro Europeo y Latinoamericano para el Diálogo Social – España. Membro efetivo, dentre outras, das seguintes sociedades: Academia Brasileira de Direito do Trabalho – ABDT; Asociación Iberoamericana de Derecho del Trabajo y de la Seguridad Social – AIDTSS; Asociación de Laboralistas – AAL; Associação Latino-Americana de Juízes do Trabalho – ALJT; Equipo Federal del Trabajo – EFT; Escuela Judicial de América Latina – EJAL; Instituto Brasileiro de Direito Social Júnior — IBDSCJ; Instituto Latino-Americano de Derecho del Trabajo y de la Seguridad Social – ILTRAS; Instituto Paraguayo de Derecho del Trabajo y Seguridad; e da Societé Internationale de Droit du Travail et de la Sécurité Sociale.

Mais ainda, compete à autoridade judiciária brasileira processar e julgar as demandas quando o credor tiver domicílio ou residência no Brasil, ou o réu mantiver vínculos no Brasil, tais como posse ou propriedade de bens, recebimento de renda ou obtenção de benefícios econômicos, situações que podem ensejar a ativação da Justiça do Trabalho.

Nada obstante, podem também as partes, expressa ou tacitamente, se submeterem volitivamente à jurisdição nacional.

Essa realidade, coligada ao aumento do fluxo de trabalhadores estrangeiros, e ainda que a ação proposta perante tribunal estrangeiro não induz litispendência e não obsta a que a autoridade judiciária brasileira conheça da mesma causa e das que lhe são conexas, ressalvadas as disposições em contrário de tratados internacionais e acordos bilaterais em vigor no Brasil, temos que a integração judiciária carece de instrumentos efetivos de viabilidade.

A Justiça do Trabalho precisa se preparar para as suas novas e relevantes missões, especialmente face à larga fronteira com os vizinhos sul-americanos e a crescente integração econômica com a aldeia global.

Nosso objetivo é apresentar as figuras criadas pelo novo código, teorizando o espaço judicial em que atuam, bem como as modalidades de atos processuais que podem ser doravante manejados mais suavemente, com o comprometimento compartilhado de todos os que podem ajudar no processo.

2. COOPERAÇÃO COMO PROPOSTA DE PROCESSO CONSTITUCIONALIZADO

O Direito Processual do Trabalho cumpre um papel modelar, pois foi o primeiro a verdadeiramente se preocupar com o acesso à Justiça, e não fez disso mero desenho programático. Tratou, objetivamente, de criar mecanismos hábeis a permitir resultado prático, instituindo o princípio da simplicidade procedimental como fator de alavancagem.

Foi, por essa razão, injustamente acusado de atecnia, pois a ciência processual da época não tinha capacidade de compreender a distinção de tratamento como critério de promoção social. Décadas mais tarde, estamos a contemplar o processo comum seguir esses passos, e ainda apresentando essa realidade como se novidade fosse.

Em nosso estado da arte garantir o acesso não atende mais, é preciso que o Estado articule os meios de desenvolvimento do processo. Daí surge um direito processual que se espraia em todas as direções, porquanto deriva das garantias constitucionais das partes e envolve todos os procedimentos e ramos judiciários.

A isso damos o nome de *Direito Processual Fundamental*. Ele orienta a jurisdição em nosso modelo de Estado, a forma de elaborarmos e aplicarmos as leis processuais, bem como o desenvolvimento da doutrina e jurisprudência.

Essa proposta estatal parte de valores constitucionalizados, mais especificamente do devido processo legal, onde o direito aplicado deve ser não apenas lícito, mas preferencialmente justo. Como consequência, precisa estar alinhado ao Estado Democrático de Direito, onde estabelecimento do direito deve pautar-se pelos critérios de promoção social e acessibilidade.

O devido processo legal é, portanto, garantia do cidadão jurisdicionado em face do Estado e se consubstancia no contraditório e na ampla defesa. Essas garantias constitucionais envolvem, no campo de aplicação do direito – processo, a participação de várias pessoas. Não mais apenas o juiz e as partes, mas os seus advogados, os servidores, terceiros que tenham elementos hábeis à solução do litígio posto em julgamento.

O processo tem, então, seus limites totalmente ampliados e, por conseguinte, adiciona outros valores processuais constitucionalizados, como a boa-fé, a adequação, o acesso gratuito aos necessitados, a efetividade, e assim por diante. No recorte que nos interessa fazer aqui, queremos demonstrar o modo com o qual os juízes se irmanam para tornar o direito processual mais eficiente.

Sendo certo que o Direito Processual do Trabalho se ocupa essencialmente em adjetivar o Direito Humano do Trabalho, inerente à dignidade da pessoa ativada no trabalho e fonte existencial primária, trata-se de uma tutela diferenciada, que exibe jurisdição sensível, ágil e eficiente.

A magistratura comprometida tem um papel a desempenhar, e colabora com a aproximação das pessoas como o dever constitucional de julgar. Nisso consiste a cooperação judiciária, um compromisso de estreitar os laços entre os prestadores de jurisdição em benefício do jurisdicionado.

3. SIGNIFICADO E APLICAÇÃO DA COOPERAÇÃO JUDICIÁRIA

A cooperação judiciária é um conjunto de regramentos tendentes à facilitação da prática de atos judiciais emanados de tribunais estrangeiros, judiciais ou administrativos, em jurisdição nacional, por meio de um magistrado encarregado para esse fim em cada Corcom o objetivo de garantir a efetividade e o custo razoável da prestação jurisdicional transnacional.

A prática de atos judiciais por esses métodos está disciplinada nos arts. 26 e 27/NCPC, e condiciona-se ao cumprimento das exigências internacionais básicas, quais sejam a existência de tratado de cooperação judiciária[1], a reciprocidade de tratamento entre nacionais e estrangeiros, residentes ou não no Brasil, bem como as garantias processuais constitucionais asseguradas pela Constituição Federal.

Nessa ordem de ideias, o integral respeito às garantias do devido processo legal no Estado de origem é requisito absolutamente indispensável. Nada obstante, além das exigências do processamento pelo juiz natural, com as garantias do contraditório e da ampla liberdade probatória, para que possa haver a cooperação judiciária internacional também é necessário que o Estado estrangeiro garanta acesso à justiça, com assistência judiciária se necessário, e publicidade, exceto nas questões atinentes à honra da parte.

Merece toda atenção a indicação clara e objetiva da Corte destinatária, bem como a designação de autoridade para a recepção e transmissão dos pedidos de cooperação, o que já está normatizado entre nós pela Recomendação n. 38/CNJ, que instituiu a Rede Nacional de Cooperação Judiciária, já em pleno funcionamento. Coube aos tribunais escolher quem são os seus juízes cooperadores, com atuação em ambos os graus de jurisdição, constando dos *sites* respectivos a nominação dos mesmos, a fim de facilitar o público externo.

A ideia é criar ampla facilitação para os atos processuais a serem praticados no estrangeiro, com espontaneidade na transmissão de informações às autoridades dos países onde os atos precisam ser praticados, entretanto, na cooperação jurídica internacional não será admitida a prática de atos que contrariem ou que produzam resultados incompatíveis com as normas fundamentais que regem o Estado brasileiro.

Havendo inércia de alguma corte, o Ministério da Justiça exercerá as funções de autoridade central.

A cooperação jurídica internacional tem por objeto: I – citação, intimação e notificação judicial e extrajudicial; II – colheita de provas e obtenção de informações; III – homologação e cumprimento de decisão; IV – concessão de medida judicial de urgência; V – assistência jurídica internacional; VI – qualquer outra medida judicial ou extrajudicial não proibida pela lei brasileira.

Este sistema tem por escopo permitir que os magistrados designados para atuar como Juízes de Cooperação atuem como facilitadores das práticas de atos de cooperação judiciária.

Nesse sentido, os Juízes de Cooperação atuam em comarcas, foros, polos regionais, Unidades da Federação ou em unidades jurisdicionais especializadas.

Observado o volume de trabalho, o juiz de cooperação poderá cumular a função de intermediação da cooperação com a jurisdicional ordinária, ou ser designado em caráter exclusivo para o desempenho de tal função, sendo certo que os tribunais podem designar também magistrados de cooperação de segundo grau.

Vale dizer que boa vontade é tanta que, na ausência de tratado, a cooperação jurídica internacional poderá realizar-se com base em reciprocidade, manifestada por via diplomática.

4. O PAPEL DOS MAGISTRADOS

A despeito de toda uma política judiciária para fazer a cooperação triunfar, a vocação do indivíduo para a função é primordial. Nenhum magistrado deve ser compelido a atuar como juiz de cooperação, pois é preciso ter talento para esta nobre tarefa.

Muitas vezes o magistrado, especialmente os que atuam em juízos monocráticos, estão acostumados a obrar sozinhos, e a cooperação é tarefa compartilhada por excelência[2].

O Juiz de Cooperação tem por deveres específicos. Cabe a ele fornecer, com toda boa vontade, as informações necessárias a permitir a elaboração eficaz de pedido de cooperação judiciária, bem como estabelecer os contatos diretos mais adequados.

É sua atribuição identificar soluções para os problemas que possam surgir no processamento de pedido de cooperação judiciária, bem como criar os meios para facilitação dos trabalhados de coordenação do tratamento dos pedidos de cooperação judiciária no âmbito do respectivo Tribunal.

O sucesso de sua missão depende do planejamento estratégico dos tribunais, razão pela qual deve conhecer o mesmo à saciedade, promovendo a integração de outros sujeitos do processo à rede de cooperação e

---

1. Na ausência de tratado, a cooperação jurídica internacional poderá realizar-se com base em reciprocidade, manifestada pela via diplomática. Pontue-se que não se exige tal reciprocidade para a homologação de sentença estrangeira.
2. Dissertando sobre a função judicial de colaboração, assevera Fredier Didier que ele: "(...) orienta o magistrado a tomar uma posição de agente--colaborador do processo, de participante ativo do contraditório, e não mais a de um mero fiscal de regras".

motivando os servidores participantes do conjunto de atribuições do juízo de enlace.

O Juiz Cooperador tem de gostar do contato pessoal com os atores envolvidos, e ser capaz de intermediar o concerto de atos entre juízes cooperantes. Sempre que um juiz de cooperação receber, de outro membro da rede, pedido de informação a que não possa dar o seguimento; deverá comunicá-lo ao magistrado de cooperação ou ao membro da rede mais próximo para fazê-lo, dando toda a assistência para contatos ulteriores.

Considerando-se que os pedidos de cooperação judiciária costumam ser encaminhados, diretamente, ou por meio do Juiz de Cooperação, é de todo oportuno a constituição de *núcleos de cooperação* no âmbito de cada Corte.

Os núcleos de cooperação judiciária têm a função de sugerir diretrizes de ação coletiva, harmonizar rotinas e procedimentos, bem como atuar na gestão coletiva de conflitos e na elaboração de diagnósticos de política judiciária, propondo mecanismos suplementares de gestão administrativa e processual, fundados nos princípios da descentralização, colaboração e eficácia.

Eles podem ser constituídos por comarcas, regiões, unidades de especialização ou Unidades da Federação, e devem interagir de forma coordenada com os comitês nacional e estadual de cooperação judiciária, constituídos pelo Conselho Nacional de Justiça.

5. AUXÍLIO DIRETO E SUAS FUNCIONALIDADES

Uma das formas de cooperação internacional é mediante o *auxílio direto*, que se materializa quando a medida não decorrer diretamente de decisão de autoridade jurisdicional estrangeira a ser submetida a juízo de delibação no Brasil.

A solicitação de auxílio direto será encaminhada pelo órgão estrangeiro interessado à autoridade central, cabendo ao Estado requerente assegurar a autenticidade e a clareza do pedido.

Além dos casos previstos em tratados de que o Brasil faz parte, o auxílio direto terá os seguintes objetos: I – obtenção e prestação de informações sobre o ordenamento jurídico e sobre processos administrativos ou jurisdicionais findos ou em curso; II – colheita de provas, salvo se a medida for adotada em processo, em curso no estrangeiro, de competência exclusiva de autoridade judiciária brasileira; III – qualquer outra medida judicial ou extrajudicial não proibida pela lei brasileira.

A autoridade central brasileira comunicar-se-á diretamente com suas congêneres e, se necessário, com outros órgãos estrangeiros responsáveis pela tramitação e pela execução de pedidos de cooperação enviados e recebidos pelo Estado brasileiro, respeitadas disposições específicas constantes de tratado.

No caso de auxílio direto para a prática de atos que, segundo a lei brasileira, não necessitem de prestação jurisdicional, a autoridade central adotará as providências necessárias para seu cumprimento.

Segundo a procedimentalidade, uma vez recebido o pedido de auxílio direto passivo, a autoridade central o encaminhará à Advocacia-Geral da União, que requererá em juízo a medida solicitada.

O Ministério Público também poderá atuar como autoridade central, ficando, nesse caso, autorizado a requerer a providência direitamente ao juízo próprio.

6. ATUAÇÃO NO DIREITO PROCESSUAL DO TRABALHO

O Direito Processual do Trabalho não rechaça a cooperação judiciária. Ao contrário disso, o princípio da simplicidade procedimental (como sempre em posição de vanguarda), se acomoda muitíssimo bem como a ideia de auxílio compartilhado agora normativamente chancelada.

O art. 34/NCPC afirma caber ao juízo federal do lugar em que deva ser executada o ato judicial apreciar o pedido de auxílio direto passivo que demande prestação de atividade jurisdicional. E consoante interpretação sistêmica do art. 769/CLT, com o referido art. 34, e ainda do art. 237/NCPC – que trata das cartas[3], podemos inferir que nos casos de cooperação internacional passiva emerge competência concorrente entre o juízo da Justiça Federal Comum e a Justiça do Trabalho.

Note-se que o próprio código de processo civil quando trata do cumprimento de cartas se refere ao "órgão jurisdicional brasileiro", não excluindo a justiça federal especializada. E ainda delega competência à justiça estadual para os atos em que o ato processual deva ser cumprido em comarcas que não são sedes de justiça federal, donde se pode inferir que é possível a delegação a outros órgãos jurisdicionais.

---

3. Art. 237/NCPC. Será expedida carta: [ ] II – rogatória, para que órgão jurisdicional estrangeiro pratique ato de cooperação jurídica internacional, relativo a processo em curso perante órgão jurisdicional brasileiro; III – precatória, para que órgão jurisdicional brasileiro pratique ou determine o cumprimento, na área de sua competência territorial, de ato relativo a pedido de cooperação judiciária formulado por órgão jurisdicional de competência territorial diversa; [ ] Parágrafo único. Se o ato relativo a processo em curso na justiça federal ou em tribunal superior houver de ser praticado em local onde não haja vara federal, a carta poderá ser dirigida ao juízo estadual da respectiva comarca.

Ressalte-se que a própria normativa processual civil se encarrega de confirmar esta tese doutrinária, quando trata da cooperação judiciária entre órgãos pertencentes a justiças distintas. Com efeito, os arts. 67, 68 e 69/NCPC afirmam que deve haver cooperação entre os órgãos judiciários, no âmbito dos respectivos Tribunais, regiões ou comarcas, para diversos fins.

Esta cooperação pode consistir na prática de atos processuais propriamente ditos, ou seja, manejos jurisdicionais, bem como concentração de atos de gestão judiciária e de administração de justiça entre órgãos judiciais concernentes à harmonização, racionalização e agilização de rotinas, procedimentos e práticas comuns, em linha como a política pública estabelecida no inciso I, do art. 1º, da Recomendação n. 38, CNJ e não é só, podem ainda fomentar a cooperação para a gestão coletiva de conflitos e a formulação de políticas jurisdicionais, de gestão judiciária e de administração da justiça, prática prevista no art. 9º, do anexo da referida Recomendação do CNJ.

Os órgãos do Poder Judiciário querem mesmo estar interligados, estadual ou federal, especializado ou comum, em todas as instâncias e graus de jurisdição, inclusive aos tribunais superiores, incumbe o dever de recíproca cooperação, por meio de seus magistrados e servidores.

Como é cediço, a Justiça do Trabalho compõe o Sistema Nacional de Cooperação Judiciária, que importa num conjunto de normas legais sobre a cooperação judiciária, incluídas as normas legais e administrativas, compõem o sistema nacional de cooperação judiciária que inclui todos os ramos do poder judiciário e a rede nacional de cooperação judiciária, respondendo pela organização, operacionalidade e definição das estratégias relacionadas à implementação, consolidação e aprimoramento da cooperação judiciária.

7. CONCLUSÃO

A nossa lei maior consagra importantíssimas garantias constitucionais processuais. Um acervo tão lindo e vasto que vamos aprendo a usufruir de todo o seu potencial paulatinamente.

O processo que está a nossa disposição é adequado, eficiente, se desenvolve em tempo oportuno e oferece meios e garantias aos cidadãos para que possam se servir do Poder Judiciário de forma justa. E as pessoas encarregadas dessa nobre missão de julgar se humanizam a todo instante, a partir dos critérios isentos de seleção de magistrados, das escolas de formação inicial e continuada (com arrimo também constitucional, ou seja, proposta de Estado), e do comprometimento que conduz à justiça compatível com os anseios da sociedade.

Precisamos assegurar o acesso à Justiça, aos meios para o desenvolvimento válido e regular do processo, a fim de que a prestação jurisdicional se opere em tempo adequado. Os desafios são inúmeros e crescentes, e os conceitos de espaço estão se ressignificando.

O trabalhador que buscava emprego junto ao lar agora percebe com mais nitidez que a aldeia global em que o mundo se converteu pode lhe permitir maiores possibilidades. É verdade, mas também o é que a busca por justiça em sistemas distintos importa num desafio maior ainda.

Os conteúdos dos diplomas processuais se aprimoraram muito, mas a impessoalidade anciã deixou de atender aos ideais de justiça em sua percepção pós-moderna.

O excesso de formalismo vinha se apresentando como um problema insolúvel, e a técnica impessoal não foi capaz de solucionar o desiderato. Isso exigiu dos operadores do direito a busca por justiça em novas perspectivas. Foi o bastante para que os magistrados se percebessem humanos, e nessa condição trataram de estabelecer laços pessoalizados. Nobres aproximações, que não representam o fito de indesejáveis vantagens pessoais como em antigas instituições corroídas, mas sim na união de profissionais em busca do bem comum, ou seja, do interesse processual dos jurisdicionados.

Assim sobreveio da cooperação judiciária, onde juízes se chegam para facilitar nos planos nacional e internacional à prática de atos processuais, por meio da comunicação em rede, tão a gosto do mundo contemporâneo.

O mais interessante foi que isso gerou um efeito expansivo, envolvendo as partes, seus advogados, os servidores judiciários e até mesmo terceiros com possibilidade de intervir construtivamente no processo.

8. REFERÊNCIAS BIBLIOGRÁFICAS

ALEXY, Robert. *Teoría de los derechos fundamentales*. Madrid: CEPC, 2002.

ALVARENGA, Rúbia Zanotelli de. *Direito Constitucional do Trabalho*. São Paulo: LTr, 2015.

BUENO, Cassio Scarpinella. *Manual de Direito processual Civil*. São Paulo: Saraiva, 2015.

EÇA, Vitor Salino de Moura. *A função do magistrado na direção do processo no novo CPC e as repercussões no processo do trabalho, in *Novo CPC e as repercussões no processo do trabalho*. Coord. Carlos Henrique Bezerra Leite. São Paulo: Saraiva, 2015.

EÇA, Vitor Salino de Moura. *Direito Fundamental do Trabalho e a Migração de Trabalhadores, in Direitos Fundamentais nas Relações de Trabalho*. Coord. Rúbia Zanotelli de Alvarenga *et alli*. São Paulo: LTr. 2015.

_____. *Direito Processual do Trabalho Comparado*. Coord. Belo Horizonte: Del Rey, 2009.

DIDIER Jr., Fredie. *Curso de direito processual civil*. 17. ed. Salvador: Juspodivm, 2016.

FAZZALARI, Elio. *Instituzioni di Diritto Processuale*. 8. ed. Milano: CEDAM, 1996.

MEDINA, José Miguel Garcia. *Direito processual civil moderno*. 2. ed. São Paulo: RT, 2016.

PIOVESAN, Flávia. *Direitos humanos e o direito constitucional internacional*. 16. ed. São Paulo: Saraiva, 2016.

PISANI, Andrea Proto. *Lezioni di diritto procesuale civile*. 4. ed. Napoli: Jovene, 2002.

REZEK, Francisco. *Direito Internacional Público*. 12. ed. São Paulo: Saraiva, 2010.